국제무역의 이해

김 종 석

탑북스

머리말

무역을 논하지 않고 한국 경제를 얘기할 수 없듯이 우리 경제는 무역에 의존하는 바가 크다. 국민총생산의 절반 이상을 무역에 의존하고 있는 우리나라는 수출증대를 통하여 무역수지 흑자를 실현하는 것이 지금의 경제위기를 극복할 수 있는 최우선적 처방이라고 필자는 믿고 있다.

이 시대를 살아가고 있는 뜻 있는 사람이라면 누구를 막론하고 무역의 중요성을 새삼 깨닫고 있을 것이며, 그래서 무역학에 입문하고자 하는 사람, 특히 학생들로 하여금 무역학을 보다 쉽게 이해할 수 있도록 하기 위하여 한 학기 강의용으로 본서를 집필하게 되었다.

우선 이 책은 무역에 기초 이론서, 무역업무 전반에 관한 이해와 무역관련 자격증 취득을 돕기 위한 지침서이다. 본서는 무역거래 단계별로 총 12개장으로 구성되어 있는데, 제1장에서는 「국제무역에 대한 이해」에 관하여, 제2장에서는 「무역사업의 창업계획과 전략」에 관하여, 제3장에서는 「무역마케팅과 거래선 발굴」에 관하여, 제4장에서는 「수출 · 수입 절차」에 관하여, 제5장에서는 「무역 청약과 승낙」에 관하여 제6장에서는 「국제무역계약」에 관하여, 제7장에서는 「INCOTERMS 2020」에 관하여, 제8장에서는 「국제무역결제」에 관하여, 제9장에서는 「국제무역운송」에 관하여, 제10장에서는 「국제무역보험」에 관하여, 제11장에서는 「무역클레임과 국제상사중재」에 관하여, 제12장에서는 「국제통상과 국제관계」에 관하여 설명하였다.

본서가 무역학을 학습하는데 있어 독자 여러분에게 일조가 되기를 기원하며, 본서에서 다루지 못한 그 이외의 분야에 대해서는 향후 다시 보완 · 보충해 나갈 것을 독자 여러분에게 약속드리고자 한다.

또한 책이 완성될 때까지 수정과 조언을 주신 김재명 교수님과 현재의 여러 출판사정의 어려움에도 불구하고 본서의 출판을 허락해 주신 도서출판 탑북스 김광식 사장님 이하 편집관계자 여러분에게 감사를 표하는 바이다.

2020년 2월

저 자 씀

차 례

제1장 국제무역에 대한 이해

제2장 무역사업의 창업계획과 전략

제3장 무역마케팅과 거래선 발굴

제4장 수출 · 수입 절차

제5장 무역 청약과 승낙

제6장 국제무역계약

제7장 INCOTERMS® 2020

제8장 국제무역결제

제9장 국제무역운송

제10장 국제무역보험

제11장 무역클레임과 국제상사중재

제12장 국제통상과 국제관계

제 1 장

국제무역에 대한 이해

제 1 장 국제무역에 대한 이해

Ⅰ. 국제무역의 의의 및 특성

무역(trade)은 국경을 달리하는 서로 다른 국가에 존재하는 기업, 국가, 개인 등의 경제주체 사이에서 재화 및 용역의 교환(exchange)이나 매매(sale)를 목적으로 행하는 국제상거래(international commerce transaction)를 말한다. 국내 상거래가 같은 지역 내에서 같은 법률・상관습・통화・언어・정책에 의하여 규제를 받는데 비하여, 무역은 한 국가와 다른 국가 간에 거주하는 경제 주체들간의 상거래이므로 서로 상이한 법률・제도・관습・통화・언어 및 정책 등에 의해 규제를 받는다는 점이 다르다. 그러나 일반적으로 무역이 영리를 추구한다는 점에서는 국내 상거래와 다를 바가 없다.

무역은 경제적 국경선인 관세선(customs line)을 기준으로 하여 수출(export)・수입(import)으로 나누며, 무역거래의 주체는 상대방이 내국인이든 또는 외국인이든 그리고 본・지점간이든 크게 문제가 되지 않는다. 한편, 최근에 와서 정보통신기술의 발달에 따른 전자상거래(electronic commerce: EC)방식에 의한 전자무역의 활성화는 기존의 전통적 무역개념을 변화시키게 되었다. 전자무역은 무역을 이행함에 있어 인터넷을 통하여 전자적으로 업무를 처리하는 것 이상의 의미를 지니고 있다.

종래의 전통적 무역은 종이서류 중심의 거래에서 서류없는 무역으로 급속히 이행됨에 따라 무역계약을 비롯하여 해외마케팅, 무역대금결제, 수출입통관, 전자서류 등 무역거래의 전영역에 걸쳐 전자적 방식에 의한 전자무역으로 전환되고 있다. 또한, 전통적인 무역에서는 유형재의 수출입이 주를 이루고 있었으며, 음악, 영화, 소프트웨어와 같은 무형재의 경우에도 반드시 유형재로써 제작되었을 때에만 수출입이 가능하던 것이 전자무역에서는 디지털 제품(digital goods) 그 자체로써 네트워크를 통해 수출입이 가능해졌다. 따라서 무역의 개념은 국경을 중심으로 국내거래와 국제거래로 구분하던 것에서 국내외시장을 구분하지 않는 하나의 시장으로서의 세계무역으로 한 단계 발전하게 되었다.

1. 무역의 정의

무역[1](trade)이란 재화(goods)와 용역(service)의 이동현상을 의미하며 이러한 이동현상은 일국 내에서 이루어질 수도 있고 국경을 넘어서 이동할 수도 있다. 재화와 용역이 일국 내에서 이동하는 현상을 내국무역 또는 국내무역(home trade, domestic trade)이라 하고, 국경을 넘어서 이동하는 것을 국제무역(international trade), 외국무역(foreign trade), 대외무역(external trade), 세계무역(world trade) 등 여러 가지 표현으로 불리어지고 있다. 무역은 물품의 이동방향을 중심으로 볼 때 수출(export)과 수입(import)의 형태로 나타나게 된다.

2. 국제무역의 필요성

1) 국제분업의 이익실현

국제분업(international division of labor)을 함으로써 한 나라가 다른 나라보다

1) 무역은 기원전 2500년에서 1500년 사이에 이집트, 바빌로니아, 앗시리아, 페니키아, 헤브라이 등의 지역에서 지중해를 중심으로 시작되었다. 이 중에서 이집트와 메소포타미아의 바빌로니아 및 앗시리아는 모두 농경을 주업으로 한 국가들이었고, 무역은 이들 국가들의 극히 제한된 범위 내에서 일부 상인에 의해 이루어졌다. 무역을 주업으로 한 최초의 민족은 크레테섬 주민과 페니키아인들이었다. 특히 크레테섬 주민은 페니키아인들 보다 먼저 항해와 무역활동에 전념하였다. 이와 같이 무역은 고대국가에서부터 시작되었고 그와 더불어 무역이라는 용어도 발생되었다. 영어 「TRADE」의 어원은 "항로"라는 뜻을 가진 "track"이라는 단어와 "밟다"라는 "tread" 단어에서 유래되었고 이러한 단어는 어떤 길이나 항로를 따라가서 물건을 교환한다는 의미를 가지고 있다. 우리가 오늘날 사용하고 있는 무역(貿易)이라는 한문의 용어도 고대중국의 고전인 사기(史記)와 십팔사략(十八史略)에서 "이물상역(以物相易)"과 "무역의복회전수주(貿易衣服回轉數周)"라는 기록에서 찾아볼 수 있으며, "무(貿)"자와 "역(易)"자는 모두 매매 또는 교환을 의미한다.

물품을 싸게 생산할 수 있다. 국제무역은 곧 국제분업에 의한 특화 · 생산체제의 결과이다. 분업은 영국의 경제학자 아담 스미스(Adam Smith)가 그의 저서 국부론에서 설파했듯이 생산효율을 높여서 생산비를 떨어뜨리는 한편 생산량을 늘려주는 역할을 한다.

아담 스미스의 절대우위론은 어떤 재화의 절대생산비가 싼 나라에서는 해당 제품을 특화 · 생산하여 수출하고 비싼 제품은 수입하여 쓴다는 이론이고, 영국의 경제학자 리카도(D. Ricardo)의 상대우위론은 어떤 재화의 상대적 생산비 기준으로 싼 나라에서 해당 제품을 특화 · 생산하여 수출하고 비싼 제품을 수입하는 것이 유리하다는 이론이다.

2) 규모의 경제효과 실현

국내시장에 비해 해외시장은 넓고도 넓다. 국제무역은 그처럼 넓은 해외시장을 겨냥한 시장생산체제를 강화시키게 되고, 그렇게 됨으로써 한 나라의 생산량을 증대시킨다. 이는 생산규모를 늘리는 역할을 하게 되므로 규모의 경제효과(effect of scale of economy)를 거둘 수 있다. 규모의 경제효과는 생산량이 증대할수록 생산비가 떨어진다는 이론이다. 이러한 효과는 무역에 참여하는 모든 국가에 이익을 가져다준다.

3) 국내에서 생산되지 않는 물품의 사용

인간은 누구나 자신이 필요로 하는 모든 물품을 직접 다 만들어서 사용할 수는 없다. 그렇듯이 지구상의 어느 나라를 막론하고 다른 많은 나라에서 생산되는 물건을 자기나라에서 모두 생산해낼 수는 없으며, 가령 그것이 가능한 경우에도 그렇게 하는 것이 반드시 경제적이라고 말할 수는 더욱 없다.

국제무역은 자기 나라에서 생산되지 않는 제품을 수입하여 소비할 수 있도록 만들어 준다. 만약 무역이 불가능하다면, 우리가 우리의 가정에서 어떻게 커피를 마실 수 있을 것이며, 어떻게 지금과 같은 자동차를 타고 다닐 수 있겠는가! 또한 우리나라에서는 원유가 전혀 생산되지 않으므로 무역이 불가능하다면 모든 공장이나 아파트에서는 석탄만을 연료로 이용 할 수밖에 없을 것이다. 그럴 경우 석탄연기로 인한 환경공해문제는 가히 상상을 초월할 정도로 심각해질 것이다. 어떤 물품이 국내에서 생산되는 경우에도 생산에 투입된 원료나 제품의 품질이 나쁠 경우에 무역이 허용되지 않는다면 품질 나쁜 원료의 사용으로 생산효율은 떨어질 것이고 결과적으로 소비자들은 나쁜 품질의 제품을 사용할 수밖에 없게될 것이다.

4) 기업의 국제경쟁력 강화

흔히들 말하는 경쟁력(competitive power)이란 어디에서 오는가? 한마디로 경쟁력은 공정하면서도 치열한 경쟁에서 오는 것이라고 필자는 믿고 있다. 그러므로 경쟁이 있는 곳에 경쟁력이 있다. 한 경쟁력분석결과에 따르면 국내적으로 경쟁이 강한 분야에 국제경쟁력이 있더라는 것이다. 다시 말하면 국내적으로 경쟁이 치열한 국가가 대외적으로 경쟁력이 있는 국가일 수 있다는 말이다.

따라서 국제무역은 무역에 참여하는 기업으로 하여금 세계의 기업과 경쟁을 하게 만든다. 국제무역기업은 국제경쟁에서 승리하기 위해서 경영관리를 효율화하고 생산성을 향상시키지 않으면 안 된다. 또한 국제무역 그 자체가 기업으로 하여금 지속적으로 기술을 개발하고 품질을 세계수준으로 향상시키고자 스스로 노력하지 않을 수 없게 만든다.

이상과 같은 이유로 무역업(trade business)에 종사하는 기업의 경쟁력은 국제적 수준으로 향상될 수 있을 것이며, 그렇지 못한 기업은 지구상에서 사라지고 말 것이다.

5) 소비자 후생의 증대

국제무역은 소비자의 후생(social welfare)을 증대시킨다. 무역을 통하여 소비자는 상품의 생산지에 관계없이 품질이 좋은 제품을 저렴한 가격으로 구매하여 사용할 수 있게 된다. 그 결과 소비자들은 가계생활비에 여유가 생겨서 저축도 할 수 있게 되고, 양질의 제품을 선택하여 사용할 수 있으니 소비자들의 삶의 질 또한 그 만큼 좋아지게 된다.

6) 경제성장의 촉진

무역이 불가능하다면 기업은 좁은 국내시장만을 대상으로 하여 생산활동을 하게 되겠지만, 무역을 하게 됨으로써 기업은 세계시장을 대상으로 생산목표로 늘리게 될 것이고 생산해낸 물품을 판매하기 위해 노력할 것이므로 그 결과 국민총생산이 증대되게 된다. 한 나라의 소득증대는 수입을 유발함으로써 상대국의 수출과 소득을 증대시켜주는 효과를 가져온다. 이렇게 하여 증대된 소득은 한 나라의 경제를 발전시키는데 중요한 역할을 하게 된다.

7) 세계문화의 교류

무역을 통하여 세계각국은 생산된 제품의 교류뿐만 아니라 그와 더불어 고유의 문화도 교류하게 된다. 각국이 생산하는 재화와 서비스에는 그들 각자의 문화적 요소가 담겨져 있기 때문이다. 따라서 무역의 증대는 인적・문화적 국제교류를 확대시킨다.

3. 국제무역의 특성

1) 국제무역의 자유화

국제무역에 관한 세계적 흐름은 무역의 자유화이다. 무역자유화의 이익은 일찍이 아담 스미스에 의하여 설파된 후 세계경제를 지배해 온 하나의 원칙이었다. 그러나 19세기에는 유치산업보호를 위한 보호무역주의가 팽배했었다. 20세기초에는 제국주의의 영향으로 국제시장을 힘으로 확보하고자 국제간 무역분쟁이 격심하여졌으며 이는 제1, 2차 세계대전의 한 원인이 되기도 하였다. 그러다가 제2차 세계대전이 끝난 후 1947년 “관세 및 무역에 관한 일반협정(General Agreement on Tariff and Trade: GATT)”의 성립으로 국제적인 무역자유화 운동이 구체화되었고, 이는 1993년 우루과이라운드(Uruguay Round: UR) 협상타결과 세계무역기구(World Trade Organization: WTO)의 설립으로 절정에 이르게 되었다.

이 같은 국제무역의 자유화추세에 따라 세계 각국은 종래의 수입억제 목적의 무역관리제도를 지양하고 무역자유화의 원칙과 수출입의 원활한 운용 목적의 무역관리제도로 개편하게 되었다.

2) 물품의 국제운송

국제무역은 교역의 당사자가 지리적으로 멀리 떨어져 있기 때문에 국제운송에 의한 국제간 물품이동을 전제로 한다.

B.C. 1,000~800년에 페니키아인들은 해상운송으로 지중해 무역을 독점하였다. 한편 중세에는 실크로드를 통한 육로운송으로 유럽과 아시아 대륙간 무역이 활발하게 이루어졌다. 우리나라는 신라 42대 흥덕왕 때 장보고가 청해진에 해상진영을 세우고 중국, 한국, 일본간의 해상무역을 주도한 바 있다.

국제운송은 국내운송보다 장거리이므로 운송비용이 많이 소요되며, 운송도중의 물품의 멸실 및 손상의 위험이 크다. 오늘날 국제운송에는 해상 · 육상 · 항공운송이 이용되고 있으나 그중에서도 무역이 바다를 주된 루트로 하여 발달되어 왔으므로 해상운송의 비중이 크다. 지금도 물량 면에서 볼 때 국제무역운송의 약 90%가 해상운송에 의존하고 있다.

1492년 콜럼버스는 인도에 가서 후추와 향료를 수입하기 위하여 서쪽으로 항해하다가 아메리카 대륙을 발견하였다. 1805년 넬슨 제독이 트라팔가 해전에서 스페인과 프랑스 무적함대를 쳐부순 후 해상권을 제패하자 영국이 세계무역을 독점하게 되었다. 1850년대 세계 총 범선이 약 690만 톤이었는데 그 절반인 340만 톤이 영국의 소유였고, 세계 총 기선은 약 25만 톤이었는데 그중 60%인 16만 톤을 영국이 차지하고 있었다.

세계 6대주는 5대양으로 연결되어 있다. 해상운송으로 세계 대부분의 나라에 닿을 수 있으므로 국제무역은 해상운송을 전제로 이루어졌다. 또한 해상운송은 대량의 물품을 저렴한 비용으로 운송하는데 가장 적합한 방법이다. 그러나 해상운송은 폭풍우가 칠 때 바닷물이 침투하기 쉽고 선박도 파선되기 쉬울 뿐만 아니라 적도를 넘어갈 때 뜨거운 태양열에 물품이 부패하기 쉬운 점 등의 위험이 많다. 이에 따라 일찍이 국제무역에는 해상보험이 발달되어 왔다.

해상운송 다음으로 발달한 것이 국제간 철도와 도로운송이다. 내륙에서의 운송은 철도와 도로에 의존할 수밖에 없는데 근세에 이르러 시베리아 철도・미국의 대륙간 철도・유럽의 국제철도 등이 발달되었고, 고속도로에 의한 운송도 발달되었다. 최근에는 신속한 운송을 요하는 고가의 유행성 물품이 많이 수출・입되는 탓으로 항공운송의 이용율이 점점 늘어가고 있다. 1950년대 이후 국제운송이 컨테이너화(containerization)되면서 해상, 육상, 항공 등 다양하게 운송수단을 결합하여 운송하는 복합운송체제로 발달되었다. 복합운송체제 중에서도 해상운송수단의 중요성은 여전하다.

3) 무역위험의 발생

(1) 상품위험(Mercantile Risk)

물품의 수출지에서 수입지까지 도착하는 도중에 운송 및 보관과정에서 물품이 멸실 되거나 손상을 입을 위험이 발생하는데 이를 상품위험이라 한다. 상품위험은 국제무역에서 가장 심각한 위험이므로 반드시 보험에 부보하게 된다. 부보한다고 하여 위험이 제거되는 것은 아니며 보험은 어디까지나 위험발생 시 보상을 받을 수 있도록 미리 담보하는 것이다. 따라서 위험발생을 막기 위하여 포장을 수출표준포장(export standard packing)으로 하고 하인(shipping marks or cargo marks)을 하여야 하며, 부패성 화물의 경우는 냉동선이나 냉동 컨테이너를 이용하여야 한다. 컨테이너는 상품위험의 발생을 방지하는 데 유효한 수단이 된다.

또한 품질이 계약물품과 다르거나 제때에 수입상품이 도착하지 못하여 목적하였던 바대로 수입상품을 판매하지 못하게 되는 위험도 있다. 신용장 방식에 의하면 수출상은 계약과 일치하는 물품을 신용장 유효기일 안에 선적해야 하므로 신용장은 상품위험에 대한 유효한 대응수단이 된다. 또한 상사중재제도 역시 무역클레임과 관련하여 이를 해결하는 좋은 수단이 되고 있다.

(2) 신용위험(Credit Risk)

국제무역에 있어서는 수출업자와 수입업자가 나라를 달리하여 떨어져 있기 때문에 서로의 신용도를 잘 모를 경우가 많다. 특히 수입업자가 신용도가 낮거나 수입지의 시장상황이 무역계약시와는 다르게 되어 손실이 발생하게 되면 수입업자가 수입대금을 지급할 수 없게 되거나 지급거절을 하게 될 위험이 있다. 신용위험은 수입업자의 고의에 의하여 발생하기도 하지만 시장상황에 따른 불가피한 사정에 의할 수도 있다. 국제무역에서는 신용위험에 대응하여 신용장과 수출보험제도가 발달되어 있다.

(3) 가격변동위험(Market Risk)

국제무역에 있어서는 무역계약과 물품 인도시기간에는 상당기간이 소요되는데 이 기간 동안에 원자재가격, 인건비, 세금, 운임 등과 계약물품 자체의 가격이 변동될 위험이 있다. 가격변동은 무역계약 당사자의 입장에서는 통제 불가능한 요소이다. 가격변동으로 손실을 입게 되는 수출업자는 수출을 이행하지 않을 수도 있으며, 수입업자는 수입품의 인수거절 또는 수입대금 지급거절을 할 경우도 발생한다. 따라서 가격변동위험은 무역계약 불이행 위험으로 연결될 수도 있다.

물품의 가격변동위험에 대응하여 상품선물거래(commodity futures)가 세계적으로 발달되어 있어 가격변동이 큰 금속, 비철금속, 곡물 등의 무역을 할 때는 선물거래를 통해 위험을 헤징(hedging)하는 것이 일반적이다.

(4) 외환위험(Exchange Risk)

국제무역의 표시통화는 일반적으로 외국통화이므로 무역계약시와 물품인도시에 환율의 차이가 발생하면 환율의 변동으로 물품의 자국통화 표시가격이 변동되므로 이익 또는 손실이 발생한다. 1973년 이후 세계적으로 변동환율제가 일반화되어 매일의 환율변동이 격심하다. 기본적으로 환율은 거시경제 변수의 변동에 따라 변동하나 외환시장에서의 투기적 행동에 따라 변동하기도 하므로 수출업자 또는 수입업자의 입장에서는 통제 불가능하다. 따라서 국제무역을 하는 사람은 장래의 환율에 대한 예측을 잘 할 수 있어야 하지만 외환위험을 전가시키는 선물환(forward exchange), 통화선물(currency futures) 또는 통화옵션(currency option)거래를 잘 할 수 있으면 더욱 유리하다.

(5) 금리위험(Interest Risk)

국제무역에 수반하여 각종 무역금융제도가 발달되어 있다. 수출업자는 국내에서 수출금융 또는 수출용원자재 수입금융을 이용할 수도 있고, 외국의 수입업자에게 기한부 수입을 허용함으로써 국제적으로 신용을 공여 할 수도 있다. 반대로 수입업자는 국내에서 수입금융을 이용할 수도 있고 외국의 수출업자로부터 기한부 수입을 함으로써 국제적으로 신용을 공여 받을 수 있다. 또한 장기차관조건으로 수입하기도 한다. 이러한 금융에 적용되는 금리가 변동할 경우에 기대했던 금리수준보다 높거나 낮거나 함으로써 수출업자 또는 수입업자에게 이익 또는 손실, 즉 금리위험을 발생시킨다.

금리위험에 대응하는 방법으로는 금리선물거래(interest futures)와 금리옵션(interest options)거래를 이용한다.

4) 국제무역에 관한 국제관습

국제무역은 국제간 물품매매계약인데 계약에 관하여 나라마다 독특한 법률과 관습이 있어 국제무역계약의 권리와 의무관계에 있어서 오해와 분쟁의 소지가 많다. 따라서 국제무역을 원활히 하기 위해서는 세계적으로 무역당사자에게 공통으로 통용될 수 있는 표준적 규칙이 필요하다. 이에 따라 국제상업회의소(ICC)가 다수의 국제무역에 관한 규칙을 제정하는 데 일찍부터 주도적 역할을 해왔다.

이러한 국제무역에 관한 규칙은 무역 당사자가 무역계약을 체결할 때 이에 따른다는 취지를 명백히 함으로써 비로소 당사자간의 계약에 유효하게 적용된다.

국제무역에 관한 국제적 통일규칙으로는 신용장통일규칙(UCP), INCOTERMS, 추심에 관한 통일규칙, 복합운송에 관한 규칙, 해상보험에 관한 협회적화약관 등이 있다.

Ⅱ. 수출과 수입

수출입에서 수출은 물품이 국내에서 해외로 이동하는 일반 수출형태와 물품이 해외에서 해외로 이동하거나 대금결제를 수반하지 않는 등 특정거래 형태 수출이 있다. 일반적으로 자동차나 반도체 등 유형의 제품을 거래하는 것을 말하나 소프트웨어, 서비스 및 용역 등 무체물을 그 대상에 포함시키고 있다. 수출입이 진행되는 과정에는 대외무역법, 외국환거래법, 관세법 등 각종 국내 법규와 국제 규칙의 유기적인 적용을 받게 된다.

1. 수출(Export)

수출은 물품을 국내에서 외국으로 판매함으로써 물품이 외국으로 이동하며 그 대신 수출대금이 외국에서 국내로 들어오는 경우를 말한다. 수출대상물품은 국내에서 생산된 제품이 일반적이나 외국에서 수입하여 그대로 재수출하거나 가공하여 수출하는 상품이 될 수도 있다. 국내생산품을 수출할 때는 국내생산을 증가시켜 국민소득을 높이는 데 기여할 것이며, 수입한 외국상품을 재수출할 때는 매매차익 또는 수수료를 얻게 된다.

대외무역법상의 수출은 매매, 교환, 임대차, 사용대차, 증여 등을 원인으로 국내에서 외국으로 물품을 이동하는 것과 유상으로 외국에서 외국으로 물품을 인도하는 것(외국인도수출)이라고 규정하고 있어 그 개념이 매우 포괄적이다.

관세법에서는 수출을 "내국물품을 외국으로 반출하는 것"이라고 규정하고 있다. 여기서 내국물품은 ① 우리나라에 있는 물품으로서 외국물품(외국으로부터 우리나라에 도착된 물품)이 아닌 것과 ② 우리나라 선박에 의해서 공해에서 채포된 수산물, ③ 입항 전 수입신고가 수리된 물품을 말한다.

〈표 1-1〉 대외무역법과 관세법상 수출의 정의

- **관세법 제2조 2항(수출의 정의)**
  : 내국물품을 외국으로 반출하는 것
- **대외무역법 시행령 제2조 3항(수출의 정의)**
  : 매매, 교환, 임대차, 사용대차, 증여 등을 원인으로 국내에서 외국으로 물품을 이동하는 것
  (우리나라의 선박으로 외국에서 채취한 광물 또는 포획한 수산물을 외국에 매도하는 것을 포함한다.)

〈표 1-2〉 일반적 형태의 수출

구분		내 용
일반 형태	직접수출	수출자가 제품(유체물+무체물)을 바이어에게 직접 수출
	OEM	바이어가 요구하는 제품과 상표명으로 완제품을 생산하여 수출
	ODM	설계, 개발 능력을 갖춘 제조 업체가 유통망을 확보한 바이어에게 상품을 수출
	간접수출	제조업체가 국내에 있는 수출업체에 납품하여 제품을 해외로 수출하는 것
	용역의 수출	경영 상담업, 법무 관련 서비스업, 회계 및 세무 관련 서비스업, 엔지니어링 서비스업, 디자인, 컴퓨터시스템 설계 및 자문업, 문화산업 등
	전자적 형태의 무체물 수출	영상물(영화, 게임, 애니메이션, 캐릭터), 음향·음성물, 전자서적, 데이터베이스의 수출

2. 수입(Import)

수입은 물품을 외국에서 구매하여 국내로 들여오는 거래로서 수입대금을 국내에서 외국으로 지급하여야 한다. 수입대상물품은 외국에서 생산된 원재료, 부품 및 제품이다. 외국의 원재료 및 부품을 사용하여 외국에서 생산한 제품을 수입하는 경우가 일반적이다. 국내에서 외국에 원재료 및 부품을 수출하고 이를 외국에서 가공하여 완제품을 생산한 후 그 완제품을 다시 역으로 수입해오는 경우도 있다.

대외무역법상 수입은 "매매, 교환, 임대차, 사용대차, 증여 등을 원인으로 외국으로부터 국내로의 물품이 이동하는 것과 유상으로 외국에서 외국으로 물품을 인수하는 것(외국인수수입)"으로 규정하고 있다.

관세법상 수입은 "외국으로부터 우리나라에 도착된 물품(외국의 선박 등에 의해서 공해에서 채포된 수산물 포함) 또는 수출신고가 수리된 물품을 우리나라에 반입하는 것"으로 규정하고 있다. 여기서 관세법상의 수입시점은 물품을 우리나라에 반입, 우리나라에서 소비 또는 사용하는 것을 수입으로 본다.

3. 특정거래형태 수출입

여러 국가를 거쳐 생산되고 유통이 되는 물품은 정부가 이를 통제하기가 어렵다. 이것을 악용하여 수출입 제한 사항을 우회적으로 회피하는 것을 방지하기 위하여 몇 개의 거래를 '특정거래 형태'로 정의하고 그중의 일부는 '인정'을 받고 수출입을 할 수 있도록 통제하고 있다. 대외무역법에서는 별도의 관리가 필요한 특정거래형태에 해당하는 경우에는 별도의 인정절차를 거치도록 하고 있고, 11가지 거래형태가 있다.

① 법에서 규정한 수출 수입의 제한을 면탈할 우려가 있거나 산업보호에 지장을 초래할 우려가 있는 거래,
② 외국에서 외국으로 물품의 이동이 있고, 대금의 지급 또는 영수가 국내에서 이루어지는 거래로서 대금결제 상황의 확인이 곤란하다고 인정되는 거래,
③ 대금의 결제가 수반되지 아니하고 물품의 이동만이 이루어지는 거래[2] 등의 특징이 있다.

〈표 1-3〉 특정거래 형태의 수출

구분		내용
특정 거래형태	외국인도수출	수출대금은 국내에서 영수하지만 국내에서 통관하지 않은 수출물품 등을 외국으로 인도하거나 제공하는 수출
	위탁가공수출	가공임을 지급하는 조건으로 외국에서 가공할 원료의 전부 또는 일부를 거래 상대방에게 수출하거나 외국에서 조달하여 이를 가공한 후 가공물품 등을 수입하거나 외국으로 인도
	중계무역	수출할 것을 목적으로 물품 등을 수입하여 보세구역외의 장소에 반입하지 않고 외국으로 반출
	위탁판매수출	물품 등을 무환으로 수출하여 해당 물품이 판매된 범위안에서 대금을 결제하는 계약에 의한 수출
	무환수출	대금결제를 수반하지 않은 거래(샘플, 전시회 출품, 대체품 등)

2) 특정거래형태 인정제도는 Negative List System으로 운용하며, 하부기관에 권한을 위임하지 않은 채 산업통상자원부 무역정책과에서 직접 인정하고 있다.

1) 위탁판매수출 · 수탁판매수입

위탁 · 수탁판매거래는 수출자가 물품의 소유권을 수입자에게 이전하지 않고 수출자가 자기책임하에 수입국에 물품을 수출한 후 판매된 범위내에서만 대금을 영수하고, 판매잔량에 대하여는 계약기간 만료 후 6개월 이내에 반송 받거나 제3자에게 판매하는 거래를 말한다.

이는 수출자인 본사가 수입국에 지사 또는 판매법인을 설치하거나 설립한 후 판매를 위탁하는 경우이거나, 최초로 해외시장개척시에 주로 활용되는 거래형태이다.

그림 1-1 위탁판매수출

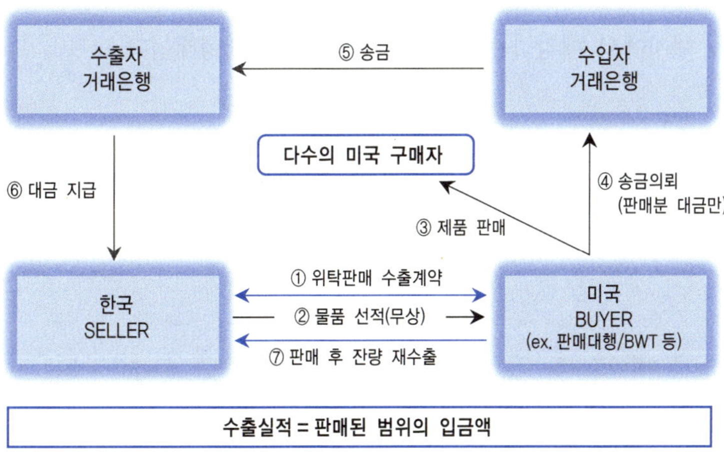

2) 임대수출 · 임차수입

임대차방식 수출입거래는 임대차계약에 따라 물품의 임대료를 영수하거나 임차료를 지급하는 조건으로 물품을 수출하거나 수입한 후 임대차계약기간 종료 후 임대물품이나 임차물품을 재수입 또는 재수출하거나, 임대차계약기간 종료

전 또는 종료 후에 소유권을 이전받는 수출입거래를 말한다.

이 경우 임대료나 임차료를 영수하거나 지급하지 않는 사용대차를 포함한다. 이는 생산설비 등 거대자본이 소요되는 경우나 의료용구, 컴퓨터 등과 같이 단일물품의 가액이 크나, 수명주기(Life Cycle)가 상대적으로 짧은 물품을 수입할 때 자금압박을 완화하거나, 신제품 개발에 따른 위험을 회피하는 수단으로 활용되고 있다.

3) 외국인도수출 · 외국인수수입

외국인도수출이란 국내에서 수출통관되지 않은 물품을 외국에서 외국으로 인도하여 매각하고 그 대금을 국내에서 영수하는 거래방식을 말한다. 외국인도방식수출은 산업설비수출, 해외건설, 해외투자 등 해외사업현장에서 사용한 기자재 등을 국내로 반입하지 않고 이를 다시 매각할 때나 항해중이거나 어로작업중인 선박을 현지에서 매각하는 경우에 사용하는 거래형태이다.

그림 1-2 외국인도수출

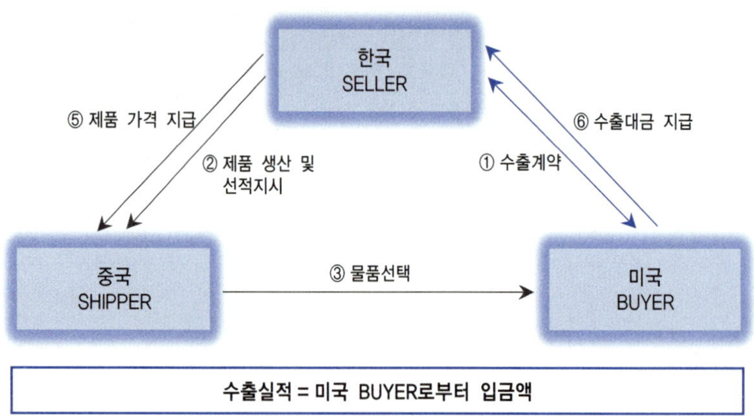

외국인수수입이란 물품을 외국에서 조달하여 외국의 사업현장에서 인수하고 그 대금을 국내에서 지급하는 거래방식을 말한다.

4) 수탁가공무역방식 · 위탁가공무역

위탁가공무역은 가공임을 지급하는 조건으로 가공할 원자재의 전부 또는 일부를 통상 무상으로 외국의 거래상대방(임가공업자)에게 수출하여 이를 가공한 후 가공물품을 국내에 재수입하거나 제3국에 판매하는 수출입거래를 말한다.

수탁가공무역은 위탁가공무역과 정반대의 거래형태로서 가공임을 취득할 목적으로 외국의 거래상대방의 위탁에 따라 원자재의 전부 또는 일부를 무상으로 수입하여 이를 국내에서 가공한 후에 외국의 위탁자 또는 위탁자가 지정하는 제3자에게 재수출하는 거래를 말한다.

5) 중계무역 · 연계무역

중계무역[3](Intermediary Trade)은 수출할 것을 목적으로 물품을 수입하여 이를 제3국으로 수출하는 수출입거래방식으로서 수입한 상품을 원상태 그대로 수출하여 수출대금 영수액과 수입대금 지급액과의 차액에 해당하는 가득액을 취하는 거래방식이다. 이때 취하는 가득액은 수출가액(FOB)에서 수입금액(CIF)을 공제한 금액으로서 이를 중계차액이라 하며, 이 중계차익만을 수출실적으로 인정한다.

---

3) 중개무역(仲介貿易, merchandising trade)은 수출입업자사이에 제3국 무역업자가 개입하여 매매계약이 체결되며, 상품은 수출국에서 최종수입국으로 이동한다. 중개상은 수출입업자로부터 수수료를 받는 경우와, 수입업자로부터 대금을 수취하여 수수료를 공제하고 수출업자에게 지급하는 결제의 당사자가 되는 경우로 구분된다. 중개무역은 특정거래로 인정 되지 않는다.

그림 1-3 중계무역

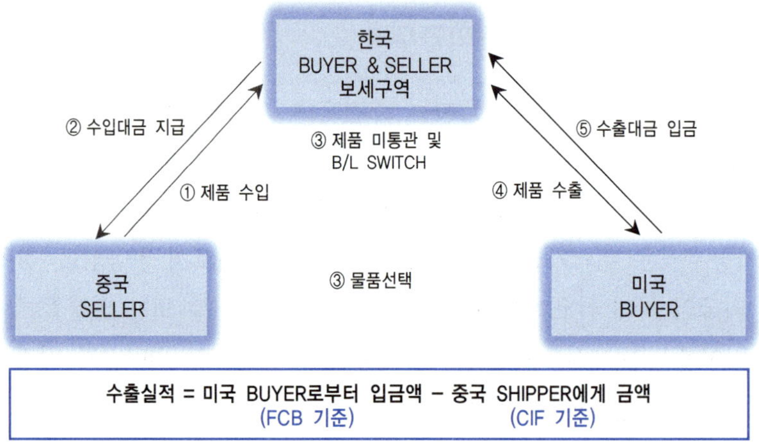

연계무역은 외국환이 부족한 국가와 거래할 경우에 많이 활용되는 거래형태로서 동일한 거래상대자간에 수출물품과 수입물품이 교환됨으로 인하여 수출과 수입이 연계된 형태의 무역거래 형태이다. 이는 수출입계약의 형태, 대응구매기간, 물품대금 청산의 형태, 교환되는 물품과의 관계에 따라 물물교환(Barter Trade), 구상무역(Compensation Trade), 대응구매(Counter Purchase), 산업협력(Industrial Cooperation)을 위주로 하는 제품환매(Buy-Back Trade), 절충교역거래(Off-Set Deal) 등 여러 가지 형태가 있다.

6) 무환수출입

환(換)에 의한 대금결제를 수반하지 않는 물품의 수출입이다. 무환수출에는 무상의 상품견품, 구휼품(救恤品), 박람회출품, 기증, 여행자의 휴대품 등과 같이 순수한 무상수출과 클레임의 처리를 위한 대체품의 수출, 대리점의 수수료를 화물로 보내는 경우 등의 환에 의하지 않는 다른 형태의 결제를 말한다. 그러나 환어음이 매개될 지라도 대금을 추심한 후에 수취하는 모든 추심환, 동환(同換)

에 부도나 기타의 이유로 상환 또는 매환을 하는 경우에도 무환수출이다.

무환수출은 송금 및 증권의 형태에 의한 자본수출과 함께 상품의 형태에 의한 자본수출이 된다. 따라서 자본도피나 투기의 수단으로 사용되며 수출대금의 송금, 외국환은행에의 추심의뢰, 또는 본·지점간의 경우처럼 어떤 형태로든 결제가 수반되고 수출대금이 자가용도로 수입국에서 사용되기도 한다. 따라서 이의 편법적 이용은 환시세의 저락, 국제수지의 악화 등을 초래하므로 환관리에 있어서 규제대상이 된다.

무환수입에는 무상의 상품견본과 선전용품, 외국인의 사무용품, 입국자의 휴대품, 박람회 출품화물 등 비상업적 목적으로 수입되는 순수한 무환수입과 수출품의 반송화물, 위탁가공계약에 의한 화물 등이 있고 또한 장차 대가로서 송금할 예정인 수입이라도 현재 대가를 지불하지 않은 것도 무환수입에 포함된다.

Ⅲ. 무역관리제도

1. 무역관리의 일반원칙

1) 공정한 무역 조장

우리나라의 무역은 헌법에 의하여 체결·공포된 무역에 관한 조약과 일반적으로 승인된 국제법규가 정하는 바에 따라 자유롭고 공정한 무역을 조장함을 원칙으로 한다. 정부는 대외무역법이나 다른 법률 또는 헌법에 따라 체결·공포된 무역에 관한 조약과 일반적으로 승인된 국제법규에서 무역에 대한 제한을 정한 규정이 있는 경우에는 그 제한을 정한 목적을 달성하기 위하여 필요한 최소한의 범위 안에서 이를 운영하여야 한다(대외무역법 제3조).

2) 자유무역의 원칙

물품 등의 수출입 및 이에 따른 대금의 영수 또는 지급은 대외무역법의 목적의 범위 내에서 자유롭게 이루어져야 한다. 또한 무역거래자는 대외신용도 확보 등 자유무역질서를 유지하기 위하여 자기 책임으로 당해 거래를 성실히 이행하여야 한다(대외무역법 제10조).

3) 무역진흥을 위한 지원조치

산업통상자원부장관은 무역의 진흥을 위하여 필요하다고 인정되는 때에는 대통령령으로 정하는 바에 따라 물품 등의 수출·수입을 지속적으로 증대하기 위한 다음의 조치를 취할 수 있다

① 무역의 진흥을 위한 자문·지도·대외홍보·전시·연수·상담알선 등을 업으로 하는 자,
② 무역전시장·무역연수원 등의 무역관련시설을 설치·운영하는 자,
③ 과학적인 무역업무 처리기반을 구축·운영하는 자에게 필요한 조치를 할 수 있다(대외무역법 제4조).

2. 수출입 무역관리제도

1) 무역관련 법규

우리나라의 무역관련 법규는 크게 세 가지로 분류할 수 있는데 무역거래의 근간이 되고 있는 대외무역법, 외국환거래법 그리고 관세법이 그것이다.

대외무역법은 대외무역거래의 기본법으로서 대외 무역을 진흥하고 공정한 거래질서를 확립하여 국제 수지의 균형과 통상의 확대를 도모함으로써 국민 경제를 발전시키는 데 이바지함을 위하여 제정되었다.

외국환거래법은 외국환 거래 및 기타 대외거래의 자유를 보장하고, 시장기능을 활성화 하여 대외거래의 원활화 및 국제수지의 균형과 통화가치의 안정을 도모함으로써 국민경제의 건전한 발전에 이바지할 목적에서 종전의 외국환 거래법을

대체하여 제정되었다.

관세법은 관세의 부과·징수 및 수출입물품의 통관을 적정하게 하고 관세수입을 확보함으로써 국민경제의 발전에 이바지함을 목적으로 제정되었다.

이외에도 외국인투자촉진법, 조세감면규제법, 자유무역지역의 지정 등에 관한 법률, 전자거래기본법, 수출보험법, 산업디자인진흥법, 무역업무자동화촉진에 관한 법률, 무역거래기반조성에 관한 법률 등 50여종의 무역관련법규가 있다.

〈표 1-4〉 무역관리 3대 법규

명칭	법의 목적	적용범위
대외 무역법	대외 무역 진흥 및 공정한 거래 질서를 확립하여 국제 수지의 균형과 통상의 확대를 도모	무역에 대한 전반적 관리
외국환 거래법	외국환 거래 및 기타 대외거래의 자유를 보장, 시장기능을 활성화 하여 대외거래의 원활화 및 국제수지의 균형과 통화가치의 안정을 도모	외국환의 지급 및 징수
관세법	관세의 부과·징수 및 수출입물품의 통관을 적정하게 하고 관세수입을 확보	수출입 통관 및 관세징수

2) 수출입품목 관리체계

(1) 수출입공고

수출입공고란 대외무역법 및 동법 시행령의 수출입제한사유에 대한 고시로서, 수출입 품목관리를 위한 기본 공고이다. 산업통상자원부장관이 필요하다고 인정하는 경우에 물품의 수출·입에 관하여 수출입승인 대상물품의 품목별 수량·금액·규격 및 수출 또는 수입지역 등을 한정하는 것으로 무역의 지속적인 증대 또는 통상정책상의 필요에 의하여 대통령령이 정하는 물품의 수출·입에 관한 추천 또는 확인 등의 절차를 공고하는 것을 말한다.

수출입 공고의 별표 1(수출금지품목), 별표 2(수출제한품목), 별표 3(수입제한품목)에 명시된 품목을 수출 또는 수입하고자 하는 자는 각 품목별 수출입요령에 의거 승인기관의 승인을 받아야 한다(대외무역법 제11조).

수출입 공고 상 품목표시방법은 우리나라 경우 1967년 7월 25일부터 수출 또는 수입이 허용되는 품목만을 표시하던 종전의 Positive List System(원칙금지, 예외허용)에서 수출 또는 수입의 제한 내지 금지되는 품목만을 나열하는 Negative List System(원칙자유, 예외제한)으로 수출입공고관리방식을 개편하였다.

Positive List System이란 수출입공고에 수출 · 입이 허용되는 품목만을 표시하고 여기에 표시되지 않은 기타의 품목은 원칙적으로 수출 · 입이 제한 또는 금지되도록 하는 수출입공고의 품목표시방법으로서, 이는 전술한 바와 같이 자국의 산업보호 등을 목적으로 시행되고 있다.

Negative List System이란 수출입공고에 수출 또는 수입의 제한 내지 금지 품목만을 표시하고 여기에 표시되지 않은 기타 품목은 수출 또는 수입이 허용되도록 하는 수출입공고의 품목표시방법으로서, 이는 ㉠ 무역자유화의 폭을 넓히고, ㉡ 외국의 값싸고 품질 좋은 상품을 수입하여 국내상품을 이들 외국제품과 경쟁케 함으로써 국내산업의 체질을 개선하고, ㉢ 일반대중의 소비생활을 향상시킨다는 목적으로 시행되고 있다.

(2) 통합공고

관계행정기관의 장은 수출 · 수입요령을 제정 또는 개정하는 경우에는 당해 수출 · 수입요령이 그 시행일 전에 공고될 수 있도록 이를 산업통상자원부장관에게 제출하여야 하며, 산업통상자원부장관은 제출받은 수출 · 수입요령을 통합하여 공고하여야 하는데 이를 통합공고라 한다.(대외무역법 제12조)

(3) 전략물자 수출입공고

전략물자수출입공고는 국제평화 및 안전유지와 국가안보를 위하여 수출허가 등 제한이 필요한 물품 등을 정부가 별도로 그 수출입을 관리하기 위하여 이루어지는 공고이다. 따라서 산업통상자원부장관의 전략물자수출입공고에 게시된 물품을 수출입하고자 하는 자는 수출하기 전에 산업통상자원부장관이나 관계 행정기관의 장의 수출허가, 상황허가, 수입목적확인서를 받아야 한다.(대외무역법 제19조~제22조)

재래식 무기부터 미사일의 제조, 개발, 사용, 보관 등에 이용이 되는 물품이나 기술, 소프트웨어 등을 전략물자라고 한다. 전략물자가 무방비하게 유통되면 안보에 위협을 받을 수 있기 때문에 우리나라를 비롯한 세계 대부분의 국가에서 다자간 전략물자 국제수출통제체제 및 비확산조약에 가입하여 전략물자의 수출을 통제하고 있다. 일반적으로 소재류, 기계 부품 등 무기 생산과 무관해 보이는 제품이 대상이어서 사전판정 절차를 거쳐 확인해야 한다.

〈표 1-5〉 4대 국제수출통제체제

구 분	목 적	통제품목
바세나르체재 (WA: Wassenaar Arrangement)	재래식 무기 및 무기제조에 사용될 수 있는 산업용 물자가 분쟁다발지역, 테러지원국으로 수출되는 것을 방지	총기류 및 폭탄 등 군용물자와 소재, 기계 등 이중용도 품목
핵공급그룹 (NSG: Nuclear Suppliers Group)	핵관련 기자재를 공급할 수 있는 능력을 갖춘 국가들이 수출통제 가이드라인을 통해 핵무기 비확산에 기여	핵물질, 원자로, 우라늄 농축 및 재처리 시설, 공작기계 등
미사일 기술통제체제 (MTCR: Missle Technology Control Regime)	대량파괴무기 운반시스템의 수출통제를 통해 WMD 확산을 방지하고, 테러조직과 테러리스트의 획득 가능성 차단	무인 항공기 시스템 및 관련 미사일 부품 등
오스트레일리아 그룹 (AG: Australia Group)	생화학무기의 원료물질 및 이의 제조에 사용가능한 장비와 설비에 대한 수출 통제를 통해 생화학무기 비확산에 기여	화학작용제 및 전구체, 화학무기 제조 설비 및 장치 등

전략물자 판정 방법은 두 가지가 있다.

첫째, 자가판정이다. 전략물자관리원 사이트에서 제공하는 HS CODE&키워드 검색 및 각 질문 응답에 따라 기업이 수출대상 품목의 전략물자 해당여부를 '스스로 판정'하는 방법이다. 판정결과를 즉시 출력할 수 있으나 결과에 대한 책임은 기업에 있다.

둘째, 사전판정이다. 기업 자체적으로 판정이 곤란하거나 공인된 판정결과가 필요할 경우 전략물자 관리원에 판정을 의뢰하는 것으로 처리는 신청일로부터 15일 이내이다.

(4) 특정거래 형태의 인정

산업통상자원부장관은 물품 등의 수출 또는 수입이 원활히 이루어질 수 있도록 대통령령으로 정하는 물품 등의 수출입 거래 형태를 인정할 수 있으며, 기획

재정부장관이 외국환 거래 관계 법령에 따라 무역대금 결제 방법을 정하려면 미리 산업통상자원부장관과 협의하여야 한다.(대외무역법 제13조)

3) 수출입 품목 분류방법

HS CODE는 전 세계에서 거래되는 각종 물품을 숫자 코드로 분류하여 상품 분류 체계를 통일화한 것으로써 '세번'이라는 표현으로도 불리며 '품목번호'와도 동일한 의미를 가진다. 관세나 무역통계, 운송, 보험 등 다양한 목적으로 사용되어 무역거래를 원활하게 한다.

HS CODE에 따라 관세율, 수출물품의 간이정액 환급세액, FTA 활용에 있어서 양허유형 및 양허세율, 전략물자 및 수출규제 해당여부 등이 상이하기 때문에 품목분류가 잘못되었다면 업무상 중대한 오류를 야기할 수 있으므로 주의하여야 한다.

(1) 품목분류(HS CODE: Harmonized Commodity Description and Coding System)

품목분류란 HS CODE, 세번부호(HSK), 품목번호, 관세율표 등으로 불리며 세계관세기구(WCO)가 중심이 되어 체결한 HS협약에 따라 상품별로 부여한 숫자 코드를 말한다. 기획재정부장관은 통일상품명부호체계에 관한 국제협약에 의한 수출입물품의 신속한 통관, 통계파악을 위하여 협약 및 관세법 별표 관세율표를 기초로 하여 품목을 세분한 관세・통계통합품목분류표를 고시할 수 있다. 품목분류제도란, 물품의 수출, 수입시 적법한 품목 분류를 통해 원활하고 안전한 무역거래를 영위하기 위하여 만든 제도이다.

HS는 「The International Convention on the Harmonized Commodity Description and Coding System and its Annex: 통일상품명 및 부호체계에 관한 국제협약과 그 부속서」의 약자로서, 약칭 「Harmonized System: 조화제도」으로 표기하고 있으며, 그 부속서는 HS 품목표(HS Nomenclature)라고 표기한다.

HS체약국은 그 나라의 관세율표와 통계품목분류표를 HS체계에 일치시켜야 하기 때문에 우리나라의 관세율표도 HS에 따라 편성되었으며 7단위 이상을 우리나라 실정에 맞도록 10단위로 세분하여 관세・통계통합품목분류표(HSK: Harmonized System of Korea)로 작성하여 사용하고 있다. 현행 관세품목분류는

관세법 별표 「관세율표상의 품목분류표」와 「관세 · 통계통합품목분류표」를 사용하고 있다

HS는 1983년 6월 국제협약으로 체결되고 HS품목분류체계에 관한 성안작업을 거쳐 1988년 1월 1일부터 발효되어 대부분의 국가가 사용하는 범세계적인 품목분류제도로서 우리나라는 1981년부터 도입 기본계획수립과 HS원본 번역작업 등 국내수용절차를 진행하고 1987년 관세 · 통계통합품목분류표(HSK)를 확정고시하여 1988년 1월 1일부터 사용하고 있다. 제정 당시 HSK 10단위 기준으로 10,125개 품목이었으나 HS 수정협약 및 여건변화 등으로 수차례 개정을 거치는 동안 그 수가 증가하여 현재 12,243개 품목을 사용하고 있다.

(2) HS 체계

품목분류표 전체의 분류지침에 관한 통칙(GRI)을 포함하여 모든 무역상품이 포함될 수 있도록 21 부 · 97류(제77류: 유보) · 1222호(4단위 호) · 5052소호(6단위 소호) · 445개의 주로 구성되어 있다.

체계 국제적으로 6자리까지 공통으로 사용하며 우리나라는 HSK(Harmonized System of Korea)로 10자리까지 사용하고, 미국, EU, 인도 및 베트남은 8자리, 일본은 9자리, 중국은 10자리 코드를 부여하여 사용 중이다. 관세법령정보포털 홈페이지 접속하여 세계HS → 관세율표 → 검색창에 '품목명'을 입력하면 쉽게 찾을 수 있다.

그림 1-4 HS 체계

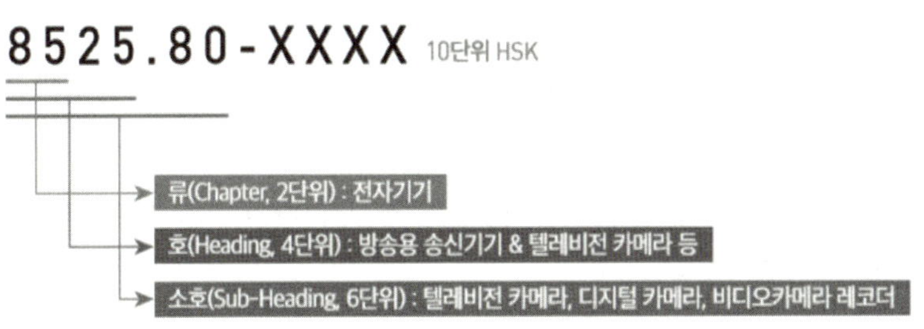

① **통칙(GRI)**

통일적으로 체계적인 품목분류를 위하여 정해 놓은 일반원칙

② **부(部/Section)**

부는 제1부부터 제21부까지 21개로 구분되어 분류되고 있는데 일련번호와 각 부의 표제는 법적 구속력이 없는 참조의 편의상 부여한 것이며, 품목분류는 류 이하의 코드번호에 의해 분류된다.

③ **류(類/chapter)**

HS의 류별 분류체계는 종전의 CCCN의 48개류를 개편하고 제98류, 제99류는 소거하여 제01류부터 제97류까지로 구성되어 있는데 1개류를 유보함으로써 96개류뿐이다. 부 아래에 있으며 부를 세분한 것으로 단위는 2단위 숫자로 표기되고 표제는 부와 마찬가지로 법적 구속력이 없는 참조의 편의상 설정한 것이다. 그러나 호의 앞2자리는 류의 번호로 품목분류에 있어서는 류가 확정되어야만 분류가 가능하다.

④ **절(節)**

류를 세분한 것으로 부와 류의 표제와 함께 절의 표제도 참조의 편의상 설정하여 이해를 돕기 위한 것으로 분류상의 법적 구속력은 없으며 일정한 류에만 절이 있다. 절이 있는 류는 제28류, 제29류, 제39류, 제63류, 제69류, 제71류, 제72류 등이 있다.

부 · 류 · 절의 표제는 그들이 포괄하는 상품의 범주 또는 형태를 가능한 간단하고 함축성 있게 표시하고 있는 것으로, 품목분류에 관한 법적기준은 아니며 단지 참조의 편의상 설정한 것이다.

⑤ **호(號/heading)와 소호(小號/subheading)**

HS는 동종 · 유사물품을 그룹화하여 체계적으로 배열한 품목의 리스트에 4단위 또는 6단위의 숫자배열을 부여하고 있는데 이 숫자부호를 배번이라 하며, 이 경우 4단위의 배번을 호라 부르고, 6단위의 배번을 소호라 칭한다. 호는 법적 구속력이 있는 관세율표 4단위이고, 소호는 법적 구속력이 있는 관세율표 6단위 이다.

⑥ **주(Notes)**

HS의 많은 부와 류는 그들이 포괄하고 있는 호에 대하여 적용할 주를 가지

고 있는데 주 가운데는 전적으로 소호에만 적용되는 소호주도 있다. 통칙과 마찬가지로 주는 HS의 필수적인 구성요소를 형성하며, 호와 소호처럼 법적인 효력을 가지고 있다.

그림 1-5 품목분류의 기본구조

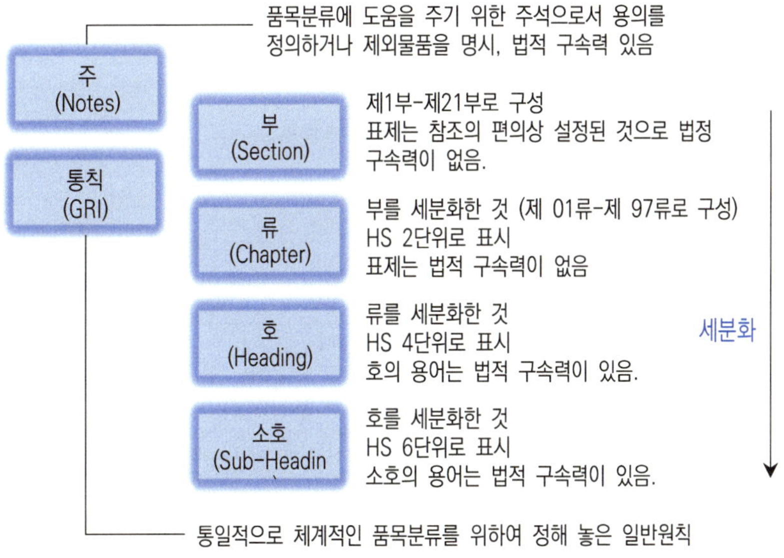

예를들어, 우리가 마시는 커피의 경우 HSK코드는 '0901.90.1000'이며, 이 중 '0901'은 커피를 나타내는 HS코드 9류 01호에 해당하며, 뒷자리 4자리는 세부 품목마다 달라진다.

류는 앞 자리 2자리를 말하며, 호는 분류되는 앞 4자리를 말한다. 소호는 보다 세분화 되어 호 뒤에 오는 5, 6자리를 말한다. 6단위가 국제적으로 공통으로 사용하는 코드이며, 7단위 이하는 정해진 범위 내에서 각 국마다 세분화 할 수 있다. 관세청에서는 주요 교역국 관세율표, 관세율표 해설서, 상품인덱스, 품목분류결정사례, 세계관세기구(WCO) 의견서 등 5가지 항목을 공개하고 있다.

그림 1-6 커피 HSK 기본구조

그림 1-7 커피 품목분류

품목번호			품 명 [한국 2019]		기본 세율	탄력·양허 세율
			한글	영문		
0901			커피(볶았는지, 카페인을 제거했는지에 상관없다), 커피의 껍데기와 껍질, 커피를 함유한 커피 대용물(커피의 포함비율은 상관없다)	Coffee, Whether or not roasted or decaffeinated; coffee husks and skins; coffee substitutes containing coffee in any proportion.		
0901	1		커피(볶지 않은 것으로 한정한다)	Coffee, not roasted:		
0901	11	0000	카페인을 제거하지 않은 것	Not decaffeinated	2%	C 54% E1 1.2%
0901	12	0000	카페인을 제거한 것	decaffeinated	2%	C 54% E1 1.2%
0901	2		커피(볶은 것으로 한정한다)	Coffee roasted:		
0901	21	0000	카페인을 제거하지 않은 것	Not decaffeinated	8%	C 29.5%
0901	22	0000	카페인을 제거한 것	Decaffeinated	8%	C 29.5%
0901	90		기타	Other		
0901	90	1000	커피의 껍데기와 껍질	Coffee husks and skins	3%	C 54%
0901	90	2000	커피를 함유한 커피 대용물	Coffee substitutes containing coffee	8%	C 29.5%

커피의 경우 관세법령 정보포탈에 들어가면 이처럼 카페인의 여부나 로스팅 등 다양한 기준으로 품목분류가 이루어져 있고 그에 적용되는 세율도 확인이 가능하다. HS코드에 따라 세율이 달라지니 수출입 시 중요한 부분을 차지하고 있다.

제 2 장

무역사업의 창업계획과 전략

제2장 무역사업의 창업계획과 전략

Ⅰ. 무역사업 범위의 결정

1. 무역업의 일반적 혜택

1) 시장확보의 기회제공

기업은 이윤을 추구하는 경제주체이다. 그리고 그 이윤은 최종적으로 시장에서 실현된다. 그런데 시장의 규모 면에서 볼 때 국내시장만으로는 그 한계가 뚜렷하다. 따라서 무역업자들은 우선 시장을 확보하기 위하여 노력한다. 자기만의 시장을 확보하고 있는 무역업자는 일단 성공한 것으로 볼 수도 있다.

그런데 우리나라처럼 국내시장이 좁은 경우 기업이 세계적 기업으로 성장할 수 없음은 자명하다. 따라서 무역업은 무궁무진한 세계의 모든 시장을 그 대상으로 삼기 때문에 이익을 창출할 수 있는 무대가 그 만큼 확대될 수밖에 없게 된다.

2) 이익창출의 극대화 기회제공

국내거래의 경우와 비교해 볼 때 무역은 시장확대 뿐만 아니라 이익을 창출하는데 있어서도 여러 가지 유리한 점이 많다.

우선 국내거래 시에는 대금결제방식이 어음결제로서 외상거래가 주류를 이루고 있다. 그러나 수출 시에는 대부분의 경우 수출물품을 선적함과 동시에 은행에 선적서류를 매입시킴으로써 물품의 대금에 상응하는 금액을 즉시 회수할 수 있다.

그리고 수출업자는 수출물품을 국내에서 조달할 때 부가가치세를 부담하지 않으며, 만약 부가가치세를 부담한 경우에도 수출 후에 이를 환급 받을 수 있다.

또한 수출 시에는 수출물품의 생산자금 또는 원자재구매자금 형태로 무역금융을 받을 수 있다. 수출물품의 생산에 투입된 원자재를 수입할 때 납부한 관세를 환급 받을 수도 있다.

이상과 같이 대기업, 중소기업을 불문하고 무역은 무역업자에게 여러 가지의 혜택을 가져다준다.

2. 무역사업범위의 결정

무역업을 창업하고자 할 경우에는 우선 무역사업범위를 결정하여야 한다. 예컨대 수출업을 주로 할 것인가 아니면 수입업을 할 것인가? 완제품 수입을 주로 할 것인가 아니면 원자재수입업을 주된 사업으로 할 것인가?

1) 수출업과 수입업

우리나라는 오랫동안 무역수지적자와 외화부족을 경험해왔다. 그래서 수출업자는 외화를 벌어들이는 애국자요, 수입업자는 귀중한 외화를 사용하여 외제품을 수입해서 소비를 부추기는 장본인이라는 사회적 인식이 있다. 그리고 수입업은 수출업에 비하여 자금 부담이 크고 자금의 회전기간도 길다. 또한 수입의 경우에는 대부분 별도의 금융지원이 없으며, 수입물품을 인수하려면 수입대금 전액을 결제하여야 하고, 관세 등 상대적으로 많은 자금을 투입하여야 한다. 따라서 자금투입 일로부터 판매 일까지 재고에 따른 이자와 창고료 등 보관료가 발생하며, 대부분 외상으로 판매되는 관행에 따라 판매 일로부터 현금입금 일까지 여신이자가 발생한다.

뿐만 아니라 수입의 경우에는 국내시장 규모가 작아 재고부담의 여지가 크며, 당초의 예상과는 달리 재고발생가능성도 있을 수 있고, 이외에도 관세 또는 비관세장벽으로 대표되는 각종 수입규제제도도 상존하고 있다는 점등을 고려하여야 한다.

한편 수입업에 비해 수출업에 대해서는 무역금융, 관세 환급 등 각종 수출지원제도가 있으므로 자금 부담이 적다. 수출시장은 국내시장에 비교할 수 없을 정도로 크고 넓기 때문에 상품이나 자금의 회전율이 짧고, 몇몇 업자가 시장을 독점할 수 없는 자유경쟁시장이다. 따라서 경쟁력만 있다면 얼마든지 시장을 확보할 수 있다.

실제로 일부 수입품은 국내시장에서 수입가격보다 몇 갑절이상 높은 가격으로 판매되고 있다. 어느 한 조사자료에 따르면 우리나라 전체 수입물품의 유통마진률은 275%에 이르나, 수출기업의 경상이익률은 5%에도 미치지 못한다는 것이다. 이런 점으로 미루어 보면 당연히 수출업에 비해 수입업이 유리하게 보일 것이며, 이는 수입업을 위주로 하는 무역업체의 설립을 유인하는 요인으로 작용할 수도 있다. 그런데 사실은 대부분의 경우 수입업체는 크게 성장하지 못하는데 수출업체는 크게 성장하는 경우가 많다. 그 이유는 무엇일까? 위에서 설명한 이유들로 미루어 짐작해보면 이해될 일이다.

이상과 같은 이유에서 일반적으로 경상이익률이 5%에도 미치지 못하는 제조수출업이야말로 유통마진이 수입원가의 몇 배에 이르는 수입업보다 훨씬 매력적이라는 사실을 필자는 지적하고 싶다.

2) 완제품과 원자재 · 시설재 수입업

이는 부가가치의 창출과 사업의 안정성을 검토하는 차원에서 반드시 고려하여야 할 사항이다.

일반적으로 완제품을 수입하는 경우에는 최종소비자를 대상으로 하기 때문에 국내의 유통마진 폭은 크지만 자금부담 및 재고부담이 크다.

원자재를 수입하는 경우에는 제조회사를 상대로 하기 때문에 국내 유통마진률은 낮으나 그 대신 자금 부담과 재고부담 요인이 적고 회전율이 높기 때문에 상대적으로 유리하다. 뿐만 아니라 생산과정에 투입되는 원자재수입업은 지속적이고 안정적인 사업추진이 가능하다는 점에서 매력적인 사업중의 하나이다. 따라서 우리나라의 경우 국제원자재 시장은 종합무역상사와 같은 거대한 무역업체의 몫으로 볼 수 있다. 그러나 중소기업도 어떤 형태로든 상대적으로 경쟁력 있는 원자재

시장에 진출할 수 있는 방안이 있다면 적극적으로 검토해 볼 만한 가치가 있다.

시설재 수입업도 기업의 설비투자계획에 따라 다분히 기업전체의 경영전략과 관련되어 있어서 상대적으로 사업기회를 포착하기가 용이하지 않다. 그러나 일단 한번만 기회를 포착하면 설비의 운용과 관련한 소모품 등에 대하여 지속적으로 추가수요가 창출된다는 이점이 있다.

Ⅱ. 누가 무역업을 할 수 있는가?

1. 무역업의 자유화 추이

무역경영의 주체는 무역을 업으로 영위하는 무역업자이다. 여기서 무역업이란 무역업자가 자기명의로 자기 책임하에 물품의 수출과 수입을 업으로 영위하는 것을 말한다. 무역은 수출상과 수입상 사이에 소유권 이전을 전제로 한다. 따라서 일반무역업은 수출업과 수입업 그리고 수출과 수입을 동시에 영위하는 수출·입업 등 다양한 형태로 운영될 수 있다.

우리나라는 무역업(trade business)에 대하여 1993년 6월 30일까지는 허가제를 시행해오다가 1993년 7월 1일부터는 등록제로 전환하였다.

그러다가 1996년 12월 대외무역법이 전면적으로 개정됨에 따라 1997년 1월 1일부터 신고제로 변경, 2000년 1월 1일 완전자유화가 되어 지금에 이르고 있다. 그러므로 현재는 누구나 수출입행위를 할 수 있다.

2. 누가 무역업을 할 수 있는가?

1) 무역거래자

무역거래자란 수출 또는 수입을 하는 자, 외국의 수입자 또는 수출자에게서 위임을 받은 자 및 수출과 수입을 위임하는 자 등 물품 등의 수출행위와 수입행위의 전부 또는 일부를 위임하거나 행하는 자를 말한다.

이 같은 무역업을 영위할 수 있는 무역업자가 되기 위해서는 산업통상자원부장관의 권한을 위임받은 한국무역협회장에게 신고하여야 된다. 신고를 필한 무역업자는 수출입대상 품목의 범위를 제한 받지 않으며, 수출입 대행도 할 수 있다. 다만 무역업신고 이외에 별도의 자격요건을 요구하는 품목을 수출입할 경우에는 품목별로 별도의 무역업의 허가 등을 받아야 한다. 예컨대 의약품, 마약, 향정신성 의약품, 대마, 동물약품, 농약, 종묘, 담배, 독극물 등의 품목이 그러하다. 일반무역업의 유형으로는 수출업, 수입업, 해외현지수출법인으로 구분 할 수 있다.

(1) 수출업

수출업(export merchant)은 수출을 전업으로 하여 생산설비를 갖추고 제품을 생산하여 수출하거나 또는 그 밖의 공급자로부터 상품을 구입하여 해외로 매각하는 것을 말한다. 따라서 수출업은 자신의 명의와 계산에 의하여 이윤(margin) 베이스로 거래하는 것이기 때문에 그 수익은 판매가격과 구입가격과의 차액으로 일정하지 않으며, 당연히 신용위험(credit risk)을 부담하게 된다.

(2) 수입업

수입업(import merchant)은 자신의 명의와 계산으로 본인(principal)의 입장에서 해외의 수출상으로부터 직접 또는 자국에 있는 판매대리점을 통하여 계약하고 수입하여 자국의 도매상・제조업자에게 판매하거나 해외로 재수출하는 것을 말한다.

(3) 해외현지수출법인

무역거래의 규모와 범위가 확대되면 해외현지시장의 정보수집과 조사, 시장개척을 위하여 해외현지시장에 직접 진출을 꾀하게 된다. 해외마케팅의 가장 유효한 방법은 수출을 직접 현지국에 할 수 있는 해외지점 또는 자회사를 설치하는 것이다.

2) 무역대리업자

무역대리업자란 외국의 수입업자 또는 수출업자의 위임을 받은 자(그들의 지사 또는 대리점 포함)가 국내에서 수출물품을 구매하거나 수입물품을 수입함에 있어서 그 계약의 체결과 이에 부대되는 행위를 업으로 영위하는 자를 말한다. 다시 말하면 수출상과 수입상의 사이에 개입하여 이들 쌍방의 어려움을 덜어주고 수출과 수입이 원만하게 진행되도록 중간에서 중개・알선하는 일이 무역대리상의 주된 업무이다.

종전의 대외무역법에서는 무역대리업을 갑류대리업과 을류대리업으로 나누고 갑류대리업은 한국무역대리점협회장에게, 을류무역대리업은 한국수출기업외국기업협회장에게 신고하도록 하였다. 그러나 이 규정은 2000년 12월 29일 개정 대외무역법에서 폐지하였으며, 이들을 모두 무역거래자로 통일하였다. 무역대리업의 유형으로는 수출판매대리점, 수입판매대리점으로 구분 할 수 있다.

(1) 수출판매대리점

수출판매대리점(manufacturer's export agent)은 수출대행업자와는 달리 해외의 수입상을 위하여 활동하지 않고 국내의 제조업자를 위하여 활동하는 해외수출판매대리점이다.

(2) 수입판매대리점

수입판매대리점(exporter's selling agent)이란 대개 해외 수출국의 제조업자 또는 수출업을 대리하여 해외 수출상의 명의와 계산으로 현지 수입국시장에서 판매하고 일정한 수수료를 받는 판매대리점을 말한다. 일반적으로 해외수출상을 위해 국내에서의 물품판매 뿐만 아니라 Offer(청약)의 수주 및 관리를 총괄한다 하여 Offer상이라고 부르기도 한다.

Ⅲ. 무역업 창업절차

만약 일본에 의류를 수출하는 일을 하려고 한다. 무엇부터 해야 하나?

먼저 사업자등록을 내어야 한다. 사업자는 사업개시 일부터 20일 이내에 사업장 관할 세무서에 사업자등록을 해야 하지만 다만, 신규로 사업을 시작하려는 자는 사업개시일 전이라도 등록할 수 있다.

다음은 무역업고유번호를 부여 받아야 수출을 할 수 있다. 무역업고유번호는 산업통상자원부가 무역업자에게 부여하는 번호로, 한국무역협회에 신청서 및 사업자등록증과 같은 첨부서류를 제출하면 신청 즉시 부여해 준다.

1. 사업자 등록

사업자등록이란 부가가치세 납세의무자에 해당하는 사업자 및 그에 관계된 사업내용을 관할 세무서에 신고하는 것을 말한다.

신청기관은 사업자의 사업장마다 사업개시 일부터 20일 이내에 사업장 관할 세무서에 사업자등록을 신청해야 한다. 다만, 신규로 사업을 시작하려는 자는 사업개시일 전이라도 사업자등록을 신청할 수 있다.

위에도 불구하고 둘 이상의 사업장이 있는 사업자(사업장이 하나이나 추가로 사업장을 개설하려는 사업자를 포함)는 사업자 단위로 해당 사업자의 본점 또는 주사무소 관할 세무서장에게 등록을 신청할 수 있다.

사업자등록을 하려는 사업자는 사업장마다 ① 사업자의 인적사항, ② 사업자 등록신청 사유 ③ 사업 개시 연월일 또는 사업장 설치 착수 연월일 ④ 그 밖의 참고 사항을 적은 사업자등록 신청서를 세무서장(관할 세무서장 또는 그 밖의 세무서장 중 어느 한 세무서장을 말함)에게 제출(국세정보통신망에 의한 제출 포함)해야 된다.

사업자등록의 신청을 받은 사업장 관할 세무서장은 사업자의 인적사항과 그 밖에 필요한 사항을 적은 사업자등록증을 신청일부터 3일 이내(토요일, 공휴일 또는 근로자의 날은 산정에서 제외. 이하 같음)에 신청자에게 발급해야 한다.

다만, 사업장시설이나 사업현황을 확인하기 위하여 국세청장이 필요하다고 인정하는 경우에는 발급기한을 5일 이내에서 연장하고 조사한 사실에 따라 사업자등록증을 발급할 수 있다.

2. 무역업 고유번호

수출입 거래가 질서 있고 효율적으로 이루어질 수 있도록 산업통상자원부가 무역업자에게 부여하는 번호를 무역업고유번호라고 한다.

신청대상은 사업자등록증을 보유한 개인 또는 법인으로 한국무역협회 본부・지부에서 신청하면 된다.

제출서류는 ① 무역업고유번호신청서 1부, ② 사업자등록증 원본 1부, ③ 신분증(내방자: 명함 또는 위임장), ④ 주민등록증 앞면 사본(대표자, 내방자)이며, 한국무역협회장은 접수 즉시 신청자에게 고유번호를 부여한다.

만약 무역업고유번호를 부여받은 자가 상호, 대표자, 주소, 전화번호 등의 변동사항이 발생한 경우에는 변동사항이 발생한 날부터 20일 이내에 한국무역협회장에게 알리거나 한국무역협회에서 운영하고 있는 무역업 데이터베이스에 변동사항을 수정 입력해야 한다.

변동사항이 발생하면 무역업고유번호를 부여받은 자는 무역업고유번호신청사항 변경통보서를 한국무역협회에 제출하면 된다.

〈서식 2-1〉 무역업고유번호 신청서

[별지 제1호 서식]

무역업고유번호신청서

APPLICATION FOR TRADE BUSINESS CODE

처리기간(Handling Time)
즉 시(Immediately)

<table>
<tr><td colspan="2">① 상 호
(Name of Company)</td><td></td><td>② 무역업고유번호
(Trade Business Code)</td><td></td></tr>
<tr><td colspan="2">③ 주 소
(Address)</td><td colspan="3"></td></tr>
<tr><td rowspan="2">④</td><td>전화번호
(Phone Number)</td><td></td><td>⑤ 이메일주소
(E-mail Address)</td><td></td></tr>
<tr><td>팩스번호
(Fax Number)</td><td></td><td>⑥ 사업자등록번호
(Business Registry Number)</td><td></td></tr>
<tr><td colspan="2">⑦ 대 표 자 성 명
(Name of Rep.)</td><td colspan="3"></td></tr>
</table>

「대외무역법 시행령」 제21조 제1항 및 대외무역관리규정 제24조에 따라 무역업고유번호를 위와 같이 신청합니다.

I hereby apply for the above-mentioned trade business code in accordance with Article 24 of the Foreign Trade Management Regulation.

신청일 : 년 월 일
Date of Application Year Month Day

신청인 : (서명)
Applicant Signature

사단법인 **한국무역협회 회장**
Chairman of Korea International Trade Association

※ 유의사항 : 상호, 대표자, 주소, 전화번호 등 변동사항이 발생하는 경우 변동일로부터 20일 이내에 통보하거나 무역업데이타베이스에 수정입력하여야 함.

Ⅳ. 무역창업 지원제도

현재 우리나라 무역창업 지원제도는 ① 세제지원, ② 창업자원 지원, ③ 상담용역 지원이 있으며 관련 소요 비용은 없다.

〈표 2-1〉 세제지원 주요내용

구분	대상(감면요건)	조세감면범위
법인세 소득세	• 조세특례제한법에 의한 창업중소기업 • 창업후 2년 이내에 벤처기업으로 확인받은 기업 • 중소기업창업지원법에 의한 창업보육센터 사업자로 지정받은 내국인	당해사업에서 최초로 소득이 발생한 날이 속하는 과세연도와 그 다음 과세연도의 개시일로부터 5년이내에 종료하는 과세연도까지 당해 사업에서 발생한 소득에 대한 소득세 또는 법인세의 50% 감면
취득세 등록세	• 창업벤처기업(창업일로부터 2년이내 벤처기업으로 확인받은 기업)에 해당될 것 • 창업일(벤처기업확인일)로부터 2년이내 취득 • 사업용 재산 • 2년 이내 당해 사업에 직접 사용할 것 • 감면대상업종에 해당할 것	• 창업중소기업의 법인설립등기에 대하여 등록세 면제 • 당해사업을 영위하기 위하여 벤처기업 확인일로부터 2년이내 취득하는 사업용 재산에 대한 취득세(등록세) 면제. 다만 취득일(등기일)로부터 2년이내에 당해 재산을 정당한 사유없이 당해사업에 직접 사용하지 않는 경우는 면제세액을 추징
재산세 종합토지세	• 창업벤처기업(창업일로부터 2년이내 벤처기업으로 확인받은 기업)에 해당될 것 • 감면대상업종에 해당할 것	당해사업을 영위하기 위하여 소유하는 사업용 재산에 대하여 창업일로부터 5년간 재산세 및 종합토지세 50% 감면
인지세	중소기업창업지원법에 의한 창업자가 창업일로부터 2년이내에 당해사업과 관련하여 금융기관으로부터 융자를 받기 위하여 작성하는 증서, 통장, 계약서 등	인지세 면제

〈표 2-2〉 중소기업 주요 창업자금 지원 관련 기관

자 금	지원기관
• 지방자치단체의 창업지원자금 • 중소・벤처기업창업 자금 • 신기술창업 보육자금 • 소상공인 창업자금 • 우수발명시작품 제작지원자금 • 지방중소기업 육성자금 • 창업자금 융자	• 지방자치단체 • 중소기업진흥공단, 기술신용보증기금 • 한국산업기술평가원 • 소상공인 지원센터 • 한국발명진흥회 • 시・도청 • 각 은행
신기술 개발, 기업화하려는 중소기업자에 대한 투자・융자지원	벤처캐피탈회사

〈표 2-3〉 상담용역지원

지원기관	중소기업청에 등록된 중소기업상담회사
기능	① 창업중소기업에 대한 사업성 평가 및 사업계획 수립 ② 창업절차의 대행 및 인・허가 절차 대행 ③ 중소기업에 대한 경영, 자금, 기술 관련 알선 ④ 창업관련 상담 및 정보제공
지원금액	중소기업상담회사가 중소기업창업지원법상의 창업자에게 창업관련용역을 수행할 경우 1건당 용역대금 또는 절차대행 수수료의 50% 이내에서 지원

제 3 장

무역마케팅과 거래선 발굴

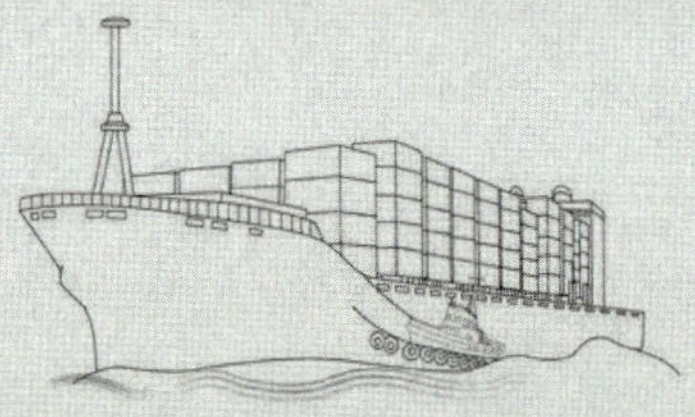

제 3 장 무역마케팅과 거래선 발굴

Ⅰ. 해외시장조사

1. 해외시장조사란?

해외시장조사(Overseas market research)란 무역행위의 첫 단계로서 특정물품에 대한 수출 또는 수입 가능성이 높은 지역 즉 유망한 목적시장을 탐색해 내기 위한 일련의 조사활동을 말한다.

미국 마케팅협회(American Marketing Association: AMA)는 이를 "재화(goods)와 용역(service)이 생산자로부터 소비자에게 판매되고 이양되는 데 관련되는 모든 문제의 요인들을 수집 · 기록 · 분석하는 것"이라고 정의하고 있다.

해외사장조사는 물품의 판매 또는 구매가능성에 관련된 정보를 과학적 방법으로 수집 · 종합 · 분석하여 유망한 목표시장을 찾기 위한 절차이다. 따라서 무역거래에 임하고자 하는 당사자는 우선 유망한 목표시장을 찾기 위하여 지리적 · 문화적 여건과 정치 · 경제 · 사회적 여건 및 무역 관련여건 등의 현상을 종합적으로 조사 · 분석하여 무역거래의 적격성을 진단하게 된다.

2. 해외시장조사의 필요성

국제무역거래의 경우에도 국내 상거래의 경우와 마찬가지로 상인들은 최소의 비용과 위험으로 최대의 이익을 얻기 위하여 노력한다. 그러나 국제무역은 국내의 상거래와는 달리 무역거래시장이 원격지에 있고, 법률 · 언어 · 상관습 · 기호 등이 서로 다른 외국시장을 상대로 하는 거래이기 때문에 외국시장에 관한 정확한 지식과 정보를 갖고 시장을 개척하여야 국내시장과의 차이에서 오는 이질적인 문제의 요인들을 극복할 수 있을 것이다. 그렇게 함으로써 비용과 예측불허의 손실을 예방할 수 있음은 물론, 위험을 최소화하고 부가가치를 극대화할 수 있는 무역거래의 목적 실현이 가능해 진다. 이러한 점에서 무역거래를 개시하기 전에 신속 · 정확한 해외시장조사는 반드시 필요한 것이다.

3. 목표시장의 선정

목표시장은 자기가 취급하는 상품이 어느 때 어느 장소에서 누구에 의하여 구매 또는 판매되고 소비될 것인가를 조사하기 위하여 먼저 어느 시장을 표적으로 할 것인가, 어느 시장을 대상으로 조사를 펼치는 것이 가장 효율적인가 하는 것을 선정하는 행위이다.

이러한 목표시장의 선정은 광범위한 해외시장 중에서 엄선되어야 하므로 유망한 해외시장을 물색하려면 그 지역에 있어서의 목적상품에 대한 수요공급의 실태 및 그 상관습에 관하여 조사를 해야 되며, 목적상품의 시장성에 관련된 자료를 종합적으로 수집하여 이를 분석 · 활용하여야 한다.

4. 해외시장조사의 대상 내용

앞에서 언급한 바와 같이 특정물품에 대한 수출 또는 수입가능성이 높은 지역을 탐색해 내기 위한 조사활동을 해외시장조사라고 한다. 이때 특히 수출가능성이 높은 지역을 탐색해 내기위한 조사활동을 수출시장조사(export market research)라 하며, 반대로 수입가능성이 높은 지역을 탐색해 내기 위한 조사활동을 수입시장조사(import market research)라 부른다.

1) 수출시장조사의 내용

(1) 대외적 조사사항

① **인구수**

대도시에 있는 백화점은 중소도시에 있는 백화점에 비해 보다 많은 고객으로 붐빈다. 당연히 사람이 있는 곳에 매상이 있게 마련이다.

세계시장도 마찬가지다. 일반적으로 인구가 많은 나라의 구매력은 인구가 적은 나라보다 크다. 특히 먹고, 입고, 거주하는 인간의 3대 기본욕구는 머릿수와 비례한다. 인구가 많기로는 중국이 첫 번째이고, 인도, 구 소련권, 미국, 브라질, 파키스탄, 독일, 일본의 순이다. 그러나 인구가 많다고 무조건 구매력이 큰 것은 아니다. 먹고 마시는 것에 대한 수요는 총체적으로 보아 사람의 입이 몇 개냐로만 보아서도 계산할 수 있다. 중국이나 인도 등 인구가 많은 나라가 매년 막대한 양의 곡식을 수입하고 있는 것은 그만큼 채워야 할 입이 많기 때문이 아니겠는가! 또한 입고 쓰는 옷이라든가 기타 생활필수품 등도 인구수나 사람의 입이 적은 곳보다는 아무래도 많은 곳의 수요가 더 클 것이다.

② **소득수준**

소득이 곧 구매력(purchasing power)이란 말이 있다. 가령 먹여 살려야 할 식구가 많고, 그에 따라 생활필수품 등이 많이 필요해도 막상 그런 것들을 구매할 돈이 없으면 살 수가 없듯이, 아무리 인구가 많아도 구매할 자금력이 없으면 그 시장은 별 볼일 없는 시장이다. 소득수준이 높으면 그만큼 수입이 많다는 얘기이며, 수입이 많으면 소비성향이 다양하고 크기 때문에 소득수준에 따라 구매력이 결정된다고 볼 수 있다.

그렇게 볼 때 중국이나 인도는 인구수는 많으나 소득수준이 낮기 때문에 일단은 구매력도 당연히 시원치 못할 것으로 볼 수 있다. 그러나 미국, 일본, 프랑스, 독일, 영국, 이탈리아, 브라질, 스웨덴 등의 나라들은 국민소득수준이 높기 때문에 소비성향도 다양하고 구매력도 당연히 높을 수밖에 없다. 결국 인구도 많고 국민소득수준도 높은 나라들이 소위 잘 나가는 수출시장에 해당될 수 있다는 말이다. 이처럼 구매력이 풍부한 시장에 대해서는 양질의 고가상품을 대량으로 판매할 수 있다. 특히 국민소득은 높지만 인구가 적은 시장에는 한가지 상품을 대량으로 판매할 수는 없지만 소량의 여러 가지 상품을 판매할 수는 있을 것이다. 그러나 전술한 바와 같이 국민소득수준은 낮지만 인구가 많은 시장에 대해서는 중 · 저가 생활필수품의 대량 판매전략이 가능하다는 점도 간과해서는 안 된다.

③ **사용언어 및 교육정도**

지구상에서 가장 많이 사용되고 있는 언어는 영어와 스페인어이다. 같은 언어를 사용하는 지역 사람들의 취미와 풍습이 대개는 비슷하다. 그러므로 동일언어권역을 유사한 시장권역으로 볼 수 있다. 요는 같은 언어를 사용하는 국가들을 종합해 놓고 그곳의 특유한 풍습이나 기호에 맞추어 나가는 비즈니스 전략을 구상할 수 있다는 말이다.

예컨대 스페인어를 구사하는 지역을 보자. 유럽의 스페인은 물론, 멕시코를 비롯한 중남미 일대와 쿠바나 푸에르토리코를 위시한 카리브 연안제국의 광대한 지역이 이에 포함된다. 이들은 옷차림도, 먹는 것도, 노는 것도 스페인 것을 많이 본받고 있다. 그러므로 이 생활권을 한데 묶어서 하나의 시장으로 보고 그에 따른 마케팅 전략을 세우면 된다.

이들 중남미 사람들은 머리카락이 우리처럼 검다. 따라서 인형 같은 상품을 만들 때 머리를 노란 색으로 한다던가 하면 잘 먹혀 들어갈 수가 없다. 이점은 백인과 흑인간의 갈등을 생각해보면 쉽게 이해될 일이다. 옷도 스페인 계통의 전통 옷이라던가 아니면 중남미인들의 고유의상을 입힌다면 더 안성맞춤이고, 게다가 노래를 하거나 혹은 말을 하는 인형이나 음악이 나오는 장난감 등을 만들어 낼 때도 스페인 언어를 사용한다면 다른 언어를 사용하는 것보다 아마 더 많은 매상을 올릴 수 있을 것이다.

한편 교육의 정도도 마찬가지이다. 교육수준에 맞는 비즈니스 전략을 구상해야 된다는 말이다. 온 국민이 제2외국어를 전혀 사용하지 않고 오직 특수한 자국어만을 사용한다면 그 시장을 개척하기 위해서는 그 언어를 알아야 할 것이다. 또한 교육수준이 낮아서 국민의 절반정도가 문맹인 경우라면 문자에 의한 라벨(label) 보다는 독특한 그림이 소비자에게 더 효과적으로 어필 될 수 있다.

④ **지리적 여건**

목표시장이 어떤 대륙의 어디에 위치해 있으며, 우리나라와 거리는 어느 정도이며, 면적은 얼마며, 기후는 우리와 어떻게 다른가 등의 지리적 여건을 조사하여야 한다.

이중에서 특히 기후는 수출에 많은 영향을 미친다. 지구를 한대지대, 온대지대, 열대지대로 3분해 볼 때 동일지대에 속한 시장 간에는 공통점들이 있다. 기후는 의·식·주 자체를 세 가지로 특이하게 갈라놓기 때문이다. 예컨대 털스웨터를 들고 4계절이 더운 지방을 쫓아다니기보다는 추운 곳엘 가는 게 더 효과가 있을 것이다. 더운 지방에서 1년 내내 잘 팔리는 짧은 반바지를 들고 추운 곳에 가서 많은 주문을 받기를 기대하는 것은 시간 낭비일 것이다. 이를테면 기후의 변화가 그 지역의 생활양식을 여하히 변화시켜 가고 있는가를 우선 살펴보고 난 후, 그 생활양식마다 제각기 다른 취향과 기호에 따라 무엇이 요구되고 있는가를 조사하는 것이 좋다는 말이다.

⑤ **종교 및 피부색깔**

지구상에는 종교도 많고, 이처럼 다양한 종교들은 각기 독특한 교리를 갖고 있다. 특히 힌두교는 소를 숭배하며 카톨릭은 낙태를 금기시 한다. 힌두교를 믿는 사람이 절대다수인 인도와 같은 나라에 쇠고기를 대량으로 판매할 계획을 세우는 것은 넌센스이며, 산아제한 용구를 판매하기 위하여 카톨릭신자들이 절대다수인 이태리나 스페인과 같은 나라를 주된 목적시장으로 선택하는 것도 잘못된 선택이다.

한편 지금은 개성의 시대이고 조화를 중요시하는 시대이다. 심지어 속옷을 하나 고를 때도 디자인이나 색상을 중요시한다. 남에게 자랑할 수 있는 것도 아닌데 말이다. 특히 흑인들은 백인이 전혀 입지 않거나 쓰지 않는 용품들을 즐겨 사용하고 있다. 피부를 검게 안 타게 하기 위하여 백인들이 즐겨 사용하는 선텐로션(sun-tan lotion)이나 선블락(sun block)의 사용을 흑인들은 불필요한 것으로 여긴다. 인형과 같이 피부색이 꼭 들어가야 하는 품목을 만들거나 판매하고자 할 때도 그것을 수입하고자 하는 지역인종의 피부색과 잘 조화되도록 맞추어야 하는 것은 상식이다. 이처럼 종교적 또는 인종의 피부색깔에 기초한 시장이 어디에 있으며 거기에는 어떤 특이성이 있는지를 조사해야 한다.

⑥ **기타 세부적 사항**

a. 해당상품이 현재 어느 정도 수요되고 있는가
b. 앞으로는 어느 정도 수요될 것인가
c. 지금까지 어느 지역 또는 어느 국가로부터 어느 정도 수입하여 왔는가
d. 국산과 수입과의 비율은 어떠한가
e. 지금까지의 수출국 및 수출회사
f. 해당상품의 유통과정
g. 수요상품의 품종, 품질 및 규격
h. 해당국가의 국산품 가격
I. 해당상품의 수입가격
j. 해당상품의 수요가 계절에 민감한 것인가
k. 경쟁품 및 대용품의 유무(있다면 동 상품의 가격 및 품질)
l. 수입허가를 요하는 경우 허가취득의 난이도 여부
m. 해당국가의 정치 및 경제의 일반적인 상황(통화의 안정성 및 호황이나 불황의 상태)
n. 동일 또는 동종품이 우리나라로부터 수출되고 있는 지의 여부(있다면 품종, 가격, 거래조건, 수령, 수출상사명 등)

(2) 대내적 조사사항

① 해당상품의 국내 시장가격
② 국내의 소비와 수출수량의 비율
③ 지금까지 어느 국가로 어느 정도 수출해 왔는가
④ 지금까지의 수출가격과 국내 공급가격
⑤ 경쟁사의 수출수량, 품종, 가격, 거래조건 등
⑥ 수출가능 수량
⑦ 수출승인 가능성 여부

2) 수입시장조사의 내용

수입시장의 조사내용도 수출시장의 조사내용과 마찬가지로 수출국의 시장상황을 조사하는 대외적 조사와 수입국 자체의 시장상황도 병행하여 조사하여야 한다.

(1) 대외적 조사사항

① 해당상품이 어느 정도 수출되고 있는가
② 앞으로 어느 정도를 수출할 수 있는가
③ 지금까지 어느 지역 어느 국가로 어느 정도 수출하여 왔는가
④ 해당상품이 해당국가에서 어느 정도 소비되고 있는가
⑤ 해당 국가의 주요 수입지역 또는 국가
⑥ 해당상품의 유통경로
⑦ 공급품의 품종, 품질 및 규격
⑧ 해당국가의 국내시장 가격
⑨ 해당상품이 계절품인지의 여부
⑩ 해당국가의 정치나 경제의 일반적인 상황
⑪ 해당국가의 호황이나 불황의 정도나 상태
⑫ 자국으로의 동일 또는 동종품의 수입여부(있다면 품종, 가격, 거래조건, 수량, 수입상사명 등)

(2) 대내적 조사사항

① 해당상품의 국내시장 가격
② 국내의 수요와 수입수량의 비율
③ 어느 지역 어느 국가로부터 어느 정도 수입되고 있는가
④ 지금까지의 수입가격과 거래조건
⑤ 경쟁사의 수입품종, 수량, 가격
⑥ 해당상품의 국내시판가능수량
⑦ 수입승인 가능성 여부 등

5. 비즈니스 파트너 찾기

1) 전시회

전시회는 짧은 시간동안 한 장소에서 많은 바이어들을 만나 상담할 수 있으며, 다양한 시장 정보를 얻을 수 있고 광범위한 인적 네트워킹도 가능하기 때문에 가장 효과적인 마케팅 수단이다. 그러나 수출초보 기업들은 철저한 준비없이 막연한 기대만으로 참가해 비용과 시간낭비로 끝나는 경우가 많다. 참가 전시회 선정, 비용, 목표 등 사전에 철저히 준비하여야 마케팅 수단으로 효과를 극대화할 수 있습니다. 국내 및 해외 전시회 일정 확인은 글로벌전시포털(www.gep.or.kr)에 접속하면 KOTRA 해외무역관이 엄선한 3,500개 가량의 해외전시정보와 국가별 참가요령, 전시회 현장르포 등 다양한 정보가 수록되어 있다. 기간 설정하여 해외전시회 일정을 엑셀파일로 다운하면 쉽게 일정 관리할 수 있다.

그림 3-1 글로벌 전시 포털 사이트(GEP)

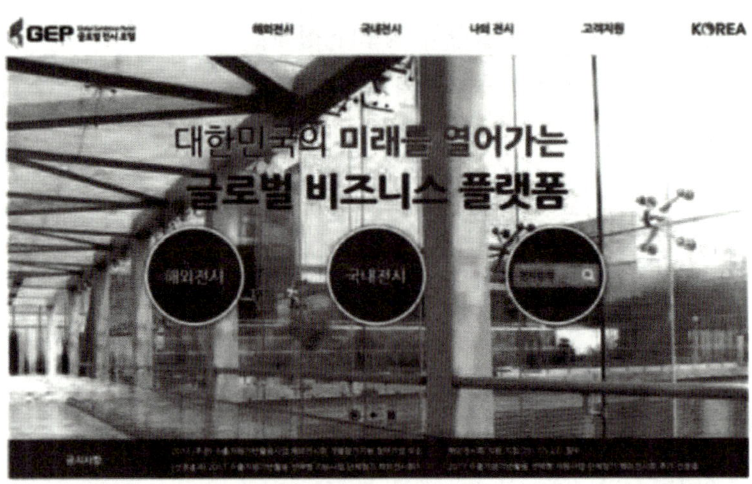

외국 시장에 대한 정보를 얻을 수 있는 방법은 다양하다. 그런데 요즘에는 인테넷을 통하여 보다 쉽게 해외시장에 관한 정보에 접할 수 있다. 따라서 해외시장 정보를 얻을 수 있는 주요 인터넷 사이트를 소개하면 아래 [그림 3-2]와 같다.

그림 3-2 해외 전시회 정보 제공 사이트

운영 기관	사이트
www.sme-expo.go.kr 중소기업 해외전시포털 약 1,000개의 해외전시 정보가 수록	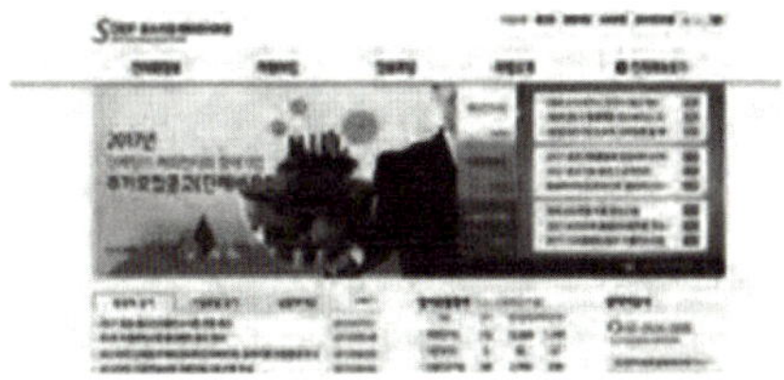
www.auma.de 독일전시 산업협회가 운영 독일 및 전세계 전시 정보 검색 사이트 접속 → 영어 선택 → worldwide → 전시회 검색	
www.tsnn.com 사이트 접속 → 전시회 검색	
www.exhibitoronline.com 사이트 접속 → Find it	
기타	• www.expodatabase.com 독일/해외 전시정보 • www.reedexpo.com 유명전시회 전시 주최자 및 운영자 • www.ipr.co.kr 해외 유명 전시회 주최자들의 한국 에이전트 • www.events.ubm.com 유명전시회 전시주최자 및 운영자

또한 전시회 참가지원과 관련하여 산업통상자원부는 KOTRA를 통해, 중소벤처기업부는 중소기업 중앙회를 통해 지원하고 있다. 그 외에도 한국농수산식품유통공사, 정보통신산업진흥원, 한국콘텐츠진흥원, 벡스코, 지자체 등에서도 지원하고 있다. 각 기업들은 통상 전시회 개막 약 5~6개월 전에 신청을 해야 하고 참가비용(임차료, 장치비, 전시품, 운송료 등)의 최대 50%까지 지원 받을 수 있다. 상세한 지원사업은 www.gep.or.kr에 접속하면 확인할 수 있다.

2) 온라인 마케팅

온라인 마케팅은 시간적, 공간적 제약을 탈피하여 전 세계를 대상으로 24시간 거래처 발굴, 홍보, 협상 등을 가능하게 해줌으로써 수출기업의 기회를 넓혀준다. 즉 바이어는 어떠한 수출업자가 어떠한 제품을 어떠한 가격으로 제공하고 있는지 인터넷으로 정보 입수가 용이하여 경제적이고 합리적인 무역거래가 이루어지게 된다.

〈표 3-1〉 주요 B2B 사이트

• 글로벌 B2B 사이트

구분	알리바바	한국콤파스	글로벌소시스	EC21
홈페이지	www.alibaba.com	www.kompass.com	www.globalsources.com	www.ec21.com
설립연도	1999년	1943년	1971년	1997년
본사	중국	프랑스	홍콩	한국
회원수	5,000만명	520만명	131만명	250만명
이용요금	$2,999/1년	220만원/1년	$3,840/1년	594,000원/1년

• 국내 B2B 사이트 현황

구분	바이코리아	고비즈코리아	트레이드코리아	지트레이드
홈페이지	www.buykorea.org	www.gobizkorea.com	www.tradekorea.com	www.gtrade.or.kr
설립연도	2004년	1996년	2008년	2001년
본사	대한무역투자 진흥공사	중소기업진흥공단	한국무역협회	경기중소기업 지원센터
회원수	23만명	60만명	13만명	13만명
이용요금	무료	무료	무료	무료

온라인 마케팅 활용을 위한 필수 준비사항으로는

① High Quality의 제품 사진을 기본으로 고품질의 영문 E-Catalog
② 무역실무, 결제, 인코텀즈, 국제운송 등 실무지식
③ 본 오더 진행시, 해외송금 및 입금을 위한 외화계좌
④ 샘플 오더 진행시, 해외송금 및 입금을 위한 Paypal 계좌 필수
⑤ 국제운송을 위한 포워더 및 Courier 회사들과의 파트너쉽 등이 있다.

또한 buyKOREA는 KOTRA가 운영하는 글로벌 'B2B e-마켓 플레스'로 국내기업이 수출하고자 하는 자사제품을 사이트에 등록하면, 127개 KOTRA 무역관에서 찾아낸 해외 바이어들이 마음에 드는 우리 제품을 구매하는 온라인 매칭 사이트이다.

주요 제공 서비스로는

① 127개 해외무역관이 바이어 및 구매청약에 대한 사전검증·사후관리 시스템을 운영하여 온라인 무역사기 방지를 최소화
② 수출상품 등록 시 Google 검색엔진에 노출되어 해외바이어에게 효과적 홍보가 가능
③ 코트라 해외무역관에서 발굴한 해외바이어 구매정보(바잉오퍼)를 통해 수출거래 기회 확보
④ 거래대금을 쉽게 받을 수 있는 온라인 신용카드 결제솔루션 제공
⑤ 우체국 국제특송(EMS) 서비스 최대 15% 할인된 가격에 이용
⑥ 해외 기업정보 조회(연간 200건 무료)
⑦ 바이어와 국내업체간 온라인으로 미팅 진행 등이 있다.

그림 3-3 주요 B2C 사이트(판매대행)

판매몰	로고	내 용
라쿠텐	楽天	• www.rakuten.co.jp • 일본 최대 전자상거래 업체가 운영하는 온라인 쇼핑몰 • 회원수 1억명, 일본 1위 전자상거래 기업 • 음식료품, 음반, 태권도용품, 김, 자동차용품 등
아마존	amazon	• www.amazon.com • 세계 최초, 최대의 인터넷 쇼핑몰 • 선입고 방식의 FBA 프로그램 시스템 활용 • 화장품, 음주측정기, 미용도구 등
이베이	ebay	• www.ebay.com • 온라인 경매 및 인터넷 쇼핑몰 회사 • 거래되는 물품이 다양하고 경매방식과 고정가방식 병행 • 아기용품, 블루투스용품, 들기름, 컴퓨터주변용품 등
큐텐	Qoo10	• www.qoo10.com • 온라인 경매 및 인터넷 쇼핑몰 회사 • 거래되는 물품이 다양하고 경매방식과 고정가방식 병행 • 화장품, 곰팡이젤, 휴대폰 케이스, 주방세제 등
타오바오	淘宝网 Taobao.com	• www.taobao.com • 온라인 경매 및 인터넷 쇼핑몰 회사 • 거래되는 물품이 다양하고 경매방식과 고정가방식 병행 • 헤어용품, 화장품, 아동의류, 생활용품 등
라자다	LAZADA	• www.lazada.com.ph • 성장 가능성이 높은 동남아 최대 온라인 쇼핑몰 • 입점을 위한 가입비, 마케팅비가 없음
위챗	WeChat	• www.wechat.com • 중국 최대 모바일 메신저인 위챗 내 모바일 쇼핑몰 • 메신저를 통한 상품홍보 판매 C/S, A/S 통합운영 가능 • 편리한 결제체계, 다수 이용자 등이 강점

3) 수출상담회/무역 사절단

수출상담회는 해외시장 개척을 위하여 별도로 복잡한 시장조사를 하거나 바이어 발굴 등에 들어가는 노력과 비용을 절감할 수 있다. 특히, 국내에서 개최되는 수출상담회에 참가할 경우 해외 출장을 가지 않고도 세계 각지에서 방한하는 다수의 바이어와 한자리에서 상담할 수 있다. 또한 유관기관이 세일즈단을 구성하고 해외로 파견하여 현지 바이어와의 상담을 통해 해외 판로를 확대할 수 있다. KOTRA, 한국무역협회, 중소기업진흥공단, 지자체 등 홈페이지를 통해 상세 일정 및 지원 내역을 확인할 수 있다.

4) TRADE DIRECTORY

전 세계 각국의 기업정보를 정리해서 책자 또는 인터넷을 통하여 제공하는 무역 디렉토리를 이용하여 바이어를 발굴할 수 있다. 기업정보에는 컨텍 포인트를 비롯하여 매출액 규모, 종업원 수, 주요 취급품목, 회사연혁 등이 포함되어 해당 정보를 이용한 바이어 발굴로 적극적인 수출 마케팅을 할 수 있다.

또한 해외 주요 국가들은 해외전시회 디렉토리를 발간하고 있는데, 전 세계적으로 대표적인 디렉토리는 미국의 "Tradeshow Week Directory", 독일의 "m+a Tradeshow Directory"가 있으며, KOTRA가 발간하는 "국제박람회 디렉토리"가 있다.

〈표 3-2〉 주요 무역 디렉토리 사이트

국가	사이트 주소	검색방법	내 용
미국	www.thomasnet.com	상품의 일반적 분류명칭	산업별 기업리스트 및 정보
	www.manta.com	품목분류, 기업명	개별 기업정보
	www.tradekey.com	품목분류	
	www.macraesbluebook.com	품목분류	산업별 기업리스트 및 정보 확인
영국	www.wck2.companieshouse.gov.uk	품목분류	영국에 등록된 법인 전체 검색
인도	www.indiamart.com	품목분류	산업별, 지역별 회사 정보
중국	www.wiki800.com	품목분류	산업별, 품목별, 지역별 기업군 검색
	www.alibaba.com	품목분류	

Ⅱ. 비즈니스 파트너 신용조사

1. 비즈니스 파트너의 신용조사

1) 신용조사란?

비즈니스 맨은 이익을 좇아 행동하는 속성을 지니고 있다. 그러므로 "훌륭한 상인은 좋은 비즈니스 파트너와 거래한다(Good merchants have good business partners)"는 속담이 있듯이 좋은 비즈니스 파트너를 선정하게 되면 우선 거래의 절반은 성공한 셈이 된다. 옥석을 구분하여 좋은 비즈니스 파트너를 선정하기 위하여 신용조사를 하게 된다.

현재의 가치를 미래의 가능성과 교환할 수 있는 중간매체를 신용(credit)이라고 할 때, 국제무역거래에 있어서 신용은 물품의 인도와 지급에 관한 신의, 지급능력, 지급불능 시 지급을 강제할 수 있는 자산의 보유현황 및 일반 경제상태 등을 통하여 파악할 수 있을 것이다. 그렇게 볼 때 신용조사(credit investigation)란 수출자에 대해서는 물품인도능력을, 수입자에 대해서는 대금지급능력을 조사하고, 그 이행에 대한 신의와 기업의 일반적인 상태를 보장받을 수 있는지 여부에 대해 사전에 조사하여 장래의 이행에 대한 확실성을 예측·확보하는 경제활동이라고 정의할 수 있을 듯하다.

2) 신용조사의 필요성

거래당사자 간의 신용을 바탕으로 거래하는 국제 무역거래에 있어서 거래상대방에 대한 신용상태를 조사·확인하는 것은 향후 거래의 가능성을 진단하고 거래에 수반되는 여러 가지 위험요소를 사전에 예방한다는 측면에서 그 중요성을 아무리 강조하여도 지나침이 없다. 특히 최근들어 연불방식 거래나 무신용장 방식의 거래 등 소위 외상거래가 점차 늘어나고 있는 추세를 감안해 보더라도 거래 상대방에 대한 신용조사는 거래의 개시 전에 반드시 선행되어야 할 필수적인 사항이다. 또한 국제상품시세의 갑작스런 하락 예컨대 추심결제방식 하에서 수입상품시세의 급격한 하락으로 바이어가 물품의 인수 및 대금지급을 거절할 경우 수출상의 손실은 불가피하게 되는데, 이 같은 위험을 최소화하기 위해서도 신용조사는 필요한 것이다.

3) 신용조사의 실시시기

신용조사는 원칙적으로 해외시장조사를 통하여 유망한 목적시장이 결정되고 그 목적시장에서 자사의 상품을 수출·입 하게될 잠정적인 비즈니스 파트너를 선정한 후 실제로 거래를 제의하기 전에 실시하는 것이 합리적이고 이상적이다. 그러나 무역현장에서는 거래제의와 동시에 또는 거래제의 직후에 상대방의 신용조사에 착수하는 것이 일반적인 관례로 되어 있다. 이는 선 신용조사, 후 거래제의 시 상대방이 거래제의에 불응할 경우의 시간적 금전적 손실을 고려한 탓으로 보인다.

4) 신용조사의 대상내용

신용조사의 대상내용은 소위 5C's라고 하는 해당업체의 상도의, 지불능력, 자본, 시장상황, 담보능력인데, 이중에서 상도의를 파악하는 것이 가장 중요하며 그리고 자본금보다는 지불능력을 중시하여 조사하는 것이 바람직하다.

① **Character(도덕성)** : 케릭터란 계약이행과 관련한 도덕성을 말한다. 이는 거래상대방의 사업형태 및 사업방식을 파악하는 것으로서 신용조사시 조사하여야 하는 가장 중요한 사항이다. 이를 파악하기 위해서는 상대방의 개성, 성실성, 평판, 영업태도, 클레임 해결에 임하는 자세 등의 사항을 조사하여야 한다.

② **Capacity(영업능력)** : 이는 거래상대방의 손익계산서 상의 사항들을 기준으로 조사할 수 있다. 예컨대 연간 매출액, 회사의 형태(개인기업, 법인기업, 공개여부 등), 회사의 연혁 내지는 경력과 영업권 보유현황 등 거래상대방의 영업능력과 관계되는 사항을 말한다.

③ **Capital(자본)** : 이는 상대방의 재무상태(financial status), 즉 수권자본금(authorized capital), 납입자본금(paid-up capital), 자기자본과 타인자본, 매출액, 손익상태 등 재무제표를 중심으로 지급능력과 직결되는 사항이다.

④ **Conditions(시장상황)** : 이는 상대방 회사가 소속하고 있는 현지시장의 정치적, 경제적 상황을 기준으로 조사할 수 있다. 예컨대, 외환사정, 수출・입 규제여부, 보복관세 부과여부, 노사분규상황, 운송시설 및 통관절차나 항만사정 등에 관한 사항을 조사하면 된다.

⑤ **Collateral(담보능력)** : 담보에는 물적담보와 인적담보로 구분할 수 있는데, 이 두 가지 중 한 가지만 충족되어도 대금회수 불능의 위험은 적다고 볼 수 있다.

2. 비즈니스 파트너의 신용조사 방법

국내상거래의 상대방에 대한 신용조사는 비교적 용이하나, 외국의 거래처에 대한 신용조사는 어려움이 따른다. 또한 거래상대방이 멀리 떨어져 있기 때문에 필요시 수시로 변동하는 상대방의 신용 및 재정상태에 관한 최신의 정보를 입수하기란 용이하지 않다. 그러므로 최초의 거래 개시 시에 신용조사를 철저히 하였다고 하더라도 일정한 기간을 두고 반복적・계속적으로 조사할 필요가 있다. 일반적으로 신용조사는 다음과 같은 방법에 의하여 행해진다.

1) 동업자조회를 통한 방법

동업자 조회(trade reference)란 기존의 단골거래선에 의뢰하여 신용조사를 하는 방법을 말한다. 이 방법에 의할 경우 보다 알찬 정보를 얻게 되는 경우도 있다. 그러나 조사를 부탁 받은 동업자가 경쟁관계에 있거나, 또는 거래에 수반되는 어떤 편견 등으로 인하여 객관성이 부족한 왜곡된 정보를 제공해 올 수도 있다는 사실에 유의하여야 한다. 입수된 정보에 대한 진위여부의 판단은 의뢰인의 몫이라는 말이다. 그러므로 대규모의 중요한 거래나 또는 무신용장 방식에 의한 신용거래의 경우에는 전문적인 신용조사 기관에 의뢰하여 조사하는 것이 바람직하다.

2) 은행조회를 통한 방법

은행조회(bank reference)란 상대방회사의 거래은행을 통하여 신용조사를 하는 방법이다. 무역현장에서는 이 방법도 많이 사용되고는 있다. 그러나 기대하는 것 보다 구체적인 정보를 얻지 못하는 경우도 없지 않다.

3) 국내의 신용조사 전문기관을 통한 방법

국내의 전문적인 신용조사 기관으로는 한국수출보험공사, 신용보증기금, 대한무역투자진흥공사 등이 있다. 현재 이들 기관에서는 무역업체의 위탁에 따라 무료 또는 유료로 신용조사를 해주고 있다. 우리나라에서는 이들 기관이 많이 이용되고 있다. 특히 해외수입업체에 대한 신용조사는 이중에서 한국수출보험공사의 수출신용정보센터를 활용하는 것이 좋다. 한국수출보험공사는 수출업체에서 수출보험에 부보(insure)한 후 수출대금을 회수할 수 없게 된 경우에 일반적으로 90%까지를 보상하여 주고 있다. 따라서 수출보험공사에서는 외국의 유수한 전문신용조사기관과 업무제휴 관계를 맺고 있으며, 외국의 불량거래처에 대한 많은 정보를 보유하고 있다.

한국수출보험공사에 신용조사를 의뢰하려면 먼저 수출보험공사 수출신용정보센터의 회원으로 가입하여야 하는데, 회원가입에 따른 비용은 무료이다.

단, 한국수출보험공사에서는 수입과 관련한 신용조사는 실시하지 않고 있다. 따라서 무역업자, 건설수출자, 산업설비수출자, 금융기관 및 수출유관단체 등 수출과 관련하여 해외 거래처에 대하여 신용조사를 하고자 하는 자만이 수출신용정보센터의 회원으로 가입할 수 있다.

4) 외국의 신용조사 전문기관을 통한 방법

앞에서 언급한 바와 같이 우리나라의 무역업자들은 국내의 전문신용조사기관인 한국수출보험공사(수출신용정보센터), 신용보증기금(신용조사부), 대한투자무역진흥공사(신용조사부)를 주로 이용하여 신용조사를 하고 있다. 그렇지만 필요에 따라서는 해외의 신용조사전문기관을 이용하면 비용은 보다 많이 들지만 보다 정확하고 믿을 만한 정보를 얻을 수 있다.

〈서신 3-1〉 동업자조회처에 신용조사를 의뢰하는 영문 서신의 예

Mr. S. Abbott, President
S. Abbott Company
1060 North Point
San Francisco, CA 94578

Dear Mr. Abbott

The Pan-Pacific Corporation on 160 Pine Street, San Francisco, CA 94111, has recently proposed to open an account with us and given your name as a reference.

We shall appreciate it if you will inform us of your own experience with this firm by filling in the blanks below and returning this letter to us in the enclosed envelope.

Any information you may give us will be held in strict confidence, and when an opportunity comes, we shall be only too glad to reciprocate.

Yours sincerely

SK General Trading Co., Ltd.

Kuuna H. Kim

Kyung-hwan Kim
President

---

1. Do they have an account now? Yes ___ No ___
2. How long have they had the account? ____ years
3. On what terms ______________________________
4. How do they pay? Prompt ____ Medium ____ Slow ____
5. Have you ever had trouble in collecting? _____________
6. What line of credit have you extended? _____________
7. Other information you think useful to us :

〈서신 3-2〉 은행조회처에 신용조사를 의뢰하는 영문 서신 예

March 30, 2020

Korea Exchange Bank
182 2nd-ga
Ulchi-ro, Chung-gu
Seoul, Korea

Gentlemen

You are referred to us as a credit reference by Woochang E&I Consulting Company, Taegu in their recent proposal to enter into business relations with us. Should their business standing turn out unquestionable, we are prepared to accept their proposal. We should, therefore, be much obliged if you would give us such information as you may have or can secure for us regarding their financial standing and reliability.

We are particularly interested to know in what line they are mainly engaged and if possible, your candid opinion on their financial responsibility, their mode of doing business and their general reputation they enjoy in your community.

Any expense to be incurred in connection with this inquiry please charge to our account.

Your prompt attention will be much appreciated, and we assure you that your information will be held, as usual, in strict confidence.

Yours sincerely

XYZ Company

Taehueon Kim

Tae-hyeon Kim
Vice President

〈서신 3-3〉 영문 신용조사 의뢰서신에 대한 답신의 예

XYZ Co., Inc.
350 Fifth Avenue
New York, N.Y. 10118

Gentlemen

We are pleased to report as follow on the company referred to in your letter of March 30.

A & B Co., Ltd. were established in 1973 as General Importers and Exporters, with an authorized capital of US$1,000,000 fully paid-up. The net worth at the end of last year exceeded US$1,500,000 about half of which is readily reliable. Their main lines are cotton goods. Their business policy has been very active, and have many connections both at home and abroad.

They have maintained a current account with us for more than ten years, always to our satisfaction and their latest financial statements show a healthy condition.

We are of opinion that they may be rated as A and you would not run the least risk in opening a connection with the firm. For this information, we do not like to accept any responsibility, but we shall be pleased to be of any further service to you more details.

The enclosed note shows the charges which we have paid on your behalf, for which we ask you to settle soon.

Yours very truly

Korea Exchange Bank
Sang-jin Lee
Sang-jin Lee
Credit Manager

Ⅲ. 거래제의와 조회

1. 거래제의 서신

1) 거래제의 서신이란?

앞에서 고찰한 바의 방법에 따라 해외시장조사를 통하여 유망한 목적시장이 결정되고, 그 목적시장 내에서 자사의 상품을 직접 수출・입 하게될 믿을 만한 비즈니스 파트너가 선정되면 그렇게 선정된 비즈니스 파트너에게 일단 거래제의를 하게 된다. 이 같은 거래제의 서신을 실무에서는 “Letter of business proposal” 또는 “Circular letter”라고 부른다.

거래제의 서신이란 전도 유망한 미지의 비즈니스 파트너에게 자기회사를 소개하고 취급물품과 거래조건 등을 간단하게 안내하면서 거래관계의 개시를 권유하는 서신이다. 동 서신은 타방에게 자신을 소개하는 첫 번째의 서신이기 때문에 그 내용이 정중해야 함은 물론 외형도 비즈니스 서신의 형식을 잘 갖춘 매력적인 것이어야 된다.

2) 거래제의 서신의 주요 구성내용

거래제의 서신을 보낼 전도 유망하다고 판단되는 비즈니스 파트너의 명단은 비즈니스 파트너의 선정방법을 통하여 입수할 수 있다. 거래제의 서신에는 어떤 정형의 틀이 있는 것은 아니지만 일반적으로 다음과 같은 내용으로 이루어진다.

① 상대방을 알게된 경위
② 거래개시의 희망
③ 업계에서 자기회사의 지위 및 경험
④ 거래상품의 명세 및 특성
⑤ 거래조건 및 거래가능량

⑥ 카탈로그(catalog)나 가격목록(price list)을 동봉한다.
⑦ 추가정보 및 자료제공 용의 표명
⑧ 자기회사의 신용조회처 제공
⑨ 결미인사

3) 거래제의 서신의 작성 시 유의사항

이상의 내용이 담긴 거래제의 서신을 실제로 작성할 때는 다음과 같은 사항에 유의하도록 한다.

① 일단 문장이 간결하고 내용이 명확해야 한다.
② 거래 상대방 회사를 통하여 당해 시장을 개척하려고 한다는 점을 강조한다.
③ 자기회사를 소개할 때는 연간 생산량이나 매출액 또는 수출·입량 등을 구체적으로 제시하되, 추상적이고 과장된 표현은 피한다.
④ 제품의 품질의 우수성을 강조하고, 그럼에도 불구하고 여타의 경쟁사들에 비해 경쟁적인 가격(competitive price)을 제시할 수 있다는 점을 강조한다.
⑤ 가능하다면 위③과 ④항의 입증을 위하여 미국, 영국, 프랑스, 독일, 일본 등과 같은 선진국들에게 수출하고 있다는 사실을 언급한다.
⑥ 거래제의 서신과 함께 관련 카탈로그(catalog)나 가격목록(price list)은 동봉하는 것이 좋지만, 샘플(sample)이나 오퍼(offer)는 보내지 않는 것이 좋고, 그 대신 상대방이 관심을 표명해 올 경우에는 즉시 송부 하겠다는 취지를 피력한다.
⑦ 거래가 개시되면 상호이해를 바탕으로 당사자 쌍방에게 유익할 수 있다는 점을 강조한다.

〈서신 3-4〉 KOTRA의 소개로 수출상이 보내는 영문 거래제의 서신의 예

American Farming Supplies Co., Inc.
2105 Luna Ave.
San Leandro, CA 94578
U.S.A.

Gentlemen

Having heard from the KOTRA Seoul that you are interested in Farm and Garden Machinery, we are writing to you with a hope to open an account with you.

As you will see in the enclosed illustrated catalog, we have run business here for over fifty years as general importers and exporters. In farming equipment, we enjoy a specially advantageous position, because we have an affiliated company which manufactures engines for farming applications, besides having wide and direct connections with first class builders of agricultural machines.

We know very well the requirements of the American farming industry and shall be able to serve you immediately upon hearing from you. We do business on an Irrevocable Letter of Credit, under which we draw a draft at 30 days after sight.

For any information as to our credit and financial standing, please refer to the head-office of Korea Exchange Bank, Seoul.

We look forward to your early and favourable reply.

Yours sincerely

COENS Co., Ltd.

Jaemyung Kim

Jae-myung Kim
Vice President

〈서신 3-5〉 뉴욕 상업회의소의 소개로 수출상이 보내는 영문 거래제의 서신의 예

Macy's Department Store
1327 159th Avenue
San Leandre, CA 94578
U.S.A

Gentlemen

Your name has been given by the Camber of Commerce of New York as one of the reputable importers of cotton goods in your city.

We are one of the large manufacturers and exporters in Korea producing all kinds of cotton products including cotton shirts using latest computerized manufacturing facilities. Our products are highly accepted by the importers of Japan, U.K., Germany, and France, etc. In order to diversify our existing market, we are interested in supplying our quality products to you on favorable terms.

Upon receipt of your inquiry, we could submit our samples with competitive prices to you.

As for our company, we have two ultra modern factories, one in Seoul and the other in Taegu, with over 300 workers and our export record for last year was over Ten Million U.S. Dollars and we are aiming to surpass Twenty Million US Dollars this year.

As to our credit standing, we refer you to the Korea Exchange Bank or any of the commercial banks in Korea.

Your immediate and favourable reply would be appreciated.

Yours sincerely

S. K. Woo

Sung-koo Woo
Export Manager

2. 조회 서신

1) 조회(Inquiry) 란?

조회란 문의 및 조회를 의미한다. 거래제의를 받은 자가 거래제의를 해온 자에게 당해 거래제의와 관련하여 관심을 보이면서 구체적으로 어떤 문의를 해오거나 또는 특정 물품의 수출·입에 관심 있는 자가 각종 국내외의 광고매체를 보고 이를 수출·입하기 위하여 문의해 오는 경우를 조회라고 한다. 수출상이 문의해 오는 경우를 Seller's Inquiry, 수입상이 문의해 오는 경우를 Buyer's Inquiry라고 한다. 실무에서는 후자의 조회가 일반적이다.

이상과 같은 조회에 이어 셀러와 바이어간에는 이때부터 특정 상품에 관한 비즈니스 상담(business negotiation)이 본격적으로 이루어지게 된다.

2) 조회 서신의 주요 구성내용

조회는 그 긴급성의 정도에 따라 우편이나 전보, 텔렉스 또는 팩스로 이루어지며, 그 내용에 따라 샘플이나 가격목록 또는 오퍼(offer)의 제공을 요구해오는 조회도 있다. 조회 역시 어떤 정형의 틀이 있는 것은 아니며, 일반적으로 다음과 같은 내용의 일부 또는 전부로 작성된다.

① 거래제의 서신 수취의 확인 또는 상대방을 알게된 경위
② 관심품목의 명시와 품질 및 가격 조회 또는 절충
③ 거래수량 제시 및 납기 조회 또는 절충
④ 거래조건 제시 또는 절충
⑤ 필요시 샘플 등 송부 요구
⑥ 기타 문의 및 절충사항
⑦ 결미인사

〈서신 3-6〉 바이어의 영문 조회 서신의 예

WILSON & CO., LTD
50 Liberty Street, New York, N.Y, 10005,
U. S. A. --
September 5. 1999

Hanseung Textile Co., Ltd.
C. P. O. BOX 1321, Taege 63001
Korea

Gentlemen

Through Korea International Trade Association in New York we know that your company is a leading firm specializing in cotton goods. We want to make a purchase of men's cotton shirts from you.

We would appreciate receiving your lowest CIF New York with earliest delivery schedule. We would also like to have two samples with color swatches by air.

If your goods are satisfactory in price and quality, we will place an order of 500 dozen on a trial basis and can make repeat orders with you in the near future.

We look forward to your early reply.

Yours very truly

Jongseok Kim

Jong-seok Kim
Vice President

제 4 장

수출 · 수입 절차

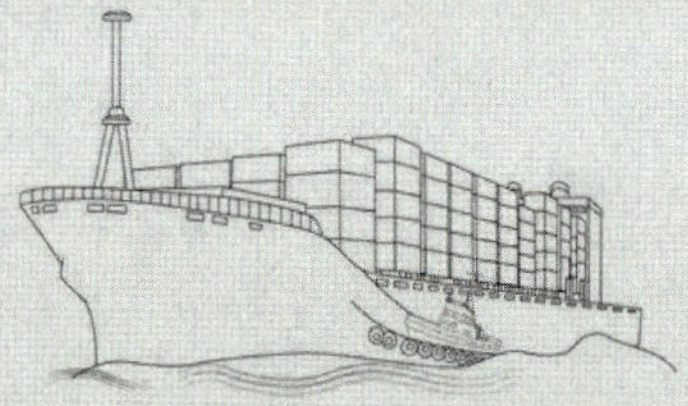

제4장 수출 · 수입 절차

Ⅰ. 수출절차의 단계

수출절차의 최초의 단계는 해외시장조사이다. 수출상은 특정상품에 대한 거래선을 발굴한 후 계약을 체결한다. 외국의 수입상은 계약내용에 따라 수출상을 수익자로 하는 신용장을 발행하고 이를 수취한 수출상은 상호 합의내용에 따라 제품을 생산 및 가공하여 수출통관을 마친 후 운송인에게 인도하거나 또는 운송수단에 적재한다. 한편, 수출상은 신용장에서 요구하는 제반서류를 구비한 후 거래은행에 매입을 의뢰한 후 수출대금을 회수하고 수출이행에 따른 관세환급과 수출용 원자재의 사후관리를 받음으로써 일련의 수출절차는 완료된다.

1. 수출계약 체결

무역계약은 수출상이 수입상에게 일정한 가격 및 조건으로 물품을 양도하면 그 대금을 지불할 것을 약정하는 국제간의 물품매매계약으로 무역계약은 국제간에 이루어지는 매매계약을 말한다. 이는 수출상이 수입상에게 상품의 소유권을 양도하여 상품을 인도할 것을 약정하고 수입상은 이를 받아들이고 그 대금을 지급할 것을 약정하는 계약이다.

무역계약이 성립되는 과정을 보면 일반적으로 구매의사가 있는 고객으로부터 구매의사표시(inquiry : 조회)를 받게 되면, 수출상은 감사의 표시와 함께 서면이나 전신(fax, telex 또는 e-mail 등) 등으로 청약(offer)을 하게 되는데 여기에는 최소한 가격, 품질, 수량, 운송, 보험 및 대금결제 방법 등 제조건을 명시하게 된다. 그러나 대부분의 경우에는 가격을 흥정하거나 품질을 결정하기 위한 견품과 가격의 왕래부터 시작되는 것이 일반적이다.

한편, 이러한 제조건을 가지고 흥정하는 과정에서 어느 한 조건에 대한 수정을 피청약자(offeree)가 요구하게 되는데, 이를 반대청약(counter offer)이라 하며 이에 대하여 청약자(offeror)가 다시 확정적 청약(firm offer)을 하면 피청약자가 승낙(acceptance)함으로써 계약이 성립된다. 또한 수입상의 주문서(ordert) shee에 따른 수출상의 주문승낙(order confirmation)도 계약이 성립되는 것으로 본다.

무역계약은 일회성으로 체결되는 개별계약에 있어서 양당사자가 합의한 청약시트(offer sheet)만으로는 완전한 계약이라고 할 수는 없다. 이러한 것에 의한 합의내용은 정형화된 문장에 의해 단순하게 합의되기 때문에 후일에 계약을 이행하는 단계에 있어서 발생되는 문제를 해결하기 위한 명확한 구분이 매우 어렵고 또한 해결방법들이 구체적으로 제시되지 않으므로 또 다른 분쟁이 야기될 수 있다.

따라서 청약시트(offer sheet)에 의해 무역계약이 체결된다 하더라도 수출상과 수입상 사이에 구체적인 거래조건을 망라하여 서면으로 또는 청약시트 이면에 인쇄된 조항으로 명시되어 있는 계약서(purchase order 또는 sales contract)를 교부하여 각각 보관하여야 할 것이다.

또한 지정품목에 대한 연속적인 거래가 이루어질 경우 제반 거래조건을 협의한 후 거래를 하는 포괄계약(Master Contract)과, 수출상이 수입국의 특정 수입업자 이외에는 판매하지 않으며, 수입상도 수출상의 제품 이외에는 같은 품목을 취급하지 않는다는 조건으로 이루어지는 독점계약(Exclusive Contract)이 있다.

2. 화환신용장 내도

무역계약이 체결되면 매매계약서에 명시된 조건에 따라서 대금결제가 신용장에 의할 경우 수입상은 자기 거래은행(신용장 발행은행)을 통해 신용장을 발행하여 수출상의 국내거래은행(신용장 통지은행)에 의해 수출상 앞으로 통지하게 된다.

신용장은 이를 발행하는 은행이 독자적으로 신용장의 조건이행을 명시하여 이를 이행하는 자에게 신용장상의 금액의 무조건 지급을 확약하겠다는 증서이다.

이는 무역거래의 대금지급 및 상품수입의 원활을 기하기 위하여 수출상을 수익자(beneficiary)로 하여 수입상의 거래은행인 신용장 발행은행이 수입상의 요청과 지시에 따라 독자적으로 수출상 또는 그의 지시인으로 하여금 신용장에 명기된 조건과 일치하는 제반서류(documents)를 제시하면 지급의 이행 혹은 신용장에 의해 발행된 어음의 지급인수를 수출업자 또는 어음매입은행 및 선의의 소지인에게 약정하게 된다.

따라서 신용장은 수출상에게는 대금회수의 위험을 제거하고 수입상에게는 화물인수에 따른 위험을 제거하여 줌으로써 국제적으로 가장 많이 이용되는 대금결제 방식이다.

한편, 수출상은 신용장을 수취하면 신용장과 계약서의 내용이 일치하는지, 대금회수에 위험이 있는 신용장인지 또는 수출이행에 불리한 특수한 조건이 있는지 등을 주의 깊게 검토하여 대금회수의 위험을 사전에 예방해야 한다.

3. 수출승인

수출상은 수출승인 대상물품을 수출하고자 할 경우에는 매 계약 건별로 구비서류를 갖추어 수출승인을 신청하여야 하며, 승인대상 품목이 아닐 경우에는 수출승인을 받을 필요가 없다. 수출승인의 권한은 산업통상자원부장관이 지정 고시한 관계행정기관 또는 단체의 장에게 있다.

수출승인을 받아야 하는 승인대상품목은 수출입공고상의 수출제한 품목과 수출입공고 별도공고상의 수출제한 품목이다. 따라서 수출상은 해당 상품이 수출승인대상품목에 적용되는지를 먼저 HS 번호를 근거하여 검토해야 한다.

한편, 대외무역법 이외의 50개 개별법에 의한 수출입 제한 및 승인 내용을 통합하여 고시하는 통합공고에 따라 요건확인 등을 받아야 하는 물품은 수출입 승인 대상에 포함되지 않는다. 따라서 해당 개별법에서 정하고 있는 바에 따라 요건확인 등을 받은 후 곧바로 세관에 수출신고나 수입신고를 함으로써 수출입을 이행하게 된다.

또한 수출승인 거래 당사자가 합의한 수출대금의 결제방법에 대해서는 외국환거래법과 관계없이 검토대상에서 제외되며, 수출승인의 유효기간은 1년이다. 그러나 물가안정, 수급조정 등 그 용도와 물품의 인도조건 기타 거래상의 특성에 따라 필요하다고 인정되는 경우는 수출승인기관은 승인시에 그 효력인정 기간을 따로 정할 수 있다.

4. 수출용 원자재 및 완제품 조달

수출물품은 일반적으로 다음과 같은 방식에 의하여 조달된다.

1) 국내조달

(1) 내국신용장에 의한 조달

- 원자재 구매(자체적으로 생산하기 위한 원재료)
- 완제품 구매(타사가 생산한 완제품)

(2) 구매확인서에 의한 조달

내국신용장에 의한 물품조달은 수출상이 해외의 수입상으로부터 받은 신용장 등을 근거로 하여 수출상의 거래은행인 내국신용장 발행은행이 국내에서 수출용 원자재 또는 완제품을 공급하는 공급업체 앞으로 내국신용장 수혜 자격에 의한 조건을 충족하였을 때 대금지급을 하기로 약정하는 증서를 발행함으로써 이루어진다.

구매확인서에 의한 물품조달은 국내에서 생산된 물품을 수출용 원자재 또는 완제품으로 구매하는 경우 외국환은행의 장이 내국신용장에 준하여 구매확인서를 발급함으로써 이루어진다. 이들 두 가지는 국내에서 원자재 또는 완제품으로 구매하는 경우 외국환은행의 장이 내국신용장에 준하여 구매확인서를 발급함으로써 이루어진다. 이들 두 가지는 국내에서 외국환은행을 통하여 수출실적 인정을 받는 제도로서 가장 많이 이용된다.

2) 해외조달(외화획득용 원료 수입에 의한 조달)

외화획득용 원료 수입(수출용 원자재)은 국내가 아닌 해외에서 원자재를 매입할 경우 신용장 등을 해외의 원자재 수출상(공급상)에게 발행해 줌으로써 원자재를 매입하는 데 이용되는 제도로서 이는 내수용(일반재)으로 수입하는 것과 차이를 두고 있으며, 주로 수입승인상의 제한을 허용하면서, 수입통관시의 신속한 통관 제도, 그리고 국내의 금융상 또는 세제상의 혜택을 부여하고 있다.

한편, 이러한 원자재 조달방식에 의하여 매입이 이루어질 때 수출상의 자금부담을 덜어 주고, 수출을 촉진하기 위하여 내국신용장이나 외화획득용 원료 수입에 대하여는 정책금융인 무역금융을 수혜할 수 있으며, 무역금융을 수혜하지 못하는 경우에는 수출상은 수출신용장(또는 내국신용장)을 근거로 무역어음을 발행하여 필요한 자금을 조달할 수도 있다.

5. 무역금융

무역금융이란 외국환은행이 수출물품을 매입제조가공하는 데 소요되는 자금을 수출증대를 목적으로 선적 전에 수출상(제조자)에게 제공하는 정책금융을 말한다. 무역금융은 지원대상에 따라 일반 수출입금융, 건설용역수출금융, 농수산물 수출준비자금 대출 등 세 가지가 있는데 이들 가운데 일반적으로 유형재인 상품의 수출과 관련하여 지원되고 있는 금융은 일반수출입금융을 말한다.

일반 수출입금융은 과다 금융의 방지와 적정융자를 위해서 생산자금금융, 원자재 금융, 포괄금융 등으로 자금의 용도별로 구분하여 융자를 취급하고 있다.

생산자금은 무역업체나 국내물품 공급업체가 수출용 완제품이나 수출용 원자재를 직접 제조가공하는 데 소요되는 자금(노임급료 등)을 대상으로 지원되는 자금을 말한다. 이는 융자 대상인 신용장 등의 액면금액(FOB 가격)에서 소요원자재의 조달금액(원자재 수입액원자재 구입액)을 차감한 가득액 부분을 대상으로 현찰로 지원된다.

원자재금융은 국내에서 원자재를 구매할 때 지원되는 금융과 해외에서 원자재를 수입할 때 지원되는 금융이 있다. 국내에서 원자재를 구매할 때 지원되는 원자재 무역금융은 무역업체나 국내물품 공급업체가 수출용 원자재를 해당 원자재를 생산하는 업체로부터 내국신용장에 의하여 조달할 경우 지원되는 자금이다. 이는 해당 물품의 구매를 반드시 내국신용장에 의하여 조달할 것을 기본요건으로 하여 내국신용장에 의한 결제시점에서 현찰로 지원되는 것이 아니라 그 시점에서 적격한 요인에 의하여 금융이 발생하게 된다.

해외에서 원자재를 수입할 때 지원되는 원자재 무역금융은 수출물품을 직접 제조하여 수출하는 업체가 해당물품의 제조에 소요되는 원자재를 외국에서 수입하는 데 지원되는 자금이다. 즉 무역업체가 수출용 원자재를 수입하기 위하여 수입신용장을 발행한 후 신용장 발행은행에 선적서류가 도착되었을 때 수입대금의 결제시점에서 현찰로 지원되는 것이 아니라, 그 시점에서 적격한 요인에 의하여 금융이 발생하게 된다.

포괄금융은 전년도 또는 과거 1년간 수출실적이 미화 1,000만 달러 이하인 업체로 융자 취급의 절차 간소화의 측면에서 자금의 용도를 구분하지 않고 일괄하여 수출신용장 등의 일정 비율만큼을 일시에 현금으로 대출해 주는 지원금융을 말한다.

6. 적하보험 및 수출보험계약

CIF조건의 수출인 경우 수출상은 보험자(보험회사)와 수출상품에 대하여 적하보험계약을 체결한다. 수출상은 운송될 상품의 수량과 금액이 파악된 시점에서 보험회사에 소정의 적하보험신청서(cargo insurance application)를 제출하여 보험계약을 체결하여야 하나 실무에서는 편의상 보험회사와 전화 등을 통한 구두로 계약하는 것이 일반적이다.

부보조건은 수입상이 발행한 신용장상의 보험조건과 일치하도록 부보를 하여야 하며, 가격조건이 CFR이나 FOB일 경우에는 일반적으로 수입상이 적하보험을 부보하므로 수출상은 적하보험에 부보할 필요가 없다.

1983년 3월 1일부터 개정된 협회적하약관(Institute Cargo Clause)인 ICC(A), ICC(B), ICC(C)는 종래의 A/R, WA 및 FPA 조건과 같이 병행하여 실시되고 있

다. 수출상은 보험계약의 증거로서 보험자로부터 보험증권(insurance policy)을 교부받는다.

한편 수출상은 비상위험(외환거래의 제한 또는 금지, 전쟁 등)이나 신용위험(상대방의 파산 또는 지급불능 등) 등 통상의 운송보험으로 담보할 수 없는 여러 가지 위험에 대해 수출보험을 부보할 수 있다.

수출보험은 수출상뿐만 아니라 수출과 연관된 생산업자나 금융기관의 손해까지도 담보해 줌으로써 수출상의 불안을 제거하고 안전한 수출을 보장하여 수출진흥을 도모하도록 만들어진 비영리정책보험을 말한다.

7. 수출통관 및 운송계약

수출물품을 생산하거나 완제품을 구매한 수출상은 물품을 선적하기 전에 관세법이 정하는 바에 따라 수출통관 수속을 하여야 한다.

수출통관이란 내국물품을 외국으로 반출하는 것을 허용하는 세관장의 처분을 말한다. 수출통관은 대외무역법령에 의하여 수출승인 품목일 경우에는 승인기관으로부터 수출승인(E/L)을 받아 외국으로부터 수출물품대금을 결제받는, 즉 환거래를 가져오는 유환수출에 의한 통관과 환거래가 발생하지 않는 무환수출에 의한 통관이 있다.

수출통관절차는 수출하고자 하는 물품을 세관에 신고를 한 후 필요한 경우 검사를 거쳐 수출신고수리 후 수출신고필증을 받은 후 물품을 보세구역에 반입하여 선박에 적재하기까지의 일련의 절차를 말한다.

이러한 통관절차를 통하여 세관은 당해 수출과 관련한 수출자의 제반의무사항이 이행되었는지의 여부를 최종적으로 확인하게 되는 바, 이러한 수출통관은 선적지 세관에서 할 수도 있고, 수출품 생산지에 있는 내륙지 세관에서 수출신고수리 후 내륙운송을 거쳐 선적항에서 선적할 수도 있다.

수출신고가 수리되면 수출상은 수출물품을 임의대로 운송보관 등을 통하여 30일 이내에 선적지 보세구역에 반입시키게 되며, 비로소 선박 또는 항공기에 적재하게 된다.

한편, 수출업자는 상품의 통관과정을 거치면서 수출물품의 제조생산이 완료되면 수출물품의 운송을 위하여 운송회사를 물색, 선정하여 구체적인 운송을 협의한 후 운송인과 운송계약을 체결한다.

운송인과 운송계약을 체결할 경우에는 운임(freight)결정이 제일 중요한 결정 요소이며, 운임이 결정되면 운송인은 화주(수출상)에게 선복요청서(shipping request: S/R)를 요구하게 되고 수출상이 이를 전달함으로써 운송계약의 증거서류가 되며 선적이 완료되면 이를 근거로 운송회사는 화주에게 선하증권(bill of lading : B/L)을 교부해준다.

8. 수출대금의 회수

수출통관과 선적이 완료되면 수출상은 신용장에서 요구하는 환어음과 제반서류, 즉 상업송장(commercial invoice), 선하증권, 보험증권(insurance policy), 포장명세서(packing list), 원산(bill of lading)지증명서(certificate of origin) 등을 준비하고 환어음(bill of exchange : draft)을 발행하여 거래 외국환은행에 수출환어음 매입(negotiation)을 의뢰한다.

매입의뢰를 받은 외국환은행은 선적서류가 신용장 조건과 일치하는지 여부를 검토하고 수출이 이행되었는지를 확인하기 위하여 수출신고필증을 제출케 한 다음 환어음을 매입하여 수출대금을 수출상에게 지급한다.

그리고 서류를 매입한 매입은행은 동 수출환어음을 서류와 함께 신용장 조건대로 지급은행 또는 발행은행 앞으로 송부하여 대금을 추심하게 된다.

9. 관세환급 및 사후관리

수출을 완료한 후 수출상은 운송수단에 적재가 완료되었다는 수출신고필증을 입수하여 관세환급을 받게 된다. 관세환급이란 수출상품 제조에 소요된 원재료의 수입시에 납부한 관세 등을 수출상에게 되돌려 주는 것을 말한다.

관세환급의 방법에는 중소기업 기본법상 중소기업자로서 일정한 요건을 갖춘

자는 환급절차상의 편리를 위하여 수출신고필증만 제시하면 간이 정액환급률표에 기재된 금액을 환급하여 주는 간이정액환급제도와 수출물품의 관세액을 일일이 계산해서 환급받는 개별환급제도, 그리고 수입시 관세 징수를 유보한 다음 수출이행시 상계처리하는 상계제도 등이 있다.

환급신청은 수출신고 수리일로부터 2년 이내에 세관에 신청해야 하며, 수출이행기간은 외화획득용 원재료로 수입승인을 받아 수입한 원재료를 제조가공 또는 원상태로 직접 수출한 때에는 원재료 수입신고 수리일로부터 1년 이내에 수출 등에 제공한 때에 한하여 관세환급이 가능하다

한편, 수출입 공고상 승인품목이나 특별법 규제 대상 품목이 외화획득용 원료로 수입되거나 내국신용장이나 구매확인서에 의하여 국내에서 구매되는 경우에는 대응수출이 이행되었는지 여부에 대하여 사후관리를 받아야 한다.

사후관리 대상물품을 수입한 자는 일정기간 내에 외화획득을 하고 사후관리은행에 외화획득 이행 신고를 하여야 하며, 적정 사유로 대응수출을 하지 못했을 경우에는 외화획득용원료 사용목적 변경승인을 받거나 상사간 양도승인을 받아야 한다.

그러나 성실하게 사후관리를 이행하는 업체로 일정한 요건에 부합하여 자율관리기업으로 지정된 경우에는 매 건별 사후관리를 면제하도록 하고 있다. 이와 같이 사후관리 대상품목에 대한 외화획득 이행신고를 마지막으로 수출절차는 모두 끝나게 된다.

그림 4-1 수출절차 단계

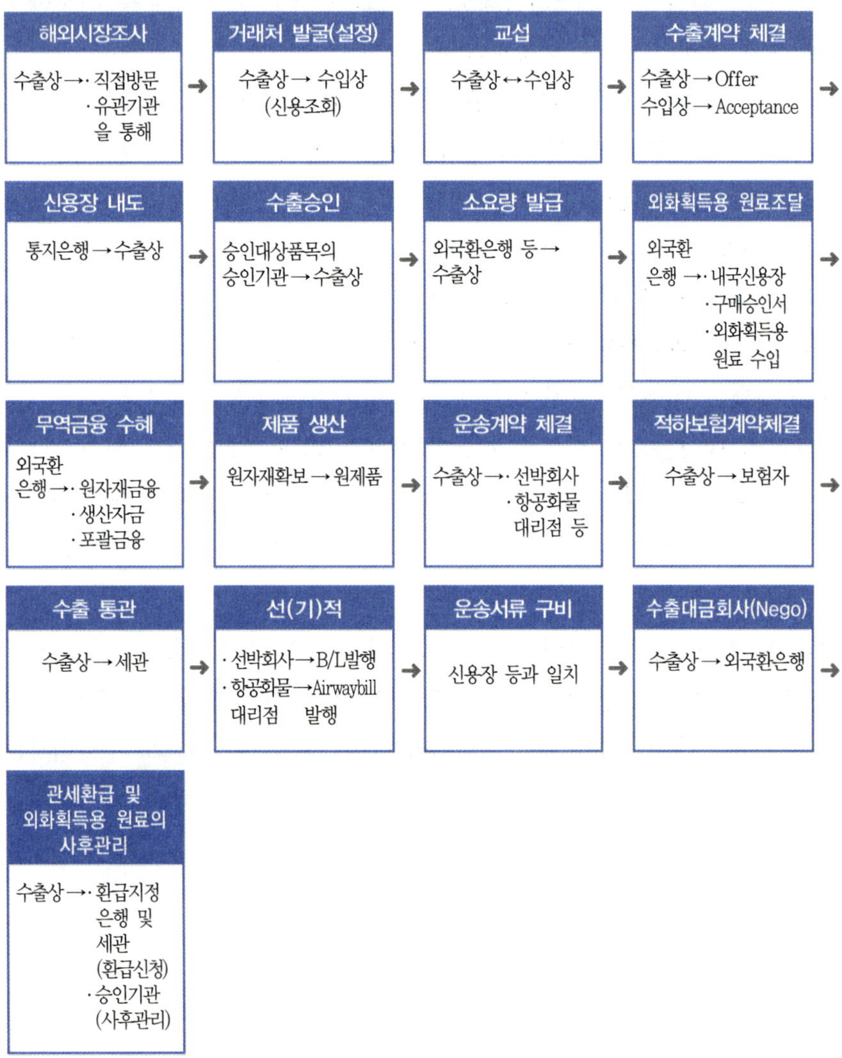
해외시장조사
수출상→·직접방문
·유관기관
을 통해
거래처 발굴(설정)
수출상→ 수입상
(신용조회)
교섭
수출상↔수입상
수출계약 체결
수출상→Offer
수입상→Acceptance
신용장 내도
통지은행→수출상
수출승인
승인대상품목의
승인기관→수출상
소요량 발급
외국환은행 등→
수출상
외화획득용 원료조달
외국환
은행 →·내국신용장
·구매승인서
·외화획득용
원료 수입
무역금융 수혜
외국환
은행→·원자재금융
·생산자금
·포괄금융
제품 생산
원자재확보→원제품
운송계약 체결
수출상→·선박회사
·항공화물
대리점 등
적하보험계약체결
수출상→보험자
수출 통관
수출상→세관
선(기)적
·선박회사→B/L발행
·항공화물→Airwaybill
대리점 발행
운송서류 구비
신용장 등과 일치
수출대금회사(Nego)
수출상→외국환은행
관세환급 및
외화획득용 원료의
사후관리
수출상→·환급지정
은행 및
세관
(환급신청)
·승인기관
(사후관리)

Ⅱ. 수입절차의 단계

수입절차라함은 수입상이 해외로부터 물품을 수입하기 위하여 수입대상품목의 거래처를 선정하여 수입계약을 체결한 후 수입승인(승인대상품목에 한함)을 받은 다음 수입신용장을 발행한 후에 해외의 수출상으로부터 물품선적 관련 서류 및 수입어음이 도착되면 수입대금을 지급하고 서류를 인도받아 수입통관절차를 거쳐 물품을 수령하는 일련의 절차를 말한다.

한편, 수입가능의 여부는 산업통상자원부장관이 공고하는 수출입공고와 수출입 별도공고 등에 의해서 결정되는데, 이는 당해 품목이 공고상 제한품목에 해당되는 수입승인품목일 경우 해당 승인 기관 등에서 적합한 승인을 얻어야 한다. 또한 50개 개별법에 의한 통합공고는 수입승인 대상에는 해당되지 않으나 당해 개별법에서 정하고 있는 바에 따라 요건확인 등을 받은 후 세관에 수입신고를 함으로써 수입을 할 수 있다.

1. 수입계약체결

수입상은 해외 거래처로부터 직접 청약(offer)을 받거나 또는 국내에서 통상 청약상이라고 불리는 업자의 청약에 대하여 승낙(acceptance)함으로써 물품매도확약서(offer sheet)를 발급받아 계약이 체결된다.

한편, 기본적인 계약체결은 일반적인 약정조건에 대해서만 물품매도확약서상에 명시되지만 이것만으로는 전체적인 계약내용을 완전히 약정했다고는 볼 수 없으므로 물품매도확약서만으로 수입계약을 대신하지 말고 별도의 거래조건에 대하여 상세히 수입계약을 체결하여 두는 것이 사후에 발생될 수 있는 분쟁을 막을 수 있다.

2. 수입승인

수입상은 수입승인품목을 수입하고자 할 경우에는 매 계약건별로 구비서류를 갖추어 수입승인을 신청하여야 하나 승인대상 품목이 아닐 경우에는 수입승인을 받을 필요가 없다. 수입승인의 권한은 산업통상자원부장관에게 있으나 추천 등을 행하는 기관에 위임하고 있다.

수입승인을 받아야 하는 승인대상품목은 수출입공고상의 수입제한 품목과 수출입공고 별도공고상의 수입제한 품목이다. 따라서 수입상은 해당 상품이 수입승인대상품목에 적용되는지를 먼저 HS 번호를 근거하여 검토해야 한다.

한편 대외무역법 이외의 50개 개별법에 의한 수출입 제한 내용을 통합하여 고시하는 통합공고에 따라 요건확인 등을 받아야 하는 물품은 수출입 승인 대상에 포함되지 않는다. 따라서 해당 개별법에서 정하고 있는 바에 따라 요건확인 등을 받은 후 곧바로 세관에 수출신고나 수입신고를 함으로써 수출입을 이행하게 된다.

또한 수입승인 거래 당사자가 합의한 수입대금의 결제방법에 대해서는 외국환거래법과 관계없이 검토대상에서 제외되며, 수입승인의 효력유효기간은 1년이다. 그러나 물가안정, 수급조정 등 그 용도와 물품이 인도조건 기타 거래상의 특성에 따라 필요하다고 인정되는 경우는 수입승인기관은 승인시에 유효기간을 1년이내 또는 20년의 범위내에서 단축 또는 초과하여 설정할 수 있다.

3. 수입신용장 발행

승인기관의 수입승인을 받은 수입상은 수입승인서 및 물품매도확약서(offer sheet) 또는 구매계약서(order sheet)를 참조하여 신용장발행 은행의 소정의 양식인 화환신용장 발행 신청서(application for issuance of documentary letter of credit)에 신용장 조건 등을 기재하여 신용장 발행은행에 수입신용장 발행을 의뢰한다.

신용장 발행 신청시에 신청서상에 기재되는 내용은 곧 신용장의 조건이 되므로 모든 사항을 간단 명료하고 정확하게 기재해야 한다.

신용장 발행은행은 신용장 발행수수료 등을 징수하고 수익자(beneficiary), 즉 수출상이 소재하고 있는 수출지의 통지은행(advising bank) 앞으로 신용장을 전신(cable) 또는 우편(mail)을 이용하여 발송하게 되고 이를 받은 통지은행은 수출상에게 신용장 도착을 통지하게 된다.

4. 운송서류 내도 및 대금결제

1) 운송서류 내도

신용장의 수익자, 즉 수출상은 물품을 선적한 후 신용장상의 조건에 따른 운송서류를 구비하여 환어음을 거래은행을 통하여 신용장발행은행에 송부하여 대금을 회수하게 된다.

이 때 신용장발행은행은 내도된 선하증권(Bill of Lading) 등 운송서류가 신용장 조건과 일치하는지의 여부를 심사한 후 수입상에게 운송서류도착통지서(Arrival Notice of Documents)를 발송한다.

한편, 수입화물은 이미 도착하였으나 운송서류 미도착으로 화물을 인수하지 못할 경우에는 수입화물선취보증서(L/G : Letter of Guarantee)를 신용장 발행은행으로부터 발급받아 선박회사로부터 화물을 인수할 수 있다.

2) 수입대금결제

운송서류도착통지를 받은 수입상은 수입신용장 발행은행에 수입대금과 관련 수수료를 납부한 후 운송서류를 수취하는데, 이 때 운송서류가 신용장조건과 일치하는지의 여부를 검토하여 수입대금의 결제에 동의하게 되면 발행은행은 수입자에게 운송서류를 인도한다.

수입상은 운송서류를 외국환은행이 접수한 날로부터 5일 이내에 수입대금을 결제해야 하는데, 동 기일내에 결제하지 않으면 6일째에 외국환은행이 대신 지급처리하며, 5일 이내에서도 4일째부터는 결제지연이자를 징수하고 있다.

5. 수입통관

수입대금을 결제하고 운송서류를 수취하거나 또는 수입화물선취보증서(L/G)를 받은 수입상은 수입물품을 보세구역에 반입한 다음 관세법 또는 기타 법령이 정하는 바에 의하여 세관에 수입신고를 하게 된다.

그러나 예외적으로 수입물품이 우리나라에 도착하기 전에도 수입신고를 할 수 있는데, 부두에서 직접통관하는 화물은 사전수입신고가 가능하다. 수입신고를 받은 세관에서는 수입신고한 물품과 수입승인서 상의 물품이 일치하는지 여부를 확인하고 수입신고사항이 수입승인 사항과 일치하는지의 여부에 대하여 심사한 후 수입신고필증을 교부한다. 수입신고필증을 교부받으면 보세구역에서 당해 물품을 반출할 수 있다.

한편 관세의 납부는 물품의 수입화주가 관세의 납세의무자가 되며, 수입신고 수리 전에 납부하는 사전납부와 신고 후에 납부하는 사후납부로 구분된다.

사후 납부는 담보제공이 면제된 경우와 담보를 제공한 경우에 수입신고 수리 후에 관세 등 제세를 납부케 하는 것이다. 사후납부는 수입신고 수리 후 15일 이내에 관세를 국고수납은행이나 우체국에 납부하여야 한다.

그림 4-2 수입절차 단계

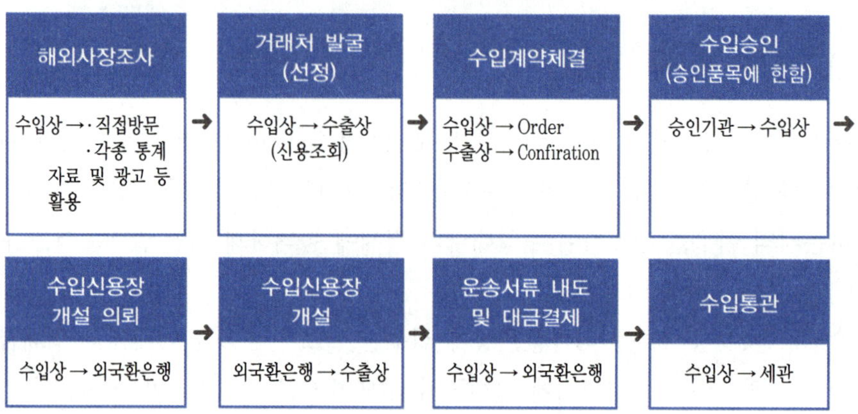

그림 4-3 수출 · 입 절차

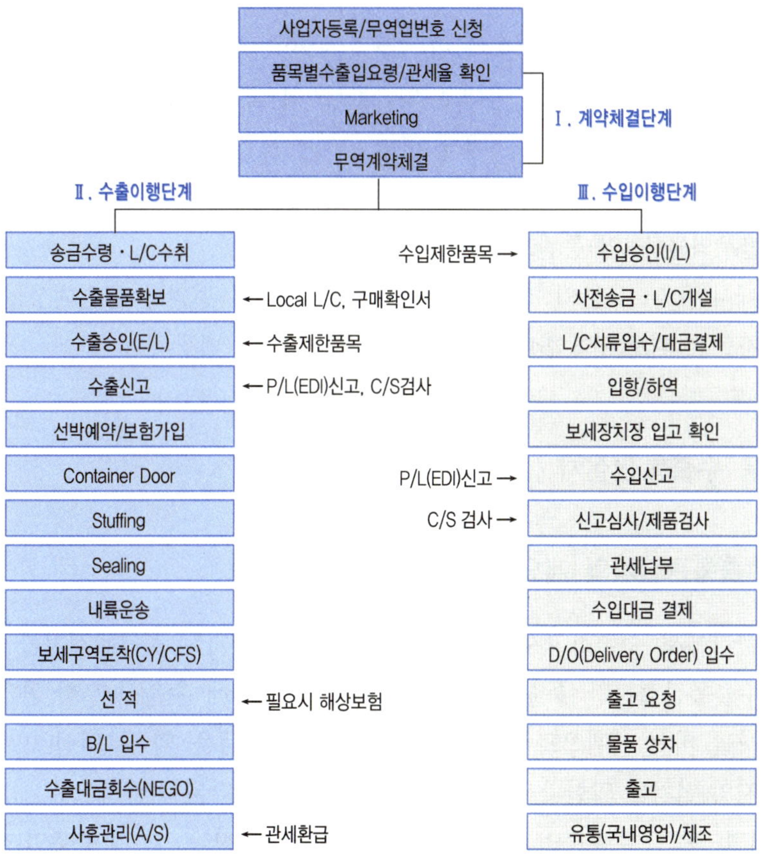

Ⅲ. 무역물품의 통관

외국으로 물품을 반출하고자 할 때는 세관에 수출통관 절차를 밟아야 한다. 통관(customs clearance)이란 말 그대로 물품이 세관(customs house)의 관세선(customs line)을 통과하는 것이라고 말할 수 있다.

그러나 물품이 관세선을 통과하기 위해서는 사전에 관세법규에 따른 세관의 수출 또는 수입 신고 및 수리절차를 거쳐야 된다. 따라서 물품에 대한 수출 또는 수입신고가 세관에 의하여 수리되는 것을 통관이라고 정의할 수 있다.

그리고 물품의 이동방향으로 보아 내국물품[1]이 국외로 통관되어 나가는 것을 수출통관(export clearance), 반대로 외국물품[2]이 국내로 통관되어 들어오는 것을 수입통관(import clearance)이라 하며, 한편 통관대상물품이 어떤 것인가를 기준으로 볼 때 국제우편물품의 통관, 여행자휴대물품의 통관, 이사물품의 통관, 일반무역물품[3]의 통관으로 구분할 수 있다.

이하에서는 본 구분의 정당성여부를 떠나 이해의 편의상 통관대상물품별로 통관절차를 살펴보고자 한다.

1. 수출통관절차

1) 수출통관절차의 개요

우리나라에서 수출하고자 하는 모든 물품은 세관의 수출통관절차를 거쳐야 된다. 수출통관절차란 수출하고자 하는 물품을 세관에 수출신고 한 후 필요한 세관검사를 거쳐 세관으로부터 신고수리를 받아 물품을 외국무역선(기)에 적재하기까지의 절차를 말한다. 다시 말하면 수출물품(유환)은 일반적으로 ① 수출계약의 체결 → ② 수출승인 → ③ 수출품의 제조 · 포장 → ④ 수출품의 장치 → ⑤ 수출신고 → ⑥ 수출품의 검사 및 심사 → ⑦ 수출신고수리 → ⑧ 수출품의 선(기)적 → ⑨ 대금결제 → ⑩ 관세환급 등의 절차를 거쳐 수출된다. 이 중 ⑤에서 ⑧까지의 절차가 바로 수출통관절차에 해당된다.

---

1) 관세법 상 내국물품이란 ① 우리나라에 있는 것으로서 외국물품이 아닌 것과, ② 우리나라의 선박 등에 의하여 공해에서 채포한 수산물, ③ 입항전 수입신고가 수리된 물품 등을 말한다

2) 관세법 상 외국물품이란 ① 외국으로부터 우리나라에 도착된 물품(외국의 선박 등에 의하여 공해에서 채포된 수산물을 포함한다)으로서 수입신고가 수리되기 전의 물품이나, ② 수출신고가 수리된 물품을 말한다.

3) 특히 여기에서 말하는 일반무역물품이란 국제우편물품, 여행자 휴대물품, 이사물품과는 구별되며 이들 물품을 제외한 순수 상거래목적의 수출입화물만을 의미한다.

이러한 일련의 통관절차를 통해서 관세법, 대외무역법, 외국환관리법 등 각종 수출관련법규의 준수이행여부가 최종적으로 확인된다는 점에서 수출통관절차는 중요한 의미를 갖는다.

〈표 4-1〉 수출통관 종류

구분	일반 수출 통관	간이통관(송품장 방식)	간이통관(목록방식)
대상품목	제한 없음	• 유해 및 유골 • 외교행낭으로 반출되는 물품 • 외교통상부에서 재외공관으로 발송되는 자료 • 신문, 뉴스취재 필름, 녹음 테이프 등 언론기관 보도용품 • 카다로그, 기록문서 등 • 외국인 관광객이 구입한 물품 • 비환급대상물품 중 FOB 200만원 이하의 물품	자가 사용물품 또는 상용견품 중 물품가격이 150달러 이하에 해당하는 물품 단, 하기의 제품은 제외 • 의약품, 한약재, 야생동물 등 • 농림축수산물 등 검역대상물품 • 건강기능식품, 식품류, 과자류 • 지식재산권 위반 의심물품 • 태반함유화장품 등 유해화장품
금액기준	제한없음	150달러~2000달러	150달러 미만
신고항목	57개	37개	
수출실적	인정됨(단, 일부 거래형태 불인정)	인정 안됨. 다만, 관세청 유니패스를 통해 신고할 경우 인정	

2) 수출통관절차의 단계별 해설

(1) 수출신고

수출신고란 당해 물품을 수출하겠다는 의사표시이다. 그러나 수출자의 의사만으로 물품은 수출될 수 없다. 따라서 물품을 수출하고자 하는 자는 수출하고자 하는 물품을 선박 또는 항공기에 적재하기 전까지 수출하고자 하는 물품의 소재지를 관할하는 세관장에게 수출신고를 하고 이의 수리를 받아야 된다.

수출신고는 EDI(Electronic Data Interchange) 방식에 의한 P/L (paperless)신고를 원칙으로 하며, 예외적으로 세관장의 요구가 있는 경우 관련서류를 제출하게 된다. 신고인[4]은 수출통관 EDI 시스템을 이용하여 전자문서로 수출신고서를 작성하여 관세청통관시스템[5]에 전송하면 된다. 이렇게 한 수출신고의 효력은 관

4) 신고인이 될 수 있는 자는 화주나 수출입통관을 전문으로 취급하는 국가공인자격인인 관세사나 통관법인 또는 관세사법인이 될 수 있다.

5) EDI에 의한 관세청통관시스템은 세관 컴퓨터와 수출상, 관세사, 은행, 수출유관기관 컴퓨

세청통관시스템에 신고번호가 부여된 시점부터 발생된다.

전송한 수출신고내용에 대하여 전산으로 어떤 오류사항을 통보 받거나 신고내용을 정정하고자 하는 때에는 신고번호가 부여되기 전이면 수정한 내용을 포함한 신고자료를 당초의 제출번호에 의하여 다시 전송하면 된다. 그러나 신고번호가 부여된 후에 정정 사항이 발생한 경우에는 수출신고 정정 승인신청서를 별도로 작성하여 세관장에게 제출해야 된다.

(2) 수출품의 검사 및 심사

수출신고서를 접한 세관담당공무원은 수출신고서의 내용을 심사하여 물품의 검사여부를 결정한다. 수출신고물품에 대한 검사는 생략하는 게 일반적이지만, 그러나 신고된 내용을 심사한 결과 현품을 확인할 필요가 있다고 판단되는 때에는 예외적으로 현품검사를 할 수 있으며, 이 경우 세관장은 신고인에게 포장명세서와 같은 관련서류의 제출을 요구할 수 있다.

수출신고물품에 대한 검사대상의 선별은 물품, 수출자나 제조자, 또는 신고인 등의 우범성 및 신용도를 고려하여 관세청장이 정한 기준에 따라 선별한다. 그렇게 선별된 물품을 검사할 때 세관장은 필요하다고 인정되는 경우나 또는 신고인의 요구가 있는 경우에는 신고인의 입회 하에 검사를 실시하되 세관담당공무원은 그 검사결과를 통관시스템의 전산망에 등록해야 된다. 검사 및 심사결과 이상이 있는 경우 세관장은 직권으로 당해 신고를 거절(각하)할 수 있다. 그러나 검사결과 수출신고 된 것과 현품이 일치하고 이상이 없는 것으로 확인되면 당해 수출품에 대한 수출신고를 수리하아야 한다.

(3) 수출신고수리

세관장은 수출신고 된 물품을 검사한 결과 수출신고를 취하[6]하거나 각하[7] 하여야할 사유가 없는 한, 즉시 수출신고를 수리하고 그 내용을 통관시스템의 전산망에 기록한다.

터간의 전자사서함(mail box)을 통하여 전자방식으로 수출통관 관련자료를 사람의 왕래 없이 주고 받도록 되어 있다.

6) 취하란 신고인의 신청에 의하여 세관장이 당해 수출신고를 취소하는 것을 말한다.

7) 각하란 세관장이 직권으로 당해 수출신고를 거절하거나 취소하는 것을 의미한다.

특히 이때 수출신고 된 물품에 대하여 세관이 이를 수리할 때는 다음의 세 가지 방법이 이용된다.

a. **자동수리** : 수출신고가 전산에 의하여 자동으로 수리되는 것을 말하며, 자동수리대상은 서류제출대상이 아닌 물품으로서 수출신고금액이 미화 1만 달러 이내에서 세관장이 따로 정하는 금액 이내여야 하며, 또한 통관시스템에 의하여 우범물품으로 선별되지 아니한 품목이어야 한다.

b. **즉시수리** : 수출신고가 자동수리대상이 아닌 물품 중 검사가 생략되는 물품으로 세관직원이 신고내용을 심사하고 수리하는 방법으로서 대부분 수출신고가 이 방법에 의하여 처리되고 있다.

c. **검사 후 수리** : 앞에서 언급한 바와 같이 수출물품에 대해서는 검사생략이 원칙이지만 수출 시 현품의 확인이 필요한 경우와 우범물품으로 선별된 물품 중 세관장이 검사가 필요하다고 판단한 물품에 대하여 수출물품을 실제로 검사한 후 수출신고를 수리하는 방법이다.

(4) 수출품의 선(기)적

수출신고가 수리된 물품은 지정된 선적항으로 운송되어 선적되게 되는 데, 세관이 당해 물품의 선적을 확인하는 것으로서 수출통관절차는 끝나게 된다.

그런데 수출신고가 수리된 물품은 수출신고수리 일로부터 30일 이내에 선(기)적하거나 선(기)적항의 보세구역에 반입되어야 된다. 만약 불가피한 사유가 있는 경우에는 통관지세관장에게 당해 사유를 증명하는 서류를 첨부하여 선적기간연장 승인을 받아야 된다. 그렇게 하지 않으면 수출신고수리도 취소되며 관세환급도 불가능하게 된다.

그림 4-4 수출통관 흐름도

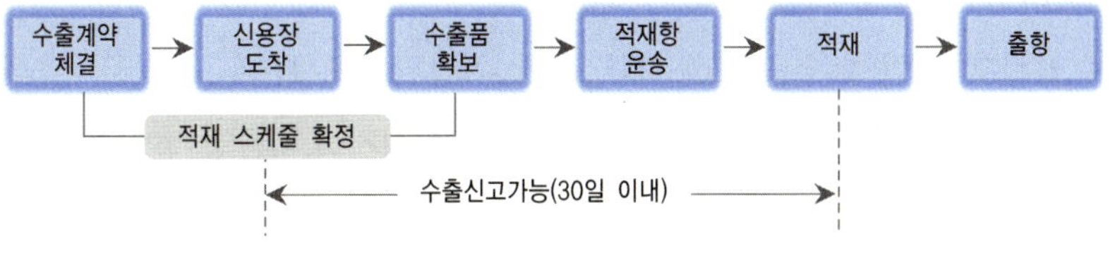

2. 수입통관절차

1) 수입통관절차의 개요

우리나라는 전통적으로 수출은 장려하고 수입은 규제해 왔다. 그래서 물품을 수출할 때보다 수입할 때의 통관절차가 보다 까다롭고 복잡하다. 좌우지간 일단 물품을 수입하기 위해서는 수입하고자 하는 물품이 대외무역법 및 관계법령 등에 의해 수입이 가능한 물품인지의 여부를 미리 확인해야 된다. 왜냐하면 수입승인대상품인 경우 관계기관으로부터 수입승인을 받지 않으면 물품을 수입통관할 수 없기 때문이다.

모든 수입물품은 세관의 수입통관절차를 거쳐야 물품을 국내로 들여올 수 있다. 수입통관절차란 수입하고자 하는 물품을 세관에 수입신고 한 후 세관검사를 거쳐 세관으로부터 수입신고수리를 받아 수입물품을 반출하기까지의 절차를 말한다. 즉 수입물품(유환)은 일반적으로 ① 수입계약 → ② 수입승인 → ③ 신용장 발행 → ④ 입항 → ⑤ 하역 → ⑥ 물품의 장치 → ⑦ 수입신고 → ⑧ 수입물품의 검사 및 통관심사 → ⑨ 수입관세 및 제 세금납부 → ⑩ 수입신고수리 → ⑪ 수입물품 인취 → ⑫ 사후관리 등의 절차를 거쳐 수입된다. 이 중 ⑦에서 ⑪까지의 절차가 바로 수입통관절차에 해당된다.

2) 수입통관절차의 단계별 해설

(1) 수입신고

① 수입신고란 당해 물품을 수입하겠다는 의사표시라고 할 수 있다. 그러므로 수입신고수리는 수입신고를 전제로 한다. 따라서 물품을 수입하고자 하는 자는 수입하고자 하는 물품이 도착할 예정항의 관할세관장에게 수입신고를 하고 이의 수리를 받아야 된다.

② **수입신고 방법** : 수출신고 시와 같이 수입신고도 화주, 관세사, 관세사 법인 및 통관취급 법인의 명의로 신고하되 전자자료교환방식에 의한 EDI 시스템을 이용하여 관세청이 정한 양식의 전자문서로 수입신고서를 작성하여 관세청통관시스템에 전송하면 된다. 특히 화주가 직접 신고하는 경우[8]

에는 수입신고사항을 세관에 전송하기 위한 PC 등의 설비를 갖춘 후 세관으로부터 ID를 부여받아 신고하면 되는 데, 그러한 설비가 없는 영세수출업체의 경우는 한국무역협회(KITA)의 각 지부나 지방상공회의소 등에 설치되어 있는 공용단말기를 이용하여 신고하면 된다. 이 경우 관세청이 정한 양식의 수입신고서에 각종 수입신고사항을 컴퓨터에 입력하여 작성한 후 관세청통관시스템으로 전송하는 전송키를 누르면 전송되며, 이로서 수입신고서가 세관에 제출되는 것이다. 관세청통관시스템에 전송된 수입신고서는 내부 프로그램에 의해 오류가 점검되고, 오류가 발견되면 신고인에게 다시 전송되어 오게 되는데 이때 신고인은 오류를 수정하여 재전송하면 된다. 오류가 없으면 접수번호가 부여되며 해당접수번호는 다시 신고인의 컴퓨터로 전송된다. 수입신고의 효력은 관세청통관시스템에 신고번호가 부여된 시점부터 발생된다.

③ **수입신고의 시기** : 수입신고는 우리나라에 물품이 도착하기 전이나 도착한 후 어떠한 시점에서도 신고할 수 있다. 다만 물품이 어디에 있을 때에 신고하느냐에 따라 편의상 출항 전 신고, 입항 전 신고, 보세구역도착 전 신고, 보세구역도착 후 신고로 구분하여 칭하고 있는 데 그 구분요건은 다음과 같다.

a. **출항 전 신고** : 이는 수입하고자 하는 물품을 적재한 선박이나 항공기가 항구나 공항을 출발하기 전에 입항예정지의 세관장에게 수입신고하는 것을 말한다. 현재 우리나라에서는 항공기 편으로 수입되는 물품과 선박편으로 수입되는 물품 중 일본, 중국, 대만, 홍콩에서 수입되는 물품에 대해서만 출항전 신고가 가능하다.

b. **입항 전 신고** : 이는 수입하고자 하는 물품이 출항지를 출발한 후 우리나라 항에 도착되기 전에 도착예정지의 세관장에게 동 물품에 대한 수입신고를 하는 것을 말한다.

c. **보세구역도착 전 신고** : 이는 수입하고자 하는 물품이 우리나라 항구나 공항에 도착한 후 당해 물품을 장치장[9]에 입고하기 전에 관할 세관장

8) 실무에서는 대부분 관세사에게 대행시키고 있다.

9) 이 때의 장치장이란 보세장치장은 물론 부두 밖 콘테이너 보세장치장 및 콘테이너 내륙통

에게 수입신고 하는 것을 말한다.

d. **보세구역도착 후 신고** : 이는 수입하고자 하는 물품을 장치장에 입고한 후 관할 세관장에게 수입신고 하는 것을 말한다.

(2) 수입물품의 검사 및 통관심사

수입신고서를 접수한 세관에서는 통관시스템에 조회하여 신고한 물품의 검사 여부를 결정하게 된다. 대부분의 물품은 검사 없이 즉시 수리되지만, 검사대상으로 선정된 물품은 세관직원이 수입물품에 대한 검사 및 심사를 한 후 수리여부를 결정한다.

검사대상물품의 선정 및 검사방법은 수입화주의 신용도, 물품의 종류 및 성질, 수량, 가격, 장치장소, 우범성물품의 선별장치인 C/S Sel(Cargoectivity)결과 등을 참작하여 결정한다. 대상물품의 검사는 검사인력과 시간을 고려하여 통상 발췌검사(random sampling inspection)를 원칙으로 하지만, 우범성 정보가 있거나 변질 또는 손상된 물품, 종량세물품 등 세관장이 필요하다고 판단되는 물품에 대해서는 전량검사를 하는 경우도 있으며, 필요하다고 판단되는 경우에는 관련서류[10]의 제출을 요구할 수도 있다.

수입물품 중 검사대상으로 결정된 물품의 검사장소는 출항 전 신고 또는 입항 전 신고물품은 입항예정지의 세관장이 지정하는 보세구역이 되며, 보세구역도착 전 신고물품은 당해 물품이 도착할 보세구역이 된다. 그리고 보세구역장치 후 신고물품은 물품이 장치되어 있는 보세구역이 된다.

수입물품에 대한 통관심사는 수입신고내용과 수입물품의 검사내용 및 법령의 준수이행여부에 대해 다음과 같은 내용의 실질적인 통관심사사항을 확인한다.

관기지, 선상을 의미한다.

10) ① 구매확인서
② 상업송장(Commercial Invoice)
③ 가격신고서(세관 또는 관세사 사무실에 비치되어 있음)
④ 선하증권(B/L) 사본 또는 항공화물운송장(AWB) 사본
⑤ 포장명세서(Packing List)
⑥ 원산지증명서(Certificate of Origin; 수출국의 상공회의소 등에서 발급)
⑦ 보세운송신고(승인)서 사본(보세구역에 입고된 물품에 한함)
⑧ 관세감면(분납) 및 용도세율적용신청서(해당물품에 한함) 등.

① 신고 된 물품과 실제로 수입하는 물품의 일치 여부
② 세관장 확인대상물품의 확인 및 확인조건의 구비 여부
③ 세 번 분류(稅 番 分類)의 정확성 여부
④ 분석의뢰의 필요성 여부
⑤ 상표권침해 여부
⑥ CITES 대상물품인지의 여부
⑦ 원산지표기 및 정확성 여부
⑧ 기타 수입신고수리 여부를 결정하기 위하여 필요한 사항

(3) 수입관세 등 제 세금납부

수입신고 한 물품의 화주는 당해 수입물품에 대한 관세 등 수입 제 세의 납세의무자가 된다. 이를 납부하는 방법에는 사전납부방법과 사후납부방법이 있는데, 이는 수입신고수리 시점을 기준으로 그 전에 납부하는 경우를 사전납부제도, 그 후에 납부하는 경우를 사후납부제도라고 하며, 현재 우리나라에서는 사후납부방법을 채택하고 있다

그러나 수입관세 및 제 세금을 사후납부 하려면 납세의무자인 수입화주는 원칙적으로 수입신고가 수리되기 전에 그에 상당하는 담보를 제공하여야 된다. 이처럼 담보를 제공한 경우에는 당해 수입신고가 수리된 날로부터 15일 이내에 관세 등을 국고수납은행이나 우체국에 납부해야 된다.

결과적으로 세관의 수입물품검사 및 통관심사 결과 통관을 허용하기로 결정한 경우에도 당해 수입물품에 대한 관세 등을 납부하거나 해당 세액에 상당하는 담보를 제공하여야 물품을 반출할 수 있게 된다.

(4) 수입신고수리

세관은 검사·검역 및 확인기관 등과의 EDI 전산망을 통해 전자문서 및 자료를 송신받아 이를 확인한 후 수리여부를 최종 결정하게 되는데, 이때 수입신고 된 물품을 검사 및 심사한 결과 범칙사항[11]이 있는 경우 세관장은 관세법 등 위반

11) 이를테면 ① 수입물품의 품명, 규격, 수량, 가격, 원산지 등 주요사항을 허위로 신고한 경우, ② 각종 수입신고서류를 위조 또는 변조한 것으로 인정되는 경우, ③ 수입금지 및 수입제한 품목을 불법으로 수입신고 한 경우, ④ 출항 전 또는 입항 전 수입신고를 하고

혐의로 이를 관계기관에 고발하고 조사를 의뢰하여야 한다. 그러나 당해 수입신고 된 물품을 검사 및 심사한 결과 당해 수입신고를 취하하거나[12) 각하 해야 할[13) 정당한 사유가 없는 한, 즉시 수출신고를 수리하고 동 사실을 관세청통관시스템의 전산망에 이를 등록하여 신고인에게는 물론 물품이 장치되어 있는 보세구역에도 수입신고가 수리되었음을 EDI방식으로 통보하게 된다. 신고인은 자신의 사무실에서 컴퓨터를 통하여 신고수리여부를 조회할 수 있을 뿐만 아니라 신고필증을 출력하여 이용할 수도 있다.

(5) 수입물품 인취

이상의 절차를 거쳐 세관으로부터 수입신고가 수리된 물품은 비로소 내국물품화 되므로 이때부터 보세구역으로부터 물품을 인취할 수있게 된다. 신고인이 수입물품을 수령할 때에는 물품이 장치되어 있는 보세구역에 수입신고필증과 관세 등 제 세금납부 영수증을 제시하고 장치수수료를 납부한 후 반출을 의뢰하여 물품을 반출하는 것으로서수입통관절차는 모두 끝나게 된다.

그림 4-5 수입통관 흐름도

정당한 사유 없이 이의 취하를 신청한 경우, ⑤ 기타 범칙혐의가 있는 것으로 인정될 때.

12) 예컨대 수입물품의 위약, 오송, 변질, 손상 등의 이유로 동 물품을 반송하기로 한 경우, 또는 재해 등 부득이한 사유로 수입물품이 멸실 되거나 세관장의 승인을 얻어 멸각하고자 하는 경우에는 수입신고를 취하할 수 있다.

13) 수입신고 시 일정한 신고요건을 구비하고 있지 못하거나, 사기 등 기타 부정한 방법으로 수입신고 된 경우 세관장은 직권으로 당해 수입신고를 각하 할 수 있다.

Ⅳ. 수출·입 관세

1. 관세의 의의와 기능

1) 관세의 의의

관세(customs, tariffs, duties)란 한 나라의 관세선(customs line)[14]을 통과하는 물품, 즉 수출입물품에 대하여 국가가 법률에 의하여 부과하는 조세이다.

세계의 거의 모든 나라들은 수출물품에 대해서는 자국 상품의 수출가격 경쟁력을 높이기 위해서 관세를 부과하지 않으나 수입물품에 대해서는 수입관세를 부과하고 있다. 우리나라도 수출물품에 대해서는 관세를 부과하지 않으나 수입물품에 대해서는 다음과 같은 이유에서 관세를 부과하고 있다.

2) 관세의 기능

(1) 국가재정수입의 확보

수입물품에 대해 관세를 부과하게 되면 일단 국가의 재정수입이 증대된다. 애당초 관세부과의 주된 목적은 국가재정수입을 확보하기 위한 것이었으나 오늘날에는 주로 국내산업을 보호하기 위한 무역정책의 한 수단으로 이용되고 있다.

(2) 수입품의 소비 억제

수입물품에 대해 관세를 부과하게 되면 부과된 관세는 가격에 반영되어 수입물품의 가격이 인상되게 되고, 그렇게 되면 소비자들은 비싼 수입물품의 구매를 기피하게 될 것이므로 관세부과는 자연히 수입물품에 대한 소비억제효과를 가져오게 된다.

---

14) 여기서 관세선(customs line)이라 함은 반드시 정치적 국경선을 의미하는 것이 아니다. 왜냐하면 자유무역지역(free trade zone)과 같은 곳은 정치적으로는 한 나라의 영역에 속하지만 관세법 상으로는 다른 나라의 영역으로 분류되며, 보세구역 같은 곳도 정치적으로는 다른 국가의 영역이나 관세법 상으로는 자국과 다름이 없기 때문이다.

(3) 수입대체효과

관세를 부과하게 되면 수입물품의 소비자가격이 올라가게 되고, 값이 올라가면 소비자들은 비싼 수입물품 대신에 국산품을 구매하게 될 것이므로 수입대체효과를 기대할 수 있다.

(4) 국민소득 증대

수입대체효과를 통해 국산품의 소비가 늘어나면 그에 따라 국내생산이 늘어나게 될 것이며, 국내생산이 증대되면 될수록 더 많은 일자리가 생겨나므로 고용이 늘어날 것이고, 고용이 창출되면 그에 따라 국민소득도 증대될 수 있다.

(5) 국제수지의 개선

관세부과로 국산품에 대한 소비가 늘어나게 되면 수입(import)이 줄어들게 되고, 수입이 줄어들면 당연히 그에 따른 외화지출도 줄어들게 될 것이므로 국제수지가 개선되는 효과를 기대할 수 있다.

(6) 국내유치산업의 보호

관세는 국내유치산업을 보호하기 위한 한 수단으로 활용되기도 한다. 앞에서 언급한 바와 같이 관세를 부과하게 되면 국내시장에서 그만큼 수입물품에 대한 가격경쟁력이 떨어지게 되고 그렇게 되면 궁극적으로는 당해 국내의 유치산업이 보호받게 되는 결과를 가져오게 된다.

2. 관세의 종류

관세의 종류는 과세의 기회, 과세의 방법, 과세의 목적, 과세의 근거, 특수관세 등을 기준으로 하여 다음과 같이 분류할 수 있다.

1) 과세의 기회에 따른 분류

(1) 수입세(import duties)

수입세는 오늘날 가장 보편적인 관세로 수입상품에 대하여 부과하는 관세를 말한다. 이 같은 수입세는 관세의 지배적인 유형이므로 관세라고 하면 일반적으로 수입세를 의미한다. 우리나라에서는 HS제도(Harmonized System)에 의한 관세율표(tariff schedule)에 의하여 수입세가 부과되고 있다[15].

(2) 수출세(export duties)

수출세는 수출상품에 대하여 부과하는 관세로서 세계적으로 독점상품인 경우와 같이 관세를 부과해도 시장확보에 별 어려움이 없는 상품에 부과된다. 예를 들어 필리핀의 원목이나 쿠바의 담배, 브라질의 커피, 태국의 쌀 등을 들 수 있다.

그러나 대부분의 국가에서는 자국상품의 수출가격 경쟁력을 높이기 위하여 수출세는 중남미 일부 국가를 제외하고는 거의 부과하고 있지 않는 실정이다.

(3) 통과세(transit duties)

통과세는 한 나라의 관세선을 통과하여 제3국으로 운송되는 화물에 부과되는 관세를 말하는데, 이는 주로 중상주의 시대에 재정수입을 목적으로 부과되었으나 오늘날에는 통과세를 부과하지 않는 것이 일반적이다.

2) 과세방법에 따른 분류

(1) 종가세(ad valorem duties)

관세를 부과할 때 물품의 가격을 과세표준으로 하여 세율을 정하는 방법이다. 세액의 계산은 "수입물품가격×환율×관세율=세액"으로 한다. 우리나라의 관세

---

15) HS는 HCDCS(The Harmonized Commodity Description and Coding System: 국제통일상품명 및 코딩시스템)의 약칭으로 이는 통상 HS(조화제도)로 약칭되고 있다. 이는 다양했던 종전의 상품분류체계를 실무자들이 용이하게 이용할 수 있도록 하기 위하여 1983년 6월 브뤼셀에서 개최된 CCC(Customs Cooperation Council: 관세협력이사회) 총회에서 채택한 국제적으로 통일된 신 상품분류체계이다. 이는 종래의 CCCN(Customs Cooperation Council Nomenclature: 관세협력이사회상품분류)을 근거로 보완된 것이라는 점에서 New CCCN이라고 부르기도 한다. 이 관세율표에는 국제간에 이동이 가능한 모든 물품이 거의 모두 망라되어 있으며, 관세율표에 무세품이건 유세품이건 모두 열거되어 있는 것을 관세포괄주의라고 하고 무세품은 열거되어 있지 않은 경우를 관세면제주의라고 하는데 우리나라에서는 관세포괄주의를 채택하고 있다. 또한 우리나라는 1988년부터 수출입공고상의 품목을 HS방식에 의하여 분류하고 있으나 분류품목을 좀더 세분류한 한국통일상품분류(Harmonized System Korea: HSK)를 만들어 사용하고 있다.

율표에 의하면 대부분의 품목이 종가세로 되어 있으며 극소수의 품목만이 종량세로 되어 있다. 수입상품의 가격은 주로 CIF가격을 기준으로 한다. 종가세는 시장가격의 등락에 관계없이 균등·공평하게 적용시킬 수 있는 장점이 있으나 과세가격의 산출이 어렵고 과세가격의 확정을 위해 여러 가지 복잡한 절차와 비용이 드는 단점이 있다. 예컨대 신고된 상품가격과 실제가격의 동일여부를 파악하기 위해 상당한 전문지식과 조사비용이 필요할 뿐 아니라 많은 시일이 소요될 수 있다.

(2) 종량세(specific duties)

종량세는 물품의 수량을 과세표준으로 삼는 관세로서 세액 산출은 물품의 수량×단위수량 당 세액으로 한다. 우리나라에서는 원당, 영화필림 등 일부 품목에만 종량세를 적용하고 있다.

종량세는 수입상품에 대하여 관세율표에서 관세율만 확정되면 간단 명료하게 세액이 산출되기 때문에 과세방법이 간단하다는 장점이 있다. 그러나 물가변동이 심한 경우에는 세율의 적용이 어렵고 과세의 공평성이 상실되며 인플레이션 하에서는 국내상품의 보호가 어렵고 디플레이션 하에서는 너무 고관세가 되어 금지관세가 될 우려가 있다.

(3) 혼합세(combined duties)

혼합세는 과세기준을 종가세와 종량세를 동시에 병용하여 세액을 산출하는 관세이다. 혼합세에는 선택세(alternative duties)와 복합세(compound duties)가 있다. 선택세는 한 품목에 종가세와 종량세를 동시에 정하여 놓고 그중 세액이 높은 쪽이나 경우에 따라서는 낮은 쪽을 선택하여 부과하는 관세이다. 복합세는 선택세와 마찬가지로 한 품목에 종가세와 종량세를 동시에 정하여 두고 두 가지 방법으로 산출된 세액을 합하여 과세하는 방법이다. 현재 우리나라에서는 혼합세를 채택하지 않고 있다.

3) 과세목적에 따른 분류

(1) 재정관세(revenue duties)

재정관세는 주로 국가의 국고수입을 증대시킬 목적으로 부과하는 관세이다.

이는 국내산업이 없거나 지극히 유치하여 부득이 수입하여야 하는 경우나 국내산업이 완전히 경쟁력을 갖추고 있어 더 이상 보호할 필요가 없을 때 국고수입 확보를 위하여 부과한다. 특히 내국세만으로는 국가의 재정수입을 확보하기 어려운 동남아시아의 여러 나라에서 이를 채택하고 있다.

(2) 보호관세(protective duties)

보호관세는 국내의 유치산업을 보호·육성하고 기존산업을 유지 발전시키기 위하여 수입품에 대하여 부과하는 관세이다. 수입물품에 대하여 관세를 부과함으로써 그 물품의 가격이 상승되어 소비가 억제되고 국내상품의 가격경쟁력이 생성되어 국내산업이 보호된다. 또한 개발도상국들이 선진국의 시장지배를 막고 낙후된 자국의 산업을 보호·육성하기 위하여 이를 채택하고 있다.

4) 과세근거에 따른 분류

(1) 국정관세(national tariffs)

한 국가의 법률에 의하여 자주적으로 관세율을 정하여 부과하는 관세를 국정관세 혹은 자주관세(自主關稅)라고 한다. 다시 말하면 국내법에 의하여 정한 세율을 국정관세율이라고 하고 국정관세율에 의하여 부과되는 관세를 국정관세라고 한다. 우리나라의 경우 국정관세에는 기본세율[16]과 잠정세율[17] 및 탄력관세율[18]이 있다.

(2) 협정관세(conventional tariffs)

협정관세는 2국간 또는 다수 국간의 통상조약이나 관세협정을 통하여 특정

---

16) 기본세율이란 정상적인 상태 하에서 적용되는 관세율이다. 그러므로 모든 수입물품에 적용할 기본관세율은 모두 정해져 있다. 기본관세율은 국회에서 제정하고 개정한다.

17) 잠정세율이란 일정한 경제상황이 도래할 때를 상정하여 기본세율을 정하고, 일정한 경제상황에 도달할 때까지 한시적으로 적용하도록 국회에서 정한 세율을 말한다. 이 경우 일정한 경제상황 도래여부의 판단은 행정부에 위임되어 있다. 예컨대 수입물품을 국내에서 생산하기 위한 수입대체공장을 건설하고 있는 경우, 동 공장이 완성되었을 경우를 가정하고 그때를 대비해서 국내산업보호를 위하여 기본세율을 높게 책정해 놓고, 동 공장이 완공될 때까지는 실 수요업체를 위하여 잠정적으로 보다 낮은 세율을 적용하는 것이 이에 해당한다.

18) 급변하는 무역환경에 능동적으로 대처하기 위하여 조세법률주의의 예외로서 일정한 요건에 따라 권한을 위임받은 행정부가 대통령령으로 관세율을 변경할 수 있는 세율이다.

상품의 세율을 정하고 협정국가 간에 이러한 세율을 적용하여 부과하는 관세를 말한다. 이 관세는 상호주의의 원칙에 의하여 당사국간 관세상의 혜택을 부여함으로써 통상을 증진시키는 데 그 목적이 있으므로 관세가 국정관세율보다 저율이며 또한 국정세율에 우선하여 적용되는 것이 일반적이다.

5) 기타관세

(1) 특혜관세(preferential tariffs)

특혜관세란 특정국가와 통상을 증대시킬 목적으로 특정국가로부터 특정물품이 수입될 경우에 기본관세율보다 낮은 관세율을 적용시켜 부과하는 관세를 말한다.

이러한 특혜관세는 과거 영연방국가들간의 무역에서 그 근원을 찾아볼 수 있는데 이는 일종의 차별관세(differential duties)로 세계경제의 불럭화를 초래하여 자유무역을 저해할 우려가 있다는 이유로 2차대전 후 GATT(General Agreement on Tariff and Trade:관세와 무역에 관한 일반협정)에서는 특혜관세의 신설이나 확대를 금지한 바 있다. 단, 예외적으로 개발도상국의 수출증대 등을 통한 경제발전을 위하여 선진국이 개발도상국으로부터 수입하는 물품에 대해서는 일반관세율보다 낮은 관세율을 적용하도록 하는 소위 일반특혜관세제도(Generalized System of Preferences; GSP)를 실무에서 인정하고 있다.

(2) 탄력관세(flexible tariffs)

관세도 조세의 일종이므로 세종(稅種) 및 세율(稅率)의 책정과 변경 권은 국회에 있다. 필요할 때마다 그러한 입법과정을 거칠 경우 관세제도는 급변하는 국제무역환경에 적절하게 대처할 수 있는 기회를 놓쳐버릴 수가 있다. 따라서 그러한 무역환경 및 여건의 급속한 변화에 능동적으로 대처하고 신축적인 관세제도의 확립을 위하여 일정한 조건과 범위 내에서 입법부로부터 세종 및 세율의 책정과 변경권을 행정부가 위임받아 이를 적기에 탄력적으로 운영할 수 있게 한 관세의 종류이다[19].

---

19) 이는 조세법률주의에 대한 예외적인 제도이므로 탄력관세가 발동할 수 있는 요건과 세율 변경의 범위를 법률로 제한하고 있다. 탄력관세의 종류에는 덤핑방지관세, 보복관세, 긴급관세, 조정관세, 특별긴급관세, 상계관세, 편익관세, 계절관세, 할당관세가 있다.

3. 관세환급제도

1) 관세환급이란?

관세환급이란 세관에 납부한 관세의 일부 또는 전부를 어떠한 사유로 되돌려 받는 것을 말한다. 우리나라에서는 수출을 지원·장려하기 위하여 1975년 7월부터 동 관세환급제도를 시행해오고 있다[20].

2) 관세환급의 종류

관세환급의 종류는 세관에 납부한 관세를 되돌려 받는 사유에 따라 수출지원을 위한 관세환급, 과오납 관세환급 및 위약관세환급의 세 종류로 분류할 수 있다.

(1) 수출지원을 위한 관세환급

수입물품에 관세를 부과하는 것은 일면 국내산업체를 보호하는 측면도 있지만 반면에 수출업체에게는 수출을 저해하는 요인으로 작용되기도 한다. 이 같은 상반된 두 요구를 모두 충족시키기 위하여 수출품제조에 소요된 원재료를 수입할 때에 납부한 관세를 수출업체에게 되돌려 줌으로써 관세장벽을 제거하는 셈이 되고, 관세환급이라는 방식을 통해 관세장벽이 제거됨으로써 궁극적으로는 관세환급이 수출을 지원하게 된다.

관세를 환급 받기 위해서는 수입한 원재료로 물품을 제조하여 일정기간 이내에 수출하여야 함이 원칙이지만 예외적으로 이를 제조하지 않고 수입한 원상태대로 수출한 경우에도 환급이 가능하다.

관세환급신청은 물품을 수출한 날(수출신고필증 상의 수출신고 수리일)로부터 2년 이내에 신청하여야 하며, 이 기간이 경과되면 관세환급신청권이 소멸된다.

(2) 과오납 관세환급

납부하여야 할 금액보다 많은 금액의 관세를 납부한 경우를 과오납이라고 하며,

---

20) 이처럼 일단 관세를 징수하였다가 환급해주는 대신에 수출용원자재 수입 시 중소기업의 자금부담을 덜어주기 위하여 관세는 부과하되 징수는 환급 시까지 유보시켜주는 경우도 있는 데 이를 관세징수유예제도라고 한다.

이 같은 과오납 사실[21]이 확인되면 이유여하를 불문하고 이를 되돌려 주어야 하는데 이를 과오납 관세환급이라고 한다.

환급액은 과오납 금액 즉 이미 납부한 세액에서 정당한 납부세액을 공제한 차액이 된다. 관세를 환급받기 위해서는 과오납한 날로부터 2년 이내에 환급신청을 해야 된다. 이 기간이 경과되면 관세환급신청권이 소멸된다.

3) 관세환급의 대상

(1) 환급대상 수출

관세환급대상수출의 유형은 정상수출, 특례수출, 국내에서 대가를 외화로 받은 외화판매, 외화공사, 그리고 수출 등에 제공하기 위한 물품공급 등으로 나눌 수 있다.

정상수출로는 L/C방식, 추심방식, 송금수출방식 등이 있으며, 특례수출로는 미화 5만 달러 상당액 이하의 주문수출이나 미화 2만 달러 상당액 이하의 소액수출, 원양어선용 선용품 등의 수출에 해당하는 경우를 말하며, 외화판매, 외화공사에는 주한미군에의 군납수출, 외화공사와 외국인투자기업 도입자본재의 외화판매 등이 있다. 수출 등에 제공하기 위한 물품공급에는 보세공장에의 물품공급, 보세판매장의 물품공급과 수출자유지역 입주기업체의 물품공급의 방식이 있다.

(2) 환급대상 수입

수입 시 관세를 납부한 원재료를 수출하였을 때 수입 시 납부한 관세를 환급받을 수 있는데 그러기 위해서는 다음 세 가지요건을 갖추어야 한다.

첫째, 수출용 원자재일 것

둘째, 외국으로부터 수입 시 관세가 징수된 물품일 것

셋째, 수입신고수리 일로부터 일정한 기간 내에 수출에 제공될 것.

한편 환급대상이 아닌 수입대상은 환급에 갈음하는 관세율 인하품목, 수입 시 관세감면이나 분할납부를 받은 물품, 국내에서 사용하다가 수출한 물품, 공매물품 등은 환급대상에서 제외된다.

---

21) 예컨대 계산착오, 관세율의 적용착오 또는 관세평가 시에 과세가격에 포함시켜서는 안 될 비용(연불이자 등)을 포함한 때 등.

제 5 장

무역 청약과 승낙

제5장 무역 청약과 승낙

Ⅰ. 무역 청약(Trade Offer)

1. 무역 청약이란?

오퍼(offer)란 우리말로 청약이라고 사용되고 있다. 청약이란 청약자(offerer)가 피청약자(offeree)와 일정한 조건으로 매매계약을 체결하고 싶다는 의사표시이다. 즉 특정의 물품을 일정한 조건으로 특정인에게 판매 또는 구매하고 싶다는 청약자의 의사표시를 청약이라고 한다.

그런데 이론적으로는 계약의 체결을 희망하는 의사만 분명하면 굳이 청약이라는 용어를 반드시 사용할 필요는 없다. 그러나 계약체결의사와는 관계없이 단순히 통지해 주는 가격견적서(quotation of price)와 혼동될 수 있는 오해의 여지를 피하기 위해서 무역현장에서는 오퍼(offer)라는 용어를 사용하는 것이 바람직하며, 실무에서도 그렇게 사용하고 있다.

2. 무역 청약의 종류

1) 청약의 발행주체를 기준으로 한 분류

오퍼를 누가 발행했는가 즉 오퍼를 발행한 자가 매도인(seller)인가 또는 매수인(buyer)인가에 따라 청약을 매도인 청약(seller's offer)과 매수인 청약(buyer's offer)으로 분류한다.

(1) 매도인 청약(seller's offer)

매도인 청약이란 매도인의 매도의사표시를 말하며, 이를 매도청약(selling offer)이라고도 한다. 무역거래에서 청약이라고 하면 일반적으로 이 매도인 청약을 의미한다.

(2) 매수인 청약(buyer's offer)

매수인 청약이란 매수인의 매수의사표시를 말하며, 이를 매수청약(buying offer)이라고도 한다. 이는 무역실무에서 일반적으로 매입주문서(purchase order: P/O)와 같은 형식으로 이루어지는데 매도인이 이를 승인함으로써 매매계약이 성립된다.

2) 청약의 확정력 유무를 기준으로 한 분류

청약은 청약의 확정력(確定力) 유무에 따라 확정청약(firm offer)과 자유청약(free offer)으로 분류된다.

(1) 확정청약(firm offer)

확정청약이란 청약자의 청약이 확정적이고 취소불능적인 청약을 말한다. 따라서 확정청약에는 확정적(firm) 또는 취소불능적(irrevocable)이란 문언이 명시되어 있는 경우가 일반적이다. 그러나 그러한 문언이 없는 경우에도 별도의 조건 없이 유효기간이 명시되어 있으면 확정청약에 해당된다. 그러한 문언과 유효기간이 함께 명시되어 있는 경우에도 마찬가지이다.

무역실무에서 일반적으로 많이 사용되고 있는 확정청약의 영문문언 예는 다음과 같다.

* We offer you firm as follows subject to your acceptance arriving us by December 15, 2020.
* We have the pleasure to offer you the following merchandise on the terms and conditions mentioned hereunder subject to your reply here by July 25, 2020.
* This offer is valid until October 15, 2020 our time.

확정청약은 「비엔나 협약」 제16조 제2항에 규정되어 있는 바와 같이 확정적·취소불능적 청약이기 때문에 유효기간 중에는 청약자가 임의로 이를 취소하거나 변경할 수도 없으며, 피청약자의 무조건적 승낙(unconditional acceptance)이 있으면 청약자는 청약의 내용대로 계약을 이행하여야 할 의무를 진다.

그러나 확정청약인 경우에도 그 확정청약에 대한 취소의 통지(notice of cancellation)가 확정청약의 도달 전 또는 확정청약의 도달과 동시가 피청약자에게 도달하는 경우에는 당해 확정청약은 철회(withdrawal)될 수 있다.

(2) 자유 청약(free offer)

자유청약이란 청약자의 청약이 확정적이지도 않고 취소가능적인 청약을 말한다. 자유청약에는 승낙의 유효기간이나 확정적(firm)이라는 문언이 없다. 그래서 이를 불확정청약이라고도 한다. 자유청약의 경우에는 피청약자로부터 승낙의 통지를 받기 전까지는 청약자(offerer)가 청약의 내용을 일방적으로 철회하거나 변경할 수 있다. 그러나 자유청약도 청약의 일종이므로 철회 또는 변경 전에 피청약자가 이를 무조건 승낙해오면 청약자는 청약의 내용대로 계약을 이행하여야 할 의무를 진다.

무역실무에서 일반적으로 많이 사용되고 있는 자유청약의 영문 예는 다음과 같다.

* We offer you the following goods on the terms and conditions mentioned hereunder.
* We are pleased to offer you the under mentioned goods on the terms and conditions specified as follows.

3) 청약의 발행지를 기준으로 한 분류

청약은 그 발행지가 국내인가 아니면 국외인가에 따라 이를 국내발행 청약과 국외발행 청약으로 분류된다. 국내발행 청약이란 국내에서 발행된 청약을 말하며, 국외발행 청약이란 외국에서 발행된 청약을 말한다.

4) 조건부 청약(conditional offer)

조건부 청약이란 청약에 특수한 조건이 붙어 있는 청약을 말한다. 따라서 피청약자가 이를 승낙하는 것만으로는 계약이 성립되지 아니하고 승낙을 받은 청약자의 최종확인(final confirmation)이 있어야만 비로소 계약이 성립된다. 따라서 조건부 청약은 엄격한 의미의 청약은 아니며, 실질적으로는 청약의 권유에 불과한 것이다. 그럼에도 불구하고 무역현장에서는 이 같은 조건부 청약도 실제로 이용되고 있다.

(1) 청약자의 최종확인 조건부 청약

청약자의 최종확인 조건부 청약(offer subject to offerer's final confirmation)이란 피청약자의 승낙에 대하여 청약자가 이를 최종 확인하는 경우에만 계약이 성립될 수 있도록 하는 특수조건이 붙어 있는 청약인데, 이를 sub-con offer라고 약칭하기도 한다. 이 경우에도 청약자는 언제든지 청약의 내용을 철회하거나 변경할 수 있다.

(2) 시황조건부 청약

시황조건부 청약(offer subject to market fluctuation)이란 시장의 상황에 따라 시가의 변동이 심한 급변하는 상품을 매매하려는 청약자가 이용하는 청약으로서 사실상 "시황의 변화에 따라 청약의 내용을 수시로 변경할 수 있을 뿐만 아니라 언제든지 그 취소가 가능하다"는 취지의 특수조건이 붙어 있는 청약이다.

(3) 선착순 판매조건부 청약

선착순 판매조건부 청약(offer subject to prior sale)이란 재고조건부 청약(offer subject to being unsold)라는 말과 같으며, 이들은 상호 교환적으로 사용된다. 이 청약은 청약자가 한정된 수량의 상품을 처분하기 위하여 다수의 피청약자에게 동시에 발송하는 청약인데 사실상 "상품의 매진과 동시에 청약의 효력이 소멸한다"는 취지의 특수조건이나 또는 "상품이 매진되지 아니하고 재고가 있는 경우에만 청약으로서의 효력을 갖는다"는 취지의 특수조건이 붙어 있는 청약이다.

(4) 반품허용조건부 청약

반품허용조건부 청약(offer on sale or return)이란 청약자가 일단 물품을 미리 송부하면 피청약자가 이를 판매하되 단 팔지 못한 잔품은 다시 반품할 수 있는 조건의 청약을 말한다. 이는 잡화류나 서적 및 신상품 또는 다량의 재고가 쌓여 있는 상품 등의 위탁판매에 주로 이용된다.

(5) 점검조건부 청약

점검조건부 청약(offer on approval)이란 청약자가 물품을 미리 송부하면 피청약자가 이를 받아서 점검해 보고 그 결과 구매의사가 있으면 그 대금을 지급하되 그렇지 않으면 반품해도 좋다는 조건의 청약을 말한다.

5) 무약정 청약(offer without engagement)

무약정(無約定) 청약이란 계약의 성립에 관한 확약이 없는 청약이다. 무 약정 청약의 경우에는 비록 피청약자의 승낙이 있더라도 곧바로 계약을 성립시키지 못하는 청약이며, “청약자는 청약의 내용을 피청약자에게 사전통지 없이 변경할 수 있을 뿐만 아니라 언제든지 취소할 수도 있다.”는 내용의 특수조건이 붙어 있는 청약이다.

6) 크로스 청약

크로스 청약(cross offer)이란 우리말로 교차청약이라고도 하는데, 이는 청약자와 피청약자 상호간에 동일한 내용의 청약이 상호 교차되는 청약을 말한다. 우연의 일치로 동일한 당사자간에 동일한 내용의 청약이 동시에 교차하여 행해지는 경우이다. 이러한 경우에는 양당사자의 의견이 일치하기 때문에 계약이 성립될 수 있다는 사실에는 의심의 여지가 없다고 볼 수 있다.

7) 카운터 청약

카운터 청약(counter offer)는 우리말로 반대청약 또는 수정청약이라고 부른다. 말 그대로 청약자의 청약에 대하여 피청약자가 청약내용의 변경 또는 추가 등 새로운 조건을 제의해 오는 청약을 카운터 청약이라 한다. 카운터 청약은 원 청약(original offer)에 대한 거절임과 동시에 새로운 청약이 된다. 따라서 원 청약은 카운터 청약에 의하여 소멸된다.

무역실무에서 일반적으로 많이 이용되고 있는 카운터 청약의 영문 예는 다음과 같다.

"Your offer dated January 15 is too high in price. We can accept your offer at US $25 per set CIF Yokohama."

3. 무역 청약의 효력

1) 청약의 효력이 발생되는 시기

청약의 효력은 일반적으로 그것이 피청약자에게 도달하였을 때에 비로소 그 효력이 발생한다. 왜냐하면 청약은 피청약자에게 도달하지 않으면 청약자의 청약내용을 상대방이 알 수 없기 때문이다. 영미법에서도 청약의 효력발생시기는 피청약자에게 도달해야 한다는 도달주의 입장을 대체로 취하고 있고, 우리나라의 민법에서도 "상대방 있는 의사표시는 그 통지가 상대방에게 도달한 때로부터 그 효력이 생긴다"고 규정되어 있다. 프랑스, 독일, 일본 등 대륙법계 국가에서도 도달주의 원칙이 준수되고 있다. 주요 준거법 별 청약의 효력발생시기를 요약·정리하면 다음 〈표 5-1〉과 같다.

〈표 5-1〉 준거법 별 청약의 효력발생시기

준거법	한국법	일본법	미국법	영국법	독일법	프랑스법	비엔나협약
효력발생	도달주의	도달주의	도달주의	도달주의	도달주의	도달주의	도달주의

2) 청약의 효력이 소멸되는 경우

일반적으로 다음의 경우에는 청약의 효력이 소멸한다.

① 적법한 청약이 아닌 경우,

② 청약자가 청약을 철회 및 취소한 경우,
③ 피청약자가 청약을 거절 또는 카운터 청약한 경우,
④ 청약의 유효기간 또는 상당한 기간이 경과할 경우,
⑤ 청약 당사자가 사망한 경우 등

적법한 청약이 아닌 경우란 예컨대 상대방 없는 청약이나 또는 법률적 행위능력이 없는 자의 청약 등을 말한다. 이러한 청약은 원인행위가 무효이므로 청약으로서의 효력이 인정되지 않는다. 앞에서 안급한 바와 같이 청약의 의사표시가 피청약자에게 일단 도달한 이상 청약자는 확정청약인 경우 이를 자의적으로 취소할 수 없지만 자유청약인 경우는 이를 임의로 취소할 수 있다.

철회(revocation) 및 취소할 경우 청약자의 철회 및 취소의 의사표시는 언제부터 유효한가? 이점에 대하여 영미법은 물론 대륙법계에서도 철회 및 취소의 통지가 피청약자에게 도달한 때부터 당해 청약은 철회 및 취소되는 것으로 보고 있다. 따라서 피청약자가 청약자로부터 철회 및 취소의 통지를 받기 전에 승낙된 청약은 계약을 성립시키게 된다.

청약을 접한 피청약자가 청약을 거절한 경우에는 청약의 효력이 소멸한다. 또한 피청약자가 접한 청약내용의 일부를 변경 또는 보완하여 주면 승낙하겠다는 취지의 카운터 청약(counter offer)를 한 경우에도 원 청약(original offer)의 효력은 소멸한다. 왜냐하면 카운터 청약은 새로운 또 다른 청약으로 간주되기 때문이다.

확정청약인 경우에는 거기에 유효기간(validity of offer)이 명시되어 있다. 그런데 문제는 그러한 기간이내에 승낙의 의사표시가 청약자에게 도달되어야 되는 것인지 아니면 발신만으로 효력이 있는 것인지에 대하여 다툼의 여지가 있으므로 다음과 같은 문언으로 이를 청약에 명백히 규정해 둘 필요가 있다.

① This offer is valid until October 15, 2020 our time.
② We offer you firm subject to your acceptance arriving here by October 15, 2020.

또한 유효기간이 명시되어 있지 않은 자유청약인 경우에도 그것이 무한정 유효한 것으로는 볼 수 없을 것이다. 이점에 대하여 다수국의 입법은 "상당한 기간" 또는 "합리적인 기간" 이내에 승낙하면 유효하게 계약이 성립한다는 취지를 규정하고 있다.

한편 청약 당사자가 사망한 경우에도 청약의 효력은 소멸하는 것으로 해석하는 것이 영미법계의 시각이다. 그러나 우리나라를 포함하는 대륙법계에서는 청약의 당사자가 사망한 경우에도 청약의 효력에는 영향이 없는 것으로 보고 있다.

4. 무역 청약의 기재사항

무역 청약의 형식에는 어떤 정형의 틀이 있는 것은 아니다. 따라서 당사자의 취향이나 거래대상 품목 및 거래방식 등에 따라 그 내용이나 형식을 다양하게 하여 사용할 수 있다. 그러나 무역현장에서 사용되고 있는 청약은 그 내용이나 형식이 사실상 거의 대동소이하다. 주요 기재사항을 다음에 예시한 청약의 양식에 따라 차례대로 설명해 보면 다음과 같다.

① 청약발행자의 회사명과 주소 등

② 청약의 번호

③ 청약 수신자 즉 피청약자의 상호

④ 청약 발행 연 월 일

⑤ 청약한다는 취지의 의사표시와 청약의 종류표시

청약에는 "offer sheet"라는 제목과 함께 청약한다는 취지의 문구를 기재하되 청약의 종류를 명확히 표시하여야 한다.

예컨대 확정청약인 경우에는 "We are pleased to offer you firm the undermentioned goods as per conditions and details described as follows"와 같이 기술한다.

⑥ **원산지(origin)**

원산지에 따라 관세가 다르게 적용될 뿐만 아니라 상품가격이 다르므로 원산지 표시는 청약의 주요 내용이 된다. 원산지는 일반적으로 국가 명을 기재하되 포도주나 단감과 같이 같은 국가 내에서도 지방에 따라 품질과 가격이 다른 경우에는 국가 명에 지방 명을 추가하여 원산지를 표기하는 것이 좋다.

⑦ **선적일**(shipping date/delivery date)

물품매매에 있어 매매시기를 놓치면 매매가 불가능하게 되거나 손실을 감수해야 할 사태가 발생할 우려도 있으므로 청약에는 언제까지 선적하겠다는 약속을 하여야 한다.

실무에서는 선적기간이 무조건 빠르다고 하여 수입업자에게 유리한 것만은 아니다. 물품이 판매될 때까지 재고비용이 발생할 수 있기 때문이다. 따라서 판매를 위하여 적정한 기간에 물품이 선적되어 수입지에 도착하여야 한다. 특히 상품수명주기가 짧은 상품이나 계절상품의 경우에는 적기에 물품을 선적하는 것이 매우 중요하다.

⑧ **선적항**(shipping port)

선적항을 표기할 때는 국제적인 표준표기방법에 따라 항구 명과 국가 명을 병기하여 표기하는 것이 좋다.

⑨ **대금결제방법**(payment)

대금결제방법을 송금방식, 신용장방식, 추심방식, 일람불 어음방식, 기한부 어음방식 및 다른 특수한 방법 중 어느 방법으로 할 것인가를 결정하여 명기해야 한다.

⑩ **유효기간**(validity)

국제상품의 시세변화에 따라 청약한 상품의 가격도 변할 수 있으므로 청약한 가격은 언제까지 유효하다는 유효기간을 표시하여야 한다. 청약한 상품가격보다 국제시세가 오르게 되면 청약에 대한 승낙이 쇄도할 것이다. 이때 원자재 가격도 오를 것이므로 청약한 가격이 원가를 충당하지 못하게 될 우려가 있다. 반대로 매입청약의 경우 청약의 상품가격보다 국제시세가 하락하면 국제시세보다 비싼 가격으로 구매하게 되므로 손실이 발생한다. 따라서 유효기간을 장기로 할 수 없으며 짧은 유효기간 내에 승낙을 유도하려고 한다. 원맥 등 1차산품에 대한 청약의 유효기간은 대체로 1주일 이내이다. 확정청약인 경우에는 반드시 유효기간이 표시되어 있어야 한다.

⑪ **포장방법**(packing)

국제무역 상품은 운송도중의 위험에 대비하여 특별한 방법 또는 수출표준포장(export standard packing)방법에 따라 포장하여 운송하여야 한다. 청약에 명시된 포장방법에 대하여 수입업자가 확신할 수 있어야 물품의 안전한 도착을 기대하고 청약에 응할 것이다.

포장방법을 표시하는 영문 예는 다음과 같다.

- Standard seaworthy export packing.
- Standard export packing, completely free from moisture and water.
- Each in a vinyl bag, 100 pieces in a carton box.

⑫ **품목 명(commodity)**

품목 명은 유사한 품목과 혼동되지 않도록 구체적으로 기재하여야 한다. 예를 들면 "tubes"라고만 적으면 자동차 튜브인지 자전거 튜브인지 모르므로 "Automobile Tubes"와 같이 품목 명을 구체적으로 분명하게 기재한다.

⑬ **수량(quantity)**

상품수량은 수입업자 측의 판매가능량과 수출업자 측의 공급가능량에 따라 결정되는데 수출업자가 청약할 때는 일정시기에 공급할 수 있는 능력을 전제로 하여야 한다. 공급능력도 없이 청약을 하였다가 수입업자가 전량을 승낙할 경우에는 큰 낭패를 당하기 쉽다. 수량은 개수(pieces), 무게(weight), 길이(length), 용적(measurement)기준으로 단위에 유의하여 구체적으로 청약하여야 한다.

⑭ **단가(unit price)**

청약에서 가장 중요한 항목은 단가이다. 규격에 따라 상품의 용도와 가격이 다르다. 상품규격별로 단가를 청약하여야 한다. 수출과 수입지에서의 판매는 가격경쟁력이 좌우하기 때문에 수출채산성도 중요하지만 수입지에서 청약가격으로 판매가 가능한지의 여부가 더 중요하다. 물론 당사자는 반대청약(counter offer)를 수 차례 반복하면서 가격의 흥정을 시도하게 되겠지만, 그러나 첫 번째 청약에서 수입업자의 관심을 끌지 못하면 청약은 더 이상 진행되지 않는 것이 보편적이다.

단가를 표시할 때 통화표시를 분명히 하여야 하는데 환율변동에 따라 환차손이 발생될 수 있으므로 거래통화를 어느 통화로 할 것인지를 신중하게 검토하여 결정해야 한다.

⑮ **총 금액**(total amount)

수량에 단가를 곱한 총 금액을 기재한다.

⑯ **가격거래조건**(price terms)

INCOTERMS 2020상의 해당조건을 기재한다. 이에 관한 보다 자세한 내용은 제7장의 INCOTERMS 2020의 정형무역 거래조건을 참조할 것.

⑰ **승낙자**(offeree)

청약을 받은 피청약자가 청약을 승낙하고 서명한다. 실무에서 피청약자는 주로 수입상이 된다.

⑱ **청약 발행자**(offerer)

청약을 발행한 자가 서명한다. 수입상이 청약을 발행하는 경우도 있지만, 실무에서 청약은 주로 수출상이 발행한다.

〈서신 5-1〉 무역 청약의 예

① WOOSUNG GENERAL TRADING CO., LTD.
I.P.O. Box No. 1321, Tel : (0551) 49-2436, Fax : (0551) 49-1234

---

② Offer Sheet No. WOO1234
③ Messers. Ojaki Industries Company
④ October 15, 2020

Gentlemen

⑤ We are pleased to offer you firm as follows subject to your reply being arrived here October 10, 2020.
⑥ Origin : Republic of Korea
⑦ Shipment : within 30 days after receipt of your L/C.
⑧ Shipping port : Pusan, Korea
⑨ Payment : By an Irrevocable at sight L/C to be issued in our favour.
⑩ Validity of offer : By October 30, 2020.
⑪ Packing : Standard Export Packing

Item	⑫ Commodity & Description		⑬ Quantity	⑭ Unit Price	⑮ Total Amount
	AUTOMOBILES TUBES		⑯ CIF YOKOHAMA, JAPAN		
	SIZE	VALVE			
	550-13	TR13	2,100 PCS	@US $ 1.80	US $3,780.00
	600-14	TR13	3,900 PCS	1.90	7,410.00
	TOTAL :		6,000 PCS		US $ 11,190.00

Yours sincerely

⑰ Accepted by : ____________ ⑱Woosung General Trading Co., Ltd.
Date of Acceptance ____________ ____________________

〈서신 5-2〉 무역 청약의 예

OFFER SHEET NO. 1234

October 5, 2020

Messrs. Woosung General Trading Co., Ltd.

Gentlemen

We are pleased to offer you the following merchandise on the terms and conditions hereunder mentioned subject to reply here by September 31, 2010. This offer is subject to our final confirmation.

Sample No. (Code–Word) Commodity & Description	Unit price	Quantity	Amount (Remarks)
TRANSISTOR PORTABLE S–500 TAPERECORDER 4 transistor, 1 Diode with earphone, microphone, battery, carrying leather case. (Details as per catalog submitted)	CIF Inchon Per Set US $ 280.00	200 sets	US Dollar 56,000.00

Packing : In Iron hooped wooden case containing 50 sets each.
Validity : November 20, 2020
Shipment : By the end of October 30, 2020 subject to your order received before October 10, 2020
Payment : By an irrevocable, confirmed L/C at sight to be issued in our favor immediately after our confirmation of sale.
Others : Ocean freight prepaid; Insurance to be covered by shipper on ICC(A) including war risk.

Yours very truly

Nansei Industrial Co., Ltd.

Sunggun Kim

Sung–gun Kim
Export Director

Ⅱ. 무역 청약의 승낙

1. 승낙이란?

무역 청약의 승낙(acceptance)은 무역계약의 성립요건으로서, 피청약자(offeree)가 청약에 응하여 계약을 성립시키려는 의사를 청약자(offerer)에게 알리는 피청약자의 의사표시이다. 다시 말하면, 승낙이란 청약자의 청약에 동의한다는 피청약자의 절대적이며 무조건적인 의사표시를 말한다. 이러한 승낙의 효력이 발생한과 동시에, 청약자와 피청약자 간에는 무역계약이 성립되는 것이다.

영미법에서는 무역계약의 성립에 「경상의 원칙(mirror image rule)」을 적용하고 있다. 경상의 원칙이란 청약의 내용을 변경함이 없이 그대로 수락하는 승낙(acceptance)만을, "계약을 성립시키는 승낙"으로 본다는 원칙을 말한다.

계약을 성립시키지 못하는 승낙, 다시 말하면 승낙의 효력을 발생시키지 못하는 승낙은 다음의 예시와 같다.

① 승낙 시 어떠한 조건을 붙인 조건부 승낙,
② 청약의 내용을 일부 변경시킨 승낙,
③ 청약자가 지정한 승낙방법에 따르지 아니한 승낙,
④ 청약자가 지정한 승낙의 기간을 지키지 아니한 승낙 등.

2. 승낙의 방법

청약에 대한 승낙의 방법이 지정되어 있는 경우에는 지정된 방법으로 청약을 승낙하여야 한다. 그러나 승낙의 방법을 청약자가 당해 청약에서 특별히 지정하지 아니한 경우 이를 승낙하고자 하는 피청약자는 어떤 방법으로 승낙하여야 되는가?

무역업계에서는 청약 시에 승낙의 방법이 지정되어 있지 아니한 경우, 피청약자는 보통 청약이 행해진 방법과 동일한 통신수단으로 승낙의 통지를 하여야 된다. 예컨대, ① 전신(telex, facsimile)으로 온 청약에 대하여는 전신으로 승낙의 통지를 하여야 하며, ② 항공우편으로 온 청약에 대하여는 역시 항공우편으로 승낙의 통지를 해야 된다.

그렇지 않을 경우에는 청약자가 승낙의 효력을 부정할 수 있으며, 그렇게 되면 피청약자가 한 승낙은 그 효력이 부정될 수도 있기 때문이다. 예컨대 청약당시에 비해 승낙당시에 청약한 상품의 국제 또는 국내시세가 현저하게 상승하게 되면 청약자는 가능한 한 승낙을 거절하는 것이 금전적으로 유리할 수 있기 때문이다.

3. 승낙의 효력

「비엔나 협약」에서는, 승낙을 "청약에 대한 동의(assent to an offer)를 표시하는 피청약자의 진술(statement) 또는 기타의 행위(conduct)"라고 정의하고 있으며, 또한 "침묵 또는 무위(silence or inactivity) 그 자체는 승낙으로 되지 아니한다"라고 규정하고 있다.

또한 「비엔나 협약」에 따르면, 청약에 대한 승낙은 피청약자의 청약에 대한 동의의 의사표시가 청약자에게 도달하는 순간에 그 효력이 발생한다. 그리고 확정청약(firm offer)에 대한 승낙은, 피청약자의 승낙회답기간 이내에 그 청약에 대한 동의의 의사표시가 청약자에게 도달하지 아니하는 경우에는, 그 효력이 발생하지 아니한다. 피청약자의 승낙회답기간이 특정되어 있지 아니한 자유청약(free offer)에 대한 승낙은, 제반 사정을 충분히 고려한 상당한 기간(reasonable time) 이내에 그 청약에 대한 동의의 의사표시가 청약자에게 도달하지 아니하는 경우에는 그 효력이 발생하지 아니한다. 구두청약(oral offer)에 대한 승낙은 별도의 언급이 없는 한 구두청약 시에 즉시 승낙의 의사표시를 하여야만 그 효력이 발생되는 것으로 간주된다. 그러나 이 경우에는 후일의 입증을 위하여 그러한 사실을 문서화 해 두는 것이 후일의 분쟁예방을 위해 좋다.

그렇지만, 만일 청약의 규정에 의거하거나 또는 당사자간에 확립된 관행 혹은 관습의 결과로서, 피청약자가 청약자에게 통지 없이 물품의 발송 또는 대금의 지급에 관련된 행위를 이행함으로써 동의의 의사표시를 할 수 있는 경우라면, 승낙은 그러한 행위가 이행되는 순간에 그 효력이 발생한다. 다만, 그러한 행위가 확정청약에 대한 승낙인 경우에는 승낙회답기간 이내에, 그리고 자유청약에 대한 승낙인 경우에는 상당한 기간 이내에 이행되는 경우에 한한다.

위에서는 「비엔나 협약」을 중심으로 승낙의 효력에 관하여 설명하였지만, 승낙의 효력발생시기에 관한 각국의 입법 예는 동일하지 않으므로 주의하여야 한다. 특히 영미법과 일본 및 한국 민법에서는, 격지자간의 무역거래 시 승낙의 효력발생시기에 관하여 우편이나 전보의 경우에는 "발신주의"를 대면, 전화, 텔렉스, 펙스 등의 경우에는 "도달주의"를 채택하고 있다. 발신주의에 따르면, 피청약자의 승낙의 의사표시는 발신된 때에 그 승낙의 효력이 발생한다. 한편, 독일법과 「비엔나 협약」에서는 무조건 "도달주의"를 채택하고 있다. 도달주의에 따르면, 피청약자의 승낙의 의사표시는 청약자에게 도달한 때에 그 승낙의 효력이 발생하게 된다. 또한 승낙의 효력발생시기에 관하여 "요지주의"를 채택하고 있는 국가도 있는데, 요지주의에 따르면 피청약자의 승낙의 의사표시는 청약자에게 도달한 후 현실적으로 청약자가 그 내용을 알게된 때에 그때부터 승낙의 효력이 발생한다는 것이다.

주요 국가별로 승낙(acceptance)의 효력발생시기를 요약·정리해보면 다음의 표와 같다.

〈표 5-2〉 국가별로 승낙의 효력발생시기

통신수단 \ 국별		한국법	일본법	미국법	영국법	독일법	프랑스법	비엔나협약
대화자간	대화	도달주의	도달주의	도달주의	도달주의	도달주의	도달주의	도달주의
	전화	〃	〃	〃	〃	〃	〃	〃
	텔렉스	〃	〃	〃	〃	〃	〃	〃
	팩스	〃	〃	〃	〃	〃	〃	〃
	EDI	〃	〃	〃	〃	〃	〃	〃
격지자간	우편	발신주의	발신주의	발신주의	발신주의	도달주의	도달주의	도달주의
	전보	〃	〃	〃	〃	〃	〃	〃

이상과 같이 청약에 대한 승낙의 효력발생 시기는 법역(法域)에 따라 일치하지 않을 수 있다. 그러므로 청약을 승낙하였음에도 계약이 성립되지 않아 수출 또는 수입 기회를 놓쳐버리게 되는 경우도 있을 수 있게 된다. 이러한 문제의 요인을 없애기 위해서도 청약상에는 반드시 승낙의 효력발생시기를 명확히 지정해 두는 것이 좋다. 예컨대 "We offer you firm as follows and this offer is valid by December 15."과 같은 문언이 명기된 청약의 발행을 지양하고, "We offer you firm as follows subject to your reply arrived here by December 15."과 같이 승낙의 효력발생시기를 명확히 지정하여 청약을 발행하여야 한다.

4. 승낙기간의 기산점

일반적으로 청약에는 청약의 유효기간 즉 그 승낙기간이 정해져 있다. 이처럼 청약의 승낙기간이 구체적으로 정해져 있는 경우에는 승낙기간의 기산점은 문제되지 않는다. 왜냐하면 승낙기간의 기산점과 관계없이 피승낙자는 정해진 청약의 유효기간 이내에 승낙하면 되기 때문이다.

그런데 어떤 청약의 경우에는 승낙기간의 기산점이 문제되는 경우도 있다. 예컨대 "We offer you firm as follows and this offer is valid for five days."와 같은 문언만이 명기되어 있을 뿐 언제부터 3일간 유효하다는 언급이 없는 청약을 받은 경우, 피청약자는 과연 언제부터 3일간 이 청약이 유효하다는 말인지 의문이 생기되 된다.

이 같은 청약에 대해 피청약자가 승낙을 해야되는 기간(period of time for acceptance), 즉 승낙기간의 기산점에 관하여는 「비엔나 협약」 제20조에 규정되어 있다. 이 규정에 따른 피청약자의 승낙기간의 기산시점은 다음과 같다.

① 전보(telegram)로 확정청약이 발신되는 경우에는, 그 전보에 명시된 승낙기간의 기산점은 「그 전보가 발신을 위해 교부되는 순간」부터 기산된다.

② 서신(letter)으로 확정청약이 우송되는 경우에는, 그 서신에 명시된 승낙기간은 「그 서신에 표시된 일자, 즉 발송일자」로부터 기산되며, 만일 발송일자가 표시되어 있지 않다면, 그 서신의 봉투에 표시된 일자로부터 기산 된다.

③ 전화, 텔렉스, 팩스 또는 기타의 동시적 통신수단에 의하여 확정청약이 행해진 경우에는, 그러한 확정청약에 대한 피청약자의 승낙기간의 기산시점은 「그러한 확정청약이 피청약자에게 도달하는 순간」이 된다.

한편 승낙기간 중의 공휴일(official holiday) 또는 비영업일(non-business day)은 승낙기간에 포함된다. 그러나 승낙기간의 말일이 청약자의 영업소에서 공휴일 또는 비영업일에 해당되어 승낙의 통지가 그 기간의 말일에 청약자의 주소에 전달될 수 없게 되는 경우, 승낙기간은 그 말일 다음의 최초영업 일까지 연장된다. 그러나 승낙기간의 말일이 피청약자가 소재하고 있는 지역의 공휴일 또는 비영업일에 해당되는 경우에 승낙기간은 다음 최초의 영업일까지 자동 연장되지 않는다. 예컨대 어떤 청약의 승낙기간의 말일이 10월 3일이고 피청약자가 우리나라에 있는 경우 전보 또는 텔렉스에 의한 승낙은 10월 2일까지 이루어져야 된다는 말이다.

Ⅲ. 실무상의 유의사항

청약을 승낙한 경우 특히 유의하여야 할 점은 청약에 대한 승낙의 의사표시로서 교환된 문서나 전신 또는 승낙한 청약서(offer sheet)만으로는 완전한 계약이라고 할 수 없다는 사실이다. 왜냐하면 그 합의 내용이 단순하여 만일 후일에 분쟁이 야기될 경우에는 매매당사자간 책임의 소재를 명확하게 구분하기가 어렵게 되기 때문이다.

청약에는 통상적으로 무역계약의 기본적인 사항만이 기재되므로 분쟁이 발생할 경우에 대비하여 청약서장에 기재되어 있는 기본사항 이외에 계약전반을 규율할 수 있는 보다 구체적인 무역계약의 기본조건이 포함된 별도의 계약서를 다시 작성하고 이를 서명하여 각각 1부씩 보관하는 것이 바람직하다. 계약서에는 청약(offer sheet)에 비해 구체적인 사항들이[1] 기재되기 때문이다.

1) 예컨대 ① 계약당사자, ② 계약성립의 확인문언, ③ 품명, 품질 및 규격, ④ 수량, ⑤ 가격, ⑥ 결제방법, ⑦ 선적기일과 선적조건, ⑧ 보험조건, ⑨ 포장조건, ⑩ 하인(貨印), ⑪ 검사, ⑫ 불가항력에 대한 면책조항, ⑬ 무역조건, ⑭ 권리침해, ⑮ 클래임 제기기한, 중재, 준거법 등.

제 6 장

국제무역계약

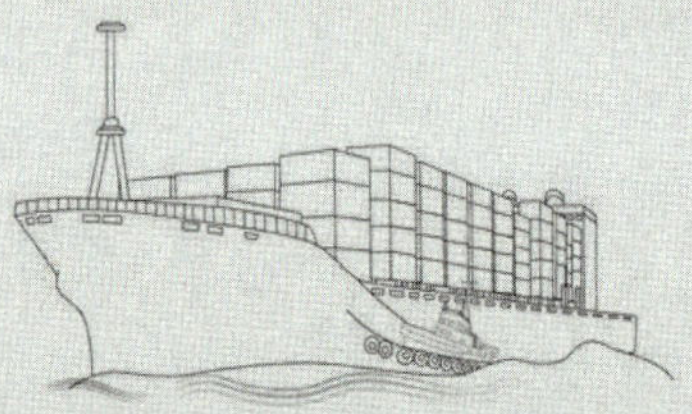

제6장 국제무역계약

Ⅰ. 무역계약의 의의 및 특성

1. 무역계약의 정의

무역계약이란 국제간에 이루어지는 물품의 매매계약(international contract of sale of goods)이다. 즉 무역계약(trade contract)이란 수출입거래를 수행하기 위한 매매계약으로서 매도인(seller)이 매수인(buyer)에게 특정한 물품의 소유권(property in goods)을 이전할 것을 약속하고 매수인은 이를 수령하고 그 대금을 지급할 것을 약정하는 국제간 물품의 매매계약이다.

영국의 물품매매법(Sale of Goods Act: SGA, Ⅱ-2(1))에 따르면, "물품매매계약이라 함은 매도인이 대금이라는 금전적 대가를 받거나 또는 받기로 하고 매수인에게 물품의 소유권을 이전하거나 또는 이전하기로 약정하는 계약을 말한다"라고 정의하고 있다. 또한 미국의 통일상법전(Uniform Commercial Code: UCC, § 2-106(1))에서도 "매매는 대가를 받고 매도인으로부터 매수인에게 권리를 이전하는 것"이라고 규정하고 있다. 그리고 한국의 민법(제563조)도 "매매는 당사자 일방의 재산권을 상대방에게 이전할 것을 약정하고 상대방이 그 대금을 지급할 것을 약정함으로써 그 효력이 생긴다"라고 규정하고 있어서 영미법과 한국법 모두 그 취지가 같다고 할 수 있다.

2. 무역계약의 특성

1) 국제적 계약이다.

무역계약은 국제계약이다. 국제계약이란 法域이 서로 다른 국가 간에 성립되는 계약이란 말이다. 지구상의 모든 국가는 제각기 별도의 무역관리시스템을 가지고 있다. 그러한 양 당사국으로부터 수출 또는 수입승인을 받아야만 무역계약은 비로소 유효하게 된다.

한편 계약당사자는 준거법을 지정할 수 있는데 지정하지 않았을 때에는 일반적으로 무역관습 및 국제규칙의 제 규정이 적용된다.

2) 물품의 국제간 이동을 전제로 한 계약이다.

무역계약은 국제간의 물품매매계약이므로 물품을 수출국에서 수입 국으로 이전시켜야 한다. 따라서 국제무역계약에는 물품의 운송과 운송과정에 있어서의 보험 등에 대한 내용이 포함된다.

3) 국제간 물품의 매매계약이다.

무역계약은 국제간의 물품매매계약이므로 계약의 대상은 물품(goods)이다. 물품의 정의에 대해서는 국가별로 다르다.

영국의 물품매매법에 의하면 "물품(goods)은 무체동산(things in action)과 금전을 제외한 모든 순수동산(chattels personal)을 포함하며, 스코틀랜드에서는 금전 이외의 모든 유체동산(corporal moveables)을 포함한다고 정의하고 있다.

한편 미국의 통일상법전에서는 "물품(goods)이라 함은 매매계약을 체결할당시에 이동시킬 수 있는 것으로서 지급수단인 금전, 투자증권 및 무체동산 이외의 특히 제조품을 포함한 모든 것을 말하며, 동물의 태아, 성장중의 수확물, 기타 부동산에 부착한 특정물로서 부동산으로부터 분리될 수 있는 것을 포함한다"고 규정함으로써 영국법의 경우보다 상세하게 물품의 정의를 내리고 있다.

그러나 비엔나협약(Vienna Convention)이라고 일컫는 국제물품매매계약에 관한 유엔협약(United Nations Convention on Contracts for the International Sale of Goods)에서는 물품의 정의를 내리지 않고 있다. 한국민법 제98조는 "본법에서 물건이라 함은 유체물 및 전기 기타 관리할 수 있는 자연력을 말한다"고 정하고, 한국민법 제99조에는 "토지 및 그 정착물은 부동산이며, 부동산 이외의 물건은 동산"이라고 규정하고 있다.

이상과 같은 정의를 종합해 볼 때, 영미법에서와 같이 무체동산(thing in action)은 채권이나 소송청구의 목적물과 같이 소유자가 현재 점유하고 있지 아니한 동산을 의미하며, 유체동산(things in possession)은 소유자가 현재 점유하고 있는 동산을 말한다고 할 수 있다. 따라서 물품매매계약상의 물품에 해당될 수 있는 것은 유체동산에 국한되는 것으로 보아야 할 것이다.

이와 같이 유체동산이 매매계약의 목적물로 되는 경우에는 그것이 계약 당시 이미 매도인이 소유 또는 점유하고 있는 현물(existing goods)이거나 계약체결 후 매도인이 제조 또는 취득할 물품, 즉 선물(future goods)도 해당될 수 있다.

4) 합의계약이다.

무역계약은 합의계약(consensual contract)이다. 합의계약이란 일방의 청약(offer)에 대하여 상대방이 승낙(acceptance)함으로써 성립되는 계약을 말한다. 따라서 무역계약은 계약자유의 원칙에 따라 수출입업자 당사자간에 자유의사에 의한 상호협의에 의해서만 성립된다. 즉, 당사자간의 합의를 최우선으로 하는 계약자유의 원칙(principles of the freedom of contract)이 적용된다. 그러므로 일방의 강압에 의한 무역계약은 당연히 무효이다.

5) 쌍무계약이다.

무역계약은 쌍무계약(bilateral obligation contract)이다. 쌍무계약이란 무역계약이 성립되면 그와 동시에 계약당사자는 계약의 이행에 따른 의무와 권리를 상호 부담하는 계약을 말한다. 매도인은 계약내용과 법률의 규정, 관습에 따라 목적물품을 인도하며 그 물품에 대한 소유권을 이전하고 서류제공의 의무가 있다. 매수인은 당사자간에 약정된 계약내용에 따라 대금을 지급하고 목적물품을 수령할 의무를 진다. 증여와 같이 당사자 일방만이 의무를 부담하게 되는 편무계약(unilateral obligation contract)과는 구별된다.

6) 유상계약이다.

무역계약은 유상계약(remunerative contract)이다. 유상계약이란 일방의 급부(給付)에 대한 타방의 반대급부가 필연적으로 전제되는 계약을 말한다. 즉 계약당사자가 서로 대가적 관계에 있는 급부를 목적으로 하는 계약을 말한다. 물품매매계약에서는 우선 쌍방의 채무를 발생하게 하고 급부도 서로 대가를 이루어 그 대가의 보상으로서 금전지급을 원칙으로 한다. 따라서 셀러의 물품제공에 대하여 바이어는 그 대가로 대금을 지급하여야 한다.

7) 상징적 인도계약이다.

무역계약은 약정물품의 상징적 인도(symbolic delivery)를 전제로 하는 계약이다. 상징적 인도란 현품이 직접 인도되는 현실적 인도(actual delivery)와는 달리 매수인에게 현품을 직접 인도하는 것이 아니라 현품 대신에 관련 서류를 인도하는 것을 말한다. 당사자가 서로 멀리 떨어진 곳에 있다는 무역의 특성 때문에 무역계약도 계약물품의 현실적 인도가 아닌 상징적 인도를 주로 하기 때문에 물품 그 자체보다는 선적서류의 중요성이 더욱 크다.

8) 불요식 계약이다.

무역계약은 불요식 계약(不要式 契約, informal contract)이다. 불요식 계약(informal contract)이란 요식에 의하지 아니하고 문서나 구두(oral)에 의한 명시계약(express contract)이나 묵시계약(implied contract)도 계약이 성립된다는 것이다. 물품매매계약에 있어서는 청약과 승낙자체는 반드시 서면으로 입증할 필요는 없고 증인에 의해 입증해도 된다.

무역계약은 자유계약(free contract)으로 단순계약(simple contract)이나 날인계약(contract under seal)도 좋다는 의미이다. 따라서 무역계약은 계약형식상의 자유, 계약내용이나 계약상대방 선택의 자유가 있다. 이처럼 무역계약에서는 계약을 매매당사자의 자유의사에 맡겨 당사자의 합의를 최우선으로 존중하고 시인한다는 이른바 계약자유의 원칙(principles of the freedom of contract)이 적용된다. 이 같은 계약자유의 원칙도 공서[1](public order) 및 법의 강행규정에 위배되지 않아야 함은 물론이다.

3. 무역계약의 종류

1) 개별계약

개별계약이란 어떤 품목에 대한 거래가 성립되면 그때그때 그 품목별 거래에 대하여 개별적으로 계약서를 작성하고 그 계약에 대한 거래가 종료되면 그것으로 계약이 종료되는 것이다. 개별계약은 계속거래가 아니고 한 번의 거래로서 끝이 나는 계약 또는 복잡한 기계나 플랜트 수출의 경우에 많이 이용된다.

2) 포괄계약

포괄계약이란 기본계약이라고도 하며 어떤 품목에 대하여 계속적, 반복적으로 거래할 필요가 있을 때 일정기간 또는 일정금액에 대하여 계약서를 작성하고 필요할 때마다 발주(發注)에 의하여 선적해 주는 경우에 사용되는 계약으로서 매매당사자가 오랫동안 거래관계를 유지하였거나 또는 일정한 양의 동질의 물품이 일정기간 반복적으로 선적되는 경우에 개별계약의 불편을 덜기 위해 일괄 작성되는 형식의 계약이다.

---

1) 공서양속(公序良俗, public order): 공공의 질서와 선량한 풍속. 공공의 질서는 국가 또는 사회의 질서를 뜻하고, 선량한 풍속은 사회의 일반적인 도덕관념을 뜻한다. 이념상으로는 양자의 개념이 구별되지만 법령 속에서는 양자가 합쳐져 사용되고 있어 특별히 구별할 필요는 없다. 공서양속은 한국의 경우 구 「민법」에서 사용되던 용어로 현행 「민법」 제103조는 "선량한 풍속 기타 사회질서에 위반한 사항을 내용으로 하는 법률행위는 무효로 한다."고 규정하고 있다.

3) 독점계약

독점계약이란 어떤 품목의 수출입에 대하여 매도자는 수입국의 지정수입업자 이외에는 같은 품목을 청약하지 않으며 구매자는 같은 품목을 수출국의 다른 수출업자들로부터 수입하지 않겠다는 조건으로 이루어지는 계약을 말한다. 독점계약은 계약내용도 중요하지만 계약당사자는 공히 신의성실의 원칙에 의하여 독점계약의 내용을 준수하여 이행해야 된다.

Ⅱ. 무역계약의 성립과 효력

1. 무역계약의 성립

1) 무역계약의 성립절차 및 단계

여기에서는 무역계약이 어떠한 절차 및 단계를 거쳐 성립되는가에 대하여 이제까지 공부한 내용을 요약하여 살펴보고자 한다.

앞에서 고찰한 바와 같이 청약자(offerer)의 청약에 대한 피청약자(offeree)의 승낙은 바로 무역계약을 성립시킨다. 다시 말하면 무역계약은 매매당사자간에 여러 단계의 절차를 거쳐 성립되는 경우도 많지만, 실무적으로는 보통 거래제의(business circular)의 단계를 거쳐 비즈니스 조회(business inquiry)에 따른 답신과 그에 따른 청약자의 청약(offer)과 피청약자의 승낙(acceptance)으로 매매계약이 성립된다.

거래의 제의를 위해서는 우선 국제마케팅(international marketing)에 대한 전략을 수립하고, 해외시장조사를 통하여 유망한 목적시장(prospective target market)을 결정한 후, 동 시장 내에서 영업하고 있는 비즈니스 파트너(business partner)의 후보를 물색한다. 비즈니스 파트너 후보를 물색하는 방법에 대해서는 앞에서 고찰한 바 있다. 그렇게 발굴한 비즈니스 파트너의 후보에 대해서는 신용상태(credit standing)를 면밀하게 조사하여야 한다. 이 같은 신용조사를 통해 옥석을 가린 후, 그렇게 하여 엄선된 유망한 비즈니스 파트너에게 거래제의를 한다.

관심 있는 고객으로부터 비즈니스 조회(business inquiry)를 받은 경우에는 감사의 표시와 함께 신속하게 회신하여야 한다. 이 때 청약자는 보통 서신이나 전신으로 청약하게 되는데, 일반적으로 가격이나 거래조건의 협상을 위하여 피청약자의 카운터 청약(counter offer)이 여러 차례 오고가는 경우가 많다. 이에 대하여 청약자가 다시 확정청약을 하면 피청약자가 승낙함으로써 계약이 이루어진다. 물론 이와는 달리 인터넷상에 떠있는 청약을 보고 매수인이 주문해 오면 매도인이 이를 그대로 승인함으로써 바로 계약이 성립되는 경우도 있다.

매 거래의 경우마다 다소의 차이는 있지만, 일반적으로 실무에서 무역계약이 성립되는 단계를 그 순서대로 요약하면 다음과 같다.

① 해외시장조사(Overseas market research)
② 유망 목적시장의 선택(Find out prospective target market)
③ 유망 비즈니스 파트너 발굴(Selecting prospective business partner)
④ 신용조사(Credit investigation)
⑤ 거래 제의(Business circular: Business proposal)
⑥ 비즈니스 조회(Business inquiry and reply)
⑦ 청약(Offer)
⑧ 카운터 청약(Counter offer)
⑨ 승낙(Acceptance)
⑩ 무역계약(Trade contract)

2) 무역계약의 문서화

구두계약(oral contract)도 계약이다. 그러므로 무역계약 역시 구두로 이루어질 수 있다. 그러나 후일 타방이 이를 부정할 경우 그 입증이 곤란하다. 따라서 무역계약은 상거래관습의 차이에서 오는 오해의 여지와 후일의 분쟁을 예방하기 위하여 서면으로 작성되어야 한다.

일반적으로 무역계약서는 2부를 작성하여 당사자가 서명한 후 이를 나누어 각각 1부씩 보관한다. 이러한 계약서를 매도인이 작성할 때 매도계약서(sales contract), 매약서(sales note), 또는 주문확인서(confirmation of order)라 하고, 매수인이 작성할 때에는 구매계약서(purchase contract), 매약서(purchase note) 또는 주문서(order)라고 한다.

무역계약서는 매도인이 발행한 청약서(offer sheet)에 대하여 매수인이 그대로 승낙(acceptance)의 서명을 해주거나, 매수인이 발행한 주문서(order sheet)에 매도인이 승낙의 서명을 하는 방법이 있다. 그리고 매도인이 확정청약(firm offer)의 전신이나 서신을 상대방에게 보내고 매수인이 수락의 전신이나 서신을 보냄으로써 계약의 효력을 갖도록 하는 방법이 있다.

또한 무역거래금액이 크거나 앞으로 지속적·반복적 거래가 예상되는 경우 개개의 무역거래를 성립시키기 전에 당사자는 무역거래의 일반적 기준이 될 제반거래조건을 협정하고 이를 문서화해서 상호 서명하여 교환하는 데, 이를 무역조건협정서(Memorandum of Agreement; General Terms and Conditions of Business)라고 한다.

무역계약서는 다음과 같은 내용으로 이루어진다. 즉 무역계약조건 중 품명·품질·규격·수량·가격·선적 등에 관한 사항은 거래 때마다 달라지는 개별거래조항이므로 청약이나 무역계약서 표면에 기재하고 불가항력·무역조건의 해석·클레임 제기기한·중재·준거법 등은 모든 거래에 일반적으로 적용되는 사항이므로 일반거래조건 약정서(Agreement on General Terms and Conditions)의 이면에 인쇄하여 사용한다. 전자를 표면에 타이핑한다고 하여 표면조항 또는 타이핑 조항이라 하고, 후자를 이면에 인쇄한다 하여 이면조항 또는 인쇄조항이라고도 한다.

2. 무역계약의 효력

1) 무역계약의 성립요건

무역계약의 성립요건은 매도인의 의사표시(offer)에 대하여 매수인의 승낙

(acceptance)이 있어야 한다. 따라서 무역계약이 성립되기 위해서는 계약당사자간의 의사표시의 합치, 즉 합의를 필요로 한다. 영미법과 우리나라의 상법에 있어서 계약성립의 제1의 요건은 당사자간의 합의이다. 여기서 합의(agreement)는 당사자간에 상반되는 2개 이상의 의사표시의 합치를 말한다. 이러한 합의는 청약과 승낙으로 이루어지며 우리나라의 민·상법에 있어서도 계약은 청약과 승낙이라는 둘 이상의 의사표시의 합치에 의하여 성립한다고 되어 있다.

2) 무역계약의 유효요건

무역계약의 유효요건이란 무역계약의 목적을 실현하는 데 필요한 실질적 효과를 발생시킬 수 있는 유효성을 말한다. 이러한 실질적 효과를 발생시킬 수 있는 무역계약의 유효요건은 다음과 같다.

(1) 당사자의 행위능력이 있을 것

계약당시에 일방의 당사자가 법률적 행위능력이 없는 자라면 그 계약은 무효이며 그 무효를 이유로 선의의 제3자에게 대항할 수 없다.

(2) 허위의 계약이 아닐 것

매매당사자를 속일 목적으로 체결된 계약은 무효이며, 이것 역시 선의의 제3자에게는 대항할 수 없다.

(3) 계약내용이 확정적일 것

매매계약은 매매당사자간의 완전한 의사의 합치를 의미하므로 계약내용이 확정되지 아니한 불확정 된 계약은 무효이다.

(4) 위법한 계약이 아닐 것

법률에 저촉되는 계약은 무효이다. 예컨대 밀수를 위한 계약과 같이 계약의 내용이 위법한 계약이 아니어야 한다는 말이다.

(5) 계약의 내용이 이행 가능한 것일 것

객관적 현실적으로 보아 도저히 이행 불가능한 내용의 계약은 무효이다. 예컨대 하늘의 별을 따다 주겠다는 것과 같이 실현 불가능한 내용의 계약은 효력이 없다는 말이다.

3. 무역계약의 불이행과 구제

1) 무역계약의 불이행

계약의 불이행은 계약의 내용, 법률의 규정, 관습, 양당사자 간에 확립된 관례 및 신의성실의 원칙 등에 비추어 보아 계약의 정당한 이행을 하지 않는 경우를 말한다.

계약불이행의 형태로는 다음과 같이 ① 이행지체, ② 이행불능, ③ 불완전이행, ④ 이행거절의 네 가지로 구분하여 설명할 수 있다.

(1) 이행지체(delay in performance)

이행지체란 채무의 이행기가 도래하였고, 또한 그 이행이 가능함에도 불구하고 채무자가 자신의 귀책사유로 그 채무를 이행하지 않는 것을 말한다. 이행지체의 성립요건은 다음과 같다.

① 채무이행기가 도래하였을 것
② 채무의 이행이 가능할 것
③ 이행지체의 원인이 채무자의 고의 또는 과실로 인한 것일 것
④ 정당한 이행지체사유가 없을 것.

신용장 발행지연이나 선적지연 등 무역계약의 이행을 지체한 경우 상대방은 계약의 이행을 독촉하거나 또는 계약을 해제(cancellation of contract)할 수 있으며, 동 해제로 인한 손해배상(compensation for damages)을 청구할 수도 있다. 다만, 손해배상의 청구는 당사자의 고의·과실 등 그의 책임 있는 사유에 의한 것에 한하며, 불가항력(force majeure)등 당사자의 귀책사유에 해당하지 않는다는 사실을 증명할 수 있으면 면책된다.

(2) 이행불능(impossibility of performance)

이행불능이란 채권 즉 계약이 성립한 후[2]에 채무자의 귀책사유로 계약의 이행이 불능하게 되는 경우를 의미한다.

무역계약이 당사자의 책임 있는 사유, 즉 귀책사유에 의하여 이행이 불능하게 되었을 경우 상대방은 계약을 해제하고 그에 따른 손해배상을 청구할 수 있다. 그런데 불가항력사태의 발생과 같이 계약불이행의 사유가 어느 일방 당사자의 귀책사유에 의한 경우가 아닌 때에는 면책되므로 손해배상의 청구문제는 발생하지 않는다.

(3) 불완전 이행(incomplete performance)

불완전이행이란 무역계약이 이행되었으나 품질불량 · 수량부족 등 그 이행이 계약의 내용에 부적합한 이행을 말한다.

이 경우 상대방은 불완전한 이행을 거절할 수 있고, 또한 완전한 이행을 요구하거나 계약을 해제하고 손해배상을 청구할 수 있다. 그런데 영미법에서는 이 같은 불완전이행을 계약위반의 유형에 포함시키지 않고 있다.

(4) 이행거절(renunciation)

이행거절이란 쌍무계약에서 당사자의 일방이 이행기 전후를 불문하고 자신의 귀책사유로 채무의 이행을 원하지 않기 때문에 이행할 의사가 없음을 채권자에게 표명하는 것을 말한다.[3]

이 경우에도 상대방은 채무의 이행을 독촉하거나 계약을 해제하고 손해배상을 청구할 수 있음은 물론이다.

---

2) 이행불능에는 계약성립 당초부터 불능인 원시적 불능(existing impossibility)과 계약성립 시에는 그 이행이 가능하였으나 그 후 불가능하게 된 후발적 불능(subsequent impossibility)이 있는데, 여기서 말하는 이행불능이란 계약성립 시에는 가능하였으나 그 후 불능이 된 경우를 의미한다.

3) 이행거절은 계약위반의 한 유형으로서 대륙법계에서는 인정되지 않지만 영미법계에서는 인정되고 있다. 대륙법계에는 없는 이행거절이 영미법에서 계약위반의 한 유형으로 인정되는 이유는 이행을 거절할 당사자에게 이행기까지 기다리게 하는 불합리한 시간적 낭비를 줄인다는 점에서 의의가 인정되기 때문으로 볼 수 있다.

2) 계약의 해제와 그 구제

(1) 무역계약의 해제

① **계약해제의 정의**

계약의 해제(cancellation of contract)란 당사자가 일정한 요건에 따라 취득하게 되는 해제권(right of cancellation)에 의해서 계약의 효력을 소급적으로 소멸시켜 계약이 처음부터 없었던 것과 동일한 법률효과를 발생하게 하는 것을 말한다.

② **계약해제의 종류**

무역계약을 해제할 수 있는 경우는 ㉠ 약정해제권에 의한 경우와 ㉡ 법정해제권에 의한 경우로 구분할 수 있다.

약정해제권(contractual right of cancellation)에 의한 경우란 계약서 상에 명기되어 있는 구체적인 계약해제 사유가 발생하면 이에 근거하여 무역계약을 해제하는 것을 말한다. 법정해제권(legal right of cancellation)이란 계약의 어느 당사자가 계약의 이행을 지체하거나, 이행할 수 없게 되거나, 또는 불완전 이행을 한 경우 이를 이유로 타방이 법률의 규정에 의하여 무역계약을 해제하는 것을 말한다.

(2) 무역계약의 해제에 따른 구제

① **손해배상청구권**

무역계약의 해제에 따른 구제란 무역계약이 해제되면 그에 따른 피해당사자가 피해를 입힌 상대방에게 그 손해배상을 청구하는 것을 말한다.

약정해제권에 의한 경우이든 법정해제권에 의한 경우이든 무역계약이 해제되는 경우 계약불이행의 책임 있는 당사자는 그로 인해 손해를 입은 상대방에게 그 손해를 배상해 주어야 된다. 손해배상의 청구는 당사자의 고의 및 과실 등 그의 책임 있는 사유가 있는 경우에 한하며, 해제사유가 불가항력(force majeure) 등 자신의 귀책사유로 기인된 것이 아닌 때에는 이를 입증하면 면책되므로 배상해줄 책임이 없다.

② **손해배상의 범위**

자신의 고의 또는 과실로 배상의 책임 있는 당사자가 배상해 주어야 할 손해의 범위는 계약해제로 인해 상대방이 입은 실질적 손해(actual loss)와 계약이 해제되지 않고 무사히 이행되었을 경우 얻을 수 있는 예상기대이익의 손실도 포함된다.

③ **손해배상의 방법**

손해배상의 방법은 금전적 배상을 원칙으로 하고 예외적으로 물적 배상이나 원상회복이 인정된다.

④ **계약해제로 인한 분쟁해결방법**

계약해제에 따른 손해배상에 관하여 당사자는 이를 합의로 해결할 수 있다. 그러나 당사자합의가 불가능한 경우에는 제3자가 개입하여 이를 해결하게 된다. 제3자가 개입하여 강제적으로 분쟁을 해결하는 방법으로는 그 대표적인 것이 상사중재(commercial arbitration)와 소송(litigation)이다. 분쟁의 발생시점을 기준으로 사전 또는 사후 중재합의가 있는 경우에는 상사중재관할권이 인정되지만, 그렇지 않은 경우 손해배상청구는 법원에 제소하여야 된다.

Ⅲ. 무역계약의 기본조건

앞에서도 지적한 바와 같이 무역계약을 체결할 때에는 후일의 오해와 분쟁을 예방하기 위하여 계약의 조건을 명확히 할 필요가 있으며, 또한 이를 문서화하여 서명한 매매계약서(sales contract)를 상호 교환하여 소지하는 것이 좋다.

무역계약의 기본조건으로는 일반적으로 품질조건, 수량조건, 가격조건, 선적조건, 보험조건, 대금결제조건, 포장조건, 분쟁해결 및 중재조건 등을 말한다.

1. 품질조건(quality terms)

무역거래에서는 인도된 물품의 품질이 약정된 것과 다르다는 이유로 다툼이 생기는 경우가 가장 많다. 그 만큼 품질이 중요하다는 말이며, 품질문제에 관한 한 바이어는 민감하게 반응한다는 말이다. 이에 대한 셀러의 막연한 추측은 금물이다. 그러므로 당사자는 계약 시에 품질의 결정방법, 시기, 증명방법을 명확히 합의하여 이를 계약서에 약정해 두어야 한다.

1) 품질결정방법

(1) 견본매매(sales by sample)

견본매매란 견본을 기준으로 하여 거래상품의 품질을 결정하는 방법이다. 이 경우 셀러는 품질, 명세, 규격, 색상 등이 제시한 견본과 일치하는 물품을 인도하여야 한다. 실제로 인도된 물품의 품질이 견본과 다를 경우 바이어는 그 인수를 거절할 수 있다.

견본이란 무역거래의 상담시에 거래상품의 품질, 형상, 색채 등을 알리기 위하여 거래상대방에게 보내는 거래상품을 대표하는 물품을 말한다. 견본은 품질의 기준이 되는 물품으로서 계약을 성립시키며, 나아가 계약의 이행여부를 확인시키는 역할을 한다.

무역거래의 대부분은 견본에 의하여 품질을 결정하는 견본매매로 이루어지고 있다. 견본은 다음과 같이 구분할 수 있다.

① 판매자가 수출을 위해 구매자에게 보내는 판매자견본(seller's sample),

② 구매자가 수입을 위해 판매자에게 보내는 구매자견본(buyer's sample),

③ 판매자가 구매자견본과 유사한 견본을 만들어 그것을 구매자에게 보내는 경우가 있는데, 이를 유사견본(similar sample) 또는 Seller's counter sample,

④ 구매자가 판매자견본을 수정 또는 변경하여 다시 판매자에게 보내는 대응견본(counter sample),

⑤ 수출업자가 선적 후에 선적물품과 동일한 물품을 동일선박 또는 항공편으

로 수입업자에게 보내는 선적견본(적출견본; 적화견본, shipping or shipment sample),

⑥ 수출업자가 수요의 환기 및 상담촉진의 유력한 수단으로서 매매계약이 성립되기 전에 구매후보자에게 발송하는 선발견본(advanced sample),

⑦ 섬유제품이나 완구와 같이 의장이나 도안이 품질구성의 중요한 요건으로 되는 상품의 거래에서 사용되는 무늬견본(pattern),

⑧ 규격이 획일적인 상품을 매매할 경우에는 그중에서 몇 개를 선발하여 그것을 전체의 표준으로 삼는 경우가 있는데, 이 같은 견본을 특별히 표본(specimen)이라고 한다.

견본매매의 경우 매도인(seller)은 동질의 견본을 적어도 3개 이상 준비할 필요가 있다. 그중에서 원 견본(original sample)은 거래상대방 앞으로 발송하고, 보관견본(duplicate sample; keep sample; file sample)은 발송자 자신의 보관용으로 보유하고, 제3견본(triplicate sample)은 무역계약이 성립된 후에 수출물품의 제조업자(maker) 또는 공급업자(supplier)에게 제시하기 위한 용도의 견본이다.

이상과 같이 견본은 상품의 품질, 모양, 색상, 구성 등을 나타낼 목적으로 이용되는 것이지만, 가장 중요한 것은 품질이기 때문에 이를 통칭하여 품질견본(quality sample)이라고 부르기도 한다. 그런데 고가품이나 운반이 곤란한 물품은 견본의 제공이 어려우므로 이때에는 카탈로그나 명세서 등으로 대신하게 된다.

[a] 견본과 똑같을 것을 요구하는 문언

① Seller guarantees the quality of the goods to be equal to the sample.

② Seller guarantees the quality of the goods to be fully equal to the sample.

③ Seller guarantees the quality of the goods to be same as the sample.

④ Seller guarantees the quality of the goods to be (come) up to the sample.

ⓑ **견본과 대체로 일치할 것을 요구하는 문언**

① Seller guarantees the quality of the goods to be similar to the sample.

② Seller guarantees the quality of the goods to be almost same as the sample.

③ Seller guarantees the quality of the goods to be about equal to the sample.

④ Seller guarantees the quality of the goods to be similar equal to the sample.

위의 문언 중 ⓐ는 매수인(buyer)에게는 유리하다고 볼 수 있다. 그러나 매도인 측에서 보면 실제로 제공된 물품의 품질이 견본과 같지 않다는 이유로 매수인으로부터 클레임을 당할 가능성이 없지 않으므로 매도인에게는 불리한 문언이다. 반대로 ⓑ의 문언들의 경우에는 실제로 제공된 물품의 품질이 견본과 대체로 일치하면 되므로 매도인 측에게는 특히 불리할 것이 없다. 그러나 매수인의 입장에서 보면 견본과 대체적으로 같거나 일치하는 물품이 인도될 수 있다는 점에서 다소 불리하다고 할 수 있다.

(2) 표준품매매(Sale by Standard)

표준품매매란 견본을 이용할 수 없기 때문에 표준품으로 품질을 결정하는 방법의 매매를 말한다. 표준품이란 여러 가지의 등급으로 분류할 수 있는 동일 종류의 상품을 시장에서 표준으로 삼는 특정등급의 상품을 말하며, 표준품은 보통 공공기관의 과학적 검정에 의해 정해지는 경우가 많다.

표준품매매는 쌀, 보리, 밀, 면화 등과 같은 미수확 농산물이나 원목 등의 수출입거래에서 행해지며, 실제로 인도된 물품과 표준품 간의 품질에 차이가 있는 경우에는, 그에 따라 결제대금을 증감하여 조정한다.

표준품매매의 품질표시방법에는 다음의 세 가지가 있다.

① FAQ(Fair Average Quality) Terms

이는 평균중등품질조건이다. 이 조건은 주로 곡물이나 과일 등의 농산물이나 광산물 등의 선물거래(futures transaction)에 이용되는 품질조건으로 인도상품의 표준품질은 그 인도의 시기 및 장소에 있어서 당해 계절 출하품의 평균중등품질로 하는 조건이다. 이 조건은 계약체결 시에는 전년도 수확물의 평균중등품을 표준품으로 하여 가격을 결정하고, 인도해야 할 상품은 당해 계절에 있어서 신 수확물의 중등품일 것을 조건으로 한다. 이 표준품은 법규에 의거하여 공공기관이 정하고 그 규격과 격차도 일정하게 되어 있으며 선물거래에 많이 이용된다.

② GMQ(Good Merchantable Quality) Terms

이는 판매적격품질조건이다. 이 조건은 목재류나 냉동수산물류 등에 주로 적용되는 것으로서, 이들 목재나 냉동수산물류 등은 내부가 부패되어도 외관으로는 구별하기 어려우므로 수입지에서 매수인에게 인도하기 전에 판매적격성(merchantability)을 매도인이 보증하는 품질조건이다. 즉 수입지에서 품질을 검사하여 시장성이 없는 품질에 대하여는 매도인이 그 책임을 부담하는 조건이다.

③ USQ(Usual Standard Quality) Terms

이는 보통표준품질 조건이다. 이 조건은 주로 미국의 원면거래에 이용되는 조건인데, 공인검사기준이나 또는 공인표준기준에 의하여 결정되는 보통품질을 표준품의 품질로 정하는 조건이다. 우리나라에서는 인삼, 오징어 거래에서 품질조건으로 쓰인다.

(3) 명세서매매(Sale by Specification)

명세서매매란 견본을 이용할 수 없기 때문에 상품에 관한 설명 즉 명세서에 의해 품질을 결정하는 방법의 매매를 말한다.

선박, 철도차량, 대형기계, 의료기기, 의약품 등의 거래에 있어서는 견본을 이용할 수 없으므로 그 재료, 구조, 성능, 등에 관하여 상세히 설명한 명세서에 의하여 품질을 결정하게 된다. 이 경우 보조적 설명을 위하여 청사진, 도해 카탈로그, 설계도 등이 추가로 제시되기도 한다.

(4) 상표매매(Sale by Trade Mark or Brand)

거래상품의 상표나 브랜드가 국제적으로 널리 알려져 있는 "Brand name item"의 경우에는 구태여 견본을 이용할 필요가 없기 때문에, 거래상품의 상표나 브랜드에 의하여 품질을 결정하는 상표매매를 하게 된다.

예컨대 Nike 운동화, CHANEL 화장품, Rolex 시계 등과 같이 상표로 품질을 결정할 수 있는 상품은 많다.

(5) 규격매매(Sale by Grade or Type)

상품의 규격이 국제적으로 통일되어 있는 경우에 그 규격에 의하여 품질을 결정하는 매매이다. 예컨대 전기의 플러그, 건전지, 컴퓨터 디스켓 등과 같은 것은 그 규격이 국제적으로 통일되어 있기 때문에 수출국의 공인기관이 인정하는 증서나 KS(Korean Standard) 표시와 같은 것이 있으면 그 품질을 인정하는 경우이다. 우리나라에서는 KS 표시품을 수출할 때 수출검사를 면제해 준다.

(6) 점검매매(Sale by Inspection or Sale on Approval)

이는 국내 점두매매의 경우와 같이 매수인이 현품을 직접 점검하고 점검한 현품을 인수하는 매매방식이다. 국제무역거래에서는 거의 이용되지 않는 방식이다. 다만 보세창고도거래(Bonded Warehouse Transaction: BWT)에서는 그 특성상 점검매매가 행해지기도 한다.

2) 품질결정시기

품질의 결정시기란 수출업자가 인도하는 물품의 품질이 계약에서 정한 품질과 일치하는가를 판단하는 기준이 되는 시기를 말한다. 이러한 품질의 결정시기를 선적 시로 보느냐 또는 양육 시로 보느냐에 따라 선적품질조건과 양육품질조건으로 나눌 수 있다.

그런데 문제는 이 두 가지 조건 중 실제로 어떤 것을 선택할 것인가 하는 점은 실로 중요하다. 왜냐하면 일반적으로 국내거래에서는 약정물품을 운송하는데 많은 시일이 소요되지 않는다. 그에 비해 무역거래에서는 장기간의 운송기간이 필요하다. 따라서 그 운송기간 중에 약정물품의 품질이 달라질 수도 있기 때문이다. 특히 농수산물의 경우를 상상해 보라.

(1) 선적품질조건(shipped quality terms)

선적품질조건이란 인도된 물품의 품질이 계약상품의 품질과 일치하느냐의 여부를 물품선적 당시의 품질로 결정하는 방법이다. 따라서 셀러는 계약상품의 품질과 일치하는 것을 선적하여야 되지만 운송도중의 변질 등에 대해서는 책임지지 않는다. 이 조건은 장기간의 국제 운송도중 품질에 이상이 생기지 않는 공산품에 주로 이용된다.

특히 곡물류의 거래에서는 품질결정시기를 TQ와 SD로 표시하는 경우도 있다.

TQ(Tale Quale) 조건이란 곡물류 거래에서 이용되는 선적품질조건을 말한다. 따라서 수출업자가 계약과 일치하는 품질의 물품을 선적하기만 하면 품질에 관한 한 면책되며, 국제운송도중의 품질의 변질에 대하여는 수출업자가 아무런 책임을 지지 아니한다.

SD(Sea Damaged)조건이란 곡물거래에서 이용되는 특약부 선적품질조건을 말한다. 다시 말하면, SD조건도 TQ조건과 같이 일종의 선적품질조건이지만, 해상운송 도중에 발생한 해수, 우수, 수증기로 인한 부패나 곰팡이의 발생 및 발효, 기타의 품질손상에 대해서만 수출업자가 특약에 의해 책임을 부담하는 조건이다.

선적품질조건을 표시하는 문언의 예는 다음과 같다.

① The quality of the goods to be shipped should be fully equal to the sample.

② Seller guarantees the fair average quality of the new coming season's crop at time and place of shipment.

③ Seller guarantees the quality of the goods to be shipped to be equal to the fair average quality of the season's crop.

④ Goods sold on sample shall be guaranteed by the seller to equal to the sample until the goods have passed over the ship's rail at the named port of shipment.

(2) 양육품질조건(landed quality terms)

양육품질조건이란 인도된 물품의 품질이 계약상의 것과 일치하는 지의 여부를 도착항에서 물품을 양육할 때 결정하는 방법이다. 이를 일명 도착품질조건(arrival quality terms)이라고도 부른다. 따라서 셀러는 물품의 운송도중에 발생한 품질의 변질 등에 대하여 책임을 져야한다.

이 조건은 장기간의 국제운송 중에 변질되기 쉬운 농산물이나 양육 후 정확한 분석에 의거하여 품질이 결정되는 광산물 등에 주로 이용된다.

특히 곡물류의 거래에서는 품질결정시기를 RT라고 표시하는 때도 있다. RT(Rye Terms)조건 역시 양육품질조건이다. RT조건은 원래 러시아 산의 호밀(rye)거래에서 처음 사용된 데서 유래되었는데, 지금은 다른 곡물류의 거래에도 이용되고 있다. 이는 양육품질조건에 해당하므로 국제운송 중 곡물류의 변질에 대해서는 셀러가 모든 책임을 저야 한다.

양육품질조건의 표기문언 예는 다음과 같다.

① Goods sold on sample shall be guaranteed by the seller to equal to the sample upon arrival at destination.

② Seller guarantees the quality of goods, upon arrival at destination, to be equal to the fair average quality of the new coming season's crop.

3) 품질증명방법

계약상품의 품질을 증명하는 방법에 대하여는 협정서에 명시해야 하지만 일반적으로 선적품질조건의 경우에는 매도인이, 양육품질조건의 경우에는 매수인이 입증책임을 진다. 품질입증의 방법으로 선적품질조건의 경우에 수출자는 선적지의 검사기관으로부터 품질증명서를 발급받아 수입자에게 제공함으로써 책임이 면제되고, 양육품질조건의 경우 수입자는 품질에 이상이 있으면 양육지의 검사기관으로부터 감정보고서(survey report)를 발급받아 수출자에게 손해배상을 청구할 수 있다.

이러한 검사 및 사증기관을 감정인(surveyor)이라 하며, 화물이나 선박에 관한 제반 사항에 대하여 공정한 검사 · 감정 · 보고 · 증명을 하는 것을 업으로 한다. 이의 대표적인 것으로서는 런던 로이즈사(Loyd's surveyor)가 가장 신용이 있으며, 이들이 발행한 감정보고서는 국제적으로 그 권위를 인정받고 있다. 계약당사자는 사전에 품질증명방법과 검사기관 및 불량품의 처리방법 등을 명확히 합의하여 이를 계약서에 약정해 두는 것이 바람직하다. 실무에서 흔히 볼 수 있는 선적 전 계약상품의 품질검사에 대한 문언은 다음과 같다.

① Seller's inspection to be final.
② Buyer's inspection to be final.

2. 수량조건(quantity terms)

수량조건에 관해서는 수량의 단위, 결정시기, 과부족 등의 사항을 명확히 합의하여 이를 계약서에 약정해 두어야 한다.

1) 수량의 단위

물품의 수량은 상품의 성질과 상관습에 따라 중량, 용적, 개수, 포장단위, 길이 등으로 표시한다. 이와 같은 수량단위는 상품의 성질과 관습에 따라 차이가 있으므로 명확하게 약정해 두어야 한다.

(1) 중량(weight)

농산물, 광산물, 철강제품, 양모, 화학제품, 유지 등의 거래에 있어서는 그 수량이 중량으로 표시된다. 중량을 표시하는 단위로는 톤(ton), 파운드(pound: lb), 킬로그램(kilogram: kg) 등이 주로 사용되고 있다.

- 영국 톤(English ton: Long ton: Gross ton) = 2,240 lbs = 1,016.1kgs
- 미국 톤(American ton: Short ton: Net ton) = 2,000 lbs = 907.2kgs
- 대륙 톤(French ton: Metric ton: Kilo ton) = 2,204 lbs = 1,000kgs
- 용적톤(M/T: Measurement Ton) = 40 cft.(cubic foof) = 480S.F.(super foot)

중량측정조건은 아래와 같이 구별할 수 있다.

① **총 중량조건**(Gross weight term) : 포장한 그대로의 총 중량을 대금계산의 중량으로 측정하는 조건으로써 포장용기 및 허용잡물이 일정한 면화나 밀가루 등의 거래에 사용된다.

② **순 중량조건**(Net weight term) : 총 중량에서 포장물의 중량을 공제한 순 중량을 대금계산의 중량으로 측정하는 조건이다.

③ **정미 순 중량조건**(Net net weight terms) : 금이나 은과 같은 고가품 또는 농산물의 경우 포장중량은 물론이고 허용잡물의 무게까지 공제하는 중량 조건을 말한다.

(2) 용적(measurement)

액체나 목재 등의 측정은 용적을 기준으로 하여 liter, gallon, barrel, cubic meter(cbm), cubic foot(cft), super foot(s.f.) 등의 단위가 사용된다. 용적단위도 ton과 같이 같은 gallon이라도 액체의 경우에 미국에서는 wine gallon이라 하여 3.7853 liters이고, 영국에서는 imperial gallon이라 하여 4.546 liters인 것과 같이 물품과 나라에 따라 차이가 있다는 것에 주의를 요한다. super foot는 목재에 사용되는 단위로서 1 square foot × 1 inch이다.

또한 용적 톤(measurement ton)은 선박회사가 화물의 운임을 계산할 때 사용하는 단위로서, 1용적 톤은 40입방피트(cubic feet)이다.

- 1 American gallon(wine gallon) = 3.7853 liters
- 1 English gallon(imperial gallon) = 4.546 liters
- 1 super foot = 1 square foot × 1 inch
- 1 M/T = 40 cubic feet

(3) 개수

기계, TV, 라디오, 시계 등은 piece(개)나 set 등을 단위로 하지만 대부분의 일반 잡화품은 dozen, gross(12×12 = 144), small gross(12×10 = 120), great gross(12×12×12 = 1,728)등을 단위로 사용한다.

- 1 dozen = 12 pieces
- 1 small gross = 12 × 10 = 120개
- 1 gross = 12 × 12 = 144개
- 1 great gross = 12 × 12 × 12 = 1,728개

(4) 포장(package)

유류, 과일, 통조림, 면화 등은 포장단위로 수량을 표시한다. 포장단위를 나타내는 용어로는 drum, case, bag, bale, can, bundle 등이 사용된다.

(5) 길이(length)

생사(silk), 면사(cotton yarn), 인견(rayon), 모직물 등의 직물류는 수량의 단위로 길이를 많이 사용한다. 길이의 단위에는 Meter(100cm), Yard(91.4cm), Foot(30.4cm)등이 있다.

- 1 inch = 2.54cm
- 1 yard = 91.4cm
- 1 meter = 100cm
- 1 foot = 30.4cm

2) 수량의 결정시기

수량의 결정시기란 수출업자가 인도하는 물품의 수량이 계약에서 정한 수량과 일치하는가를 판단하는 기준이 되는 시기를 말한다.

이러한 수량의 결정시기를 선적 시기로 보느냐 또는 양육 시기로 보느냐에 따라 선적수량조건(shipped quantity terms)과 양육수량조건(landed quantity terms)으로 나눌 수 있다.

선적수량조건의 경우에는, 인도물품의 수량이 선적 시에 계약수량과 일치하여야 하는 조건이므로, 국제운송 도중의 수량의 변동에 대하여는 수출업자가 아무런 책임을 지지 아니한다.

반면에, 양육수량조건의 경우에는 인도물품의 수량이 양육 시에 계약수량과

일치해야 하는 조건이므로, 국제운송 도중의 수량의 변동에 대하여는 수출업자가 책임을 지게 된다.

3) 과부족 허용약관(more or less clause: M/L clause)

신용장거래에서는 수량과부족이 생기기 쉬운 물품에 대해서는 신용장에 명시되어 있는 물품의 수량 앞에 "about" 또는 "approximately"란 용어를 붙여서 사용하는데, 이 경우에는 10%를 초과 또는 미달하지 않는 과부족이 허용된다.[4] 그러나 이들 용어가 붙어있지 않은 용적화물(bulk cargo)인 경우에는, 별도의 과부족금지문언이 없고 어음발행총액이 신용장금액을 초과하지 아니하는 한, ±5%이내의 과부족이 허용되는 것으로 해석되지만, 그렇지 않은 개별품목(individual items)이나 개별포장단위(packing units)의 정해진 숫자로 물품의 수량이 표시된 경우에는 ±5%이내의 수량과부족은 허용되지 않는다.

그러므로 약정된 수량과 비교하여 다소 초과되거나 부족한 수량이 인도되어도 이는 계약위반으로 간주되지 않는다.[5] 그리고 이때 수량과부족분에 대한 대금은 추후 별도로 정산하게 되는데, 달리 정한 바가 없는 경우에는 매매계약 당시의 계약가격을 기준으로 하여 정산한다.

3. 가격조건(price terms)

가격조건에서는 무역가격의 표시통화, 무역가격의 산정기준, 무역가격의 구성요소, 무역가격과 하역비용, 무역가격의 표시방법 등이 특히 고려되어야 될 주요사항이다.

---

4) UCP600 Article 30(a): The words "about" or "approximately", used in connection with the amount of the credit or the quantity or the unit price stated in the credit are to be construed as allowing a tolerance not to exceed 10% more or 10% less than the amount, the quantity or the unit price to which they refer.

5) UCP600 Article 30(b): A tolerance not to exceed 5% more or less than the quantity of the goods is allowed, provides the credit does not state the quantity in terms of a stipulated number of packing units or individual items and the total amount of the drawings does not exceed the amount of the credit.

1) 무역가격의 표시통화

무역가격을 표시하는 데 있어서 수출국 통화(the currency of the export country)로 할 것인가, 수입국 통화(the currency of the import country)로 할 것인가, 아니면 제3국 통화(the currency of an intermediate country)로 표시할 것인가를 협정서에 명시하여야 한다.

수출국의 통화로 매매가격을 표시하는 경우에는, 환율변동으로 인한 위험을 수입업자가 부담하게 되며, 수입국의 통화로 매매가격을 표시하는 경우에는, 환율변동으로 인한 위험, 즉 환위험(exchange risk)을 수출업자가 부담하게 된다. 그리고 수출입 양국의 통화가치의 변동이 극심한 경우에는, 표시통화의 안정성(stability), 교환성(convertibility) 및 유동성(liquidity) 등을 고려하여 제3국의 통화를 매매가격의 표시통화로 선택하게 된다.

따라서 어느 나라의 어떤 통화를 무역가격의 표시통화로 삼을 것인가 하는 점은 수출입계약을 체결하는 당사자간에 분명히 합의하여 이를 계약서에 명시해 두여야 한다. 왜냐하면 동일한 명칭의 통화라고 하더라도 그 통용 국가에 따라 그것의 대외가치가 달라지기 때문이다. 예를 들면, 달러(Dollar)라는 명칭의 통화에는, 미국의 달러(U.S. Dollar: U.S.$), 캐나다의 달러(Canadian Dollar: C.$), 싱가폴의 달러(Singapore Dollar: S.$), 홍콩의 달러(Hong Kong Dollar: H.K.$) 등이 있는데, 이들 각국의 달러는 그 대외가치가 각각 다르다.

2) 무역가격의 산정기준

무역가격은 매매당사자가 각기 부담하여야 할 비용 및 위험요소와 인도장소 및 인도방법들을 감안하여 정해지게 된다. 매매당사자가 각기 부담하여야 할 비용 및 위험요소와 인도장소 및 인도방법 등은 매매가격의 산정기준이 되는 정형무역거래조건에 따라 결정된다.

매매가격의 산정기준이 되는 정형무역거래조건(Trade Terms)에 관련된 국제규칙으로는, ① 「인코텀즈」(Incoterms; International Rules for the Interpretation of Trade Terms, 2020), ② 「개정미국외국무역정의」(Revised American Foreign Trade Definitions, 1941), ③ 「와르소-옥스포드규칙」(Warsaw-Oxford Rules for

CIF Contract, 1932) 등이 있다.

이들 국제규칙 중 오늘날 무역거래에서 보편적으로 이용되고 있는 것은 Incoterms이다. Incoterms 2020에는 11종의 정형무역거래조건이 규정되어 있다. 이들 11종의 정형무역거래조건 중 어느 한 조건을 매매가격의 산정기준으로 삼는 것이 오늘날 국제무역업계의 보편적인 관행으로 되어 있다.

3) 매매가격의 구성요소

수출업자와 수입업자 사이에 합의되는 매매가격은 ① 수출업자가 상품을 직접 제조하거나 또는 다른 회사로부터 구매하는 상품원가인 직접원가, ② 수출업자의 일반관리 및 판매비를 배분한 원가인 간접원가, ③ 수출업자의 예상이익 및 ④ 수출입에 수반되는 기타 비용 중에서 매매가격의 선정기준으로 채택한 정형거래조건에 따라 수출업자가 부담하게 되는 비용으로 구성된다.

즉 무역가격은 물품의 직·간접원가+예상기대이익+수출·입에 수반되는 기타 비용으로 구성된다. 보다 구체적인 것은 제7장 INCOTERMS 2020의 정형무역거래조건에서 상술한다.

4) 무역가격과 하역비용

중량 또는 용적이 큰 물품은 하역비용이 많이 소요되므로 이를 표시하는 경우가 있다. 광산물이나 곡물류 등과 같이 아예 포장이 불가능하여 포장하지 않은 상태로 선적되는 용적이 큰 화물(bulky cargo)의 경우가 그것이다.

예컨대 CIF & F.I. 등으로 표시하며 주요한 것을 살펴보면 다음과 같다.

· Berth(liner) term : 선적비용, 양육비용 모두 선주부담
· F.I.(Free in) : 선적비용 – 화주부담
양육비용 – 선주부담
· F.O.(Free out) : 선적비용 – 선주부담
양육비용 – 화주부담
· F.I.O.(Free in & out) : 선적비용, 양육비용 모두 화주부담

여기서 Free in 또는 Free out이라는 것은 선주를 중심으로 볼 때 Free in은 선적(in)할 때 비용이 면제 된다는 의미이며 Free out은 양육(out)할 때 면제된다는 뜻이다.

신용장에서 이와 같이 운임에 부가하여 발생되는 비용에 대하여 스탬프 또는 기타 방법으로 표시하는 것을 특히 금지하고 있지 않는 한 은행은 이러한 표시가 있는 운송서류를 수리한다.

4. 선적조건(shipment terms)

무역거래에 있어서 수출업자의 주요 의무는 매매계약에서 합의한 물품, 즉 약정물품을 계약대로 인도하는 의무이다. 이러한 인도의무를 원활하게 이행하기 위해서는 수출입의 당사자가 인도(delivery)의 시기, 장소 및 방법에 대하여 사전에 합의하여야 한다.

그런데 인도의 장소 및 방법은 수출입의 당사자간에 정형거래조건(Trade Terms)이 결정되면 저절로 정해지게 된다. 그러므로 무역계약 체결시의 선적조건에서 가장 중시되는 사항은 수출업자가 약정물품을 언제 인도하는가의 인도시기 즉 선적시기의 문제이다.

그리고 선적조건에서는 분할선적(partial shipment)과 환적(transhipment)을 허용할 것인가 또는 금지할 것인가의 문제, 또한 수출업자가 선적을 완료한 일자의 문제도 논의되어야 한다.

1) 선적기간(time of shipment)

(1) 특정 월(月) 선적

특정 월 선적이란 수출업자가 특정 월 동안에 선적을 이행해야 한다고 약정하는 방법이다. 이 경우 매도인은 지정된 특정 월의 1일부터 말일까지의 기간 중에 선적해야 되며, 별도의 금지문언이 없는 한 분할선적(partial shipment)은 가능하다. 이를 단월 선적조건이라고도 한다. 동 약정문언의 예는 다음과 같다.

① May shipment.

② Shipment shall be effected during May.

③ During April shipment.

④ Shipment must be made during October.

⑤ To be shipped during May or June[6).]

(2) 특정 연월(連月)선적

이것은 수출업자가 특정된 2개월 또는 3개월 동안에 선적을 이행해야 한다고 약정하는 방법이다. 이 경우 매도인은 약정된 연월의 기간 중에 선적을 완료해야 된다. 이때에도 별도의 합의가 없는 한 분할선적은 허용된다. 동 약정문언의 예는 다음과 같다.

① Shipment must be effected during October and November.

② October and November Shipment.

③ Shipment to be made during April, May, and June.[7)]

④ Shipment must be effected during October, November, and December.

(3) 특정기간 이내의 선적

이는 수출업자가 특정기간 이내에 선적을 이행하도록 약정하는 방법이다. UCP600 제3조를 분석하면 다음과 같다.

① **"on or about" 등의 해석기준**

"on or about"은 우리말의 "경" 또는 "쯤"에 해당되는 말이다. 신용장거래에서 기간을 표시할 때 이 용어가 많이 이용되고 있다.[8)] 예컨대 신용장

---

6) 이 경우 매도인은 5월이나 6월 중 편리한 달(month)에 선적할 수 있는 선택권을 갖지만, 단 약정된 물품의 $\frac{1}{2}$은 5월에 선적하고 나머지 $\frac{1}{2}$은 6월에 선적해서는 안 된다. 그러나 별도의 금지문언이 없는 한 5월 또는 6월중에 분할선적은 가능하다. 즉 5월중 선적 시 5월 초순에 물품의 $\frac{1}{2}$을 선적하고 동 하순에 $\frac{1}{2}$을 선적하는 것은 가능하다는 말이다.

7) 별도의 다른 약정이 없는 한, 이 경우 매도인은 4~6월 중 여러 차례의 분할선적이 가능할 뿐만 아니라 3개월 중 어느 한 특정 월에 물품전량을 한꺼번에 선적할 수도 있다.

8) 이 용어는 UCP500에서 선적기간을 표시할 때만 적용되었으나 UCP600에서는 선적기간뿐만 아니라 다른 모든 기한을 표시하는데 적용되는 것으로 적용범위가 확대되었다. 어떤 기한을 정할 때 "on or about" 또는 이와 유사한 용어(예컨대 on or around)가 사용된

에 "Shipment must be made on or about September 10"과 같이 기술되어 있다면, 이 경우 선적 가능한 初日(초일)은 9월 5일이며, 최종일(最終日)은 9월 15일이므로 선적 가능한 기간은 총11일이 된다. 따라서 이 기간 중에 물품이 선적되지 않으면 조건을 위반한 것이 된다.

② **"to"/ "until" / "till" / "from" / "between"의 해석기준**

만일 "Shipment must be made not later than October 15"와 같이 선적기간이 명시된 경우 표시일자인 10월 15일은 선적가능일자에 포함된다는 사실이 분명하다. 그런데 "to", "until", "till", "from", "between" 이란 용어도 표시일자를 포함하는지의 여부에 의문이 생길 수도 있다.

선적기간(period of shipment)을 정하기 위하여 사용된 "to", "until", "till", "from", "between"은 이들 용어의 뒤에 기재되어 있는 당해 표시일자를 포함하는 것으로 해석한다. 따라서 다음의 예시에서 이들 용어의 뒤에 표시된 10월 1일과 10월 15일은 공히 선적가능일자에 포함된다.

③ **"after"/ "before" when used to determine a period of shipment**

"after"와 "before"는 선적기간을 정할 때 자주 이용되는 용어이다. 선적기간과 관련하여 사용된 "after"와 "before"는 각각 우리말의 "後"와 "前"에 해당된다. 이를 "이후(以後)"와 "이전(以前)"으로 번역하는 것은 잘못된 것으로 볼 수 있다. 우리말의 이후와 이전은 영어의 "on and after"와 "on and before"에 해당된다 하겠다. 그러므로 "after"와 "before"는 당해 표시일자를 포함하지 않지만, "on and after"와 "on and before"는 당해 표시일자를 포함한다.

예컨대 ① "Shipment must be made after May 15" 또는 ② "Shipment must be made before May 15"에서는 공히 표시일인 5월 15일에 선적되면 안 되고 그 후나 그 전에 선적되어야 되므로 ①의 선적 가능초일은 16일이 되고 ②의 최종가능선적일은 14일이 된다. "Shipment must be made on and after May 15"나 "Shipment must be made

---

경우, 은행은 이러한 용어를 양쪽 마지막 일자를 포함하여 지정된 일자의 전5일부터 후5일까지의 기간 중에 어떤 행위가 이행되어야 되는 것으로 해석한다. 예컨대 "Documentary credit must be issued on or around May 15"의 경우는 5월 10일부터 5월 20일까지의 기간 중에 DC가 발행되어야 된다.

on and before May 15"에서는 어느 경우이든 표시일인 15일에도 공히 선적될 수 있다.

또한 "A presentation including one or more original transport documents ~ must be made by or on behalf of the beneficiary not later than 21 calendar days after the date of shipment ~"에서 21월력일을 계산할 때 그 기산일의 초일은 선적된 날이 아니라 선적된 익일인 다음날이 된다. 월력일(月曆日; calendar days)이란 달력상에 표기된 모든 일자를 이른다.[9]

④ "first half" / "second half" of a month

신용장에서 기일 또는 기한과 관련하여 사용되는 어느 한 月의 "first half"와 "second half" 라는 용어는 각기 지정된 달의 1일부터 15일까지와 16일부터 말일까지의 기간을 의미하는 것으로 해석한다. 이 경우 우리말로 "first half"는 "상반 월(上半 月) 또는 전반 월(前半 月)"로, 그리고 "second half"는 "하반 월(下半 月) 또는 후반 월(後半 月)"로 각기 번역할 수 있을 것이다.

⑤ "beginning" / "middle" / "end" of a month

어느 한 月의 일정기간을 나타내는 "beginning", "middle", "end"는 각기 우리말로 "초순(初旬)", "중순(中旬)", "하순(下旬)"에 해당한다. 이들 용어는 각기 지정된 달의 1일부터 10일까지, 11일부터 20일까지, 그리고 21일부터 말일까지의 기간을 지칭하는 것으로 해석한다.[10] 이들 용어 역시 선적기간을 정할 때만이 아니라 UCP600이 적용되는 모든 일부조건(日附條件)에 적용될 수 있다.

---

9) 선적기간이 아니라 환어음의 만기(滿期; maturity)를 정하기 위하여 사용된 "from" 및 "after"라는 두 용어는 공히 언급된 일자를 제외한다. 언급된 일자를 포함한다는 취지의 문언이 신용장에 없는 한, "from" 및 "after" 뒤에 언급된 일자는 환어음의 만기를 정하는 기산일에 포함되지 않는다. 환어음의 만기를 정하기 위해 사용된 "from" 및 "after"란 두 용어는 서로 동일한 의미를 가진다는 말이다. 만기의 산정은 서류, 선적 또는 기타 언급된 특정한 날의 익일부터 기산한다. 따라서 "10 days after March 1" 또는 "10 days from March 1"에서 만기일은 공히 3월 11일이 된다.

10) 이들 용어 역시 선적기간을 정할 때만이 아니라 UCP600이 적용되는 모든 일부조건(日附條件)에 적용될 수 있다.

동 약정문언의 예는 다음과 같다.

① Shipment should be made on or about October 10.[11)]

② Shipment should be made during the first half of November.[12)]

③ Shipment should be made till June 20.

④ Shipment must be made during the middle of December.[13)]

⑤ Shipment must be made before the end of October.[14)]

⑥ Shipment must be made before July 20.

⑦ Shipment must be made on or after May 10.[15)]

⑧ Shipment must be made after May 10.[16)]

⑨ Shipment must be made not later than September 25.

⑩ The goods must be shipped from September 15.

⑪ Shipment must be made from July 10.[17)]

(4) 조건부 선적

조건부선적(conditional shipment)이란 매도인이 선적에 일정한 조건을 붙여서 그 조건이 충족되면 선적하게 되는 경우를 말한다. 이는 매도인이 수요와 공급을 조절하기 위하여 붙이게 되는 조건이다. 이 경우에는 일정한 조건이 충족되지 않는 한 매도인은 기한 내에 선적을 못해도 그로 인한 책임이 면제된다. 동

---

11) 이 경우 선적 가능한 날짜는 10월 5일부터 10월 15일까지의 총11일의 기간 중에 선적되어야 된다.

12) 이 경우 선적은 11월 전반월(first half)에 이루어져야 되므로 선적 가능한 초일과 말일은 각각 11월 1일과 동 15일이다.

13) 이 경우 선적은 12월 중순에 이루어져야 한다. 그러므로 선적 가능한 날짜는 동 12월 11일에서 20일까지의 기간 중이다.

14) 이 경우 선적은 10월 하순 전에 이루어져야 된다. 그러므로 선적 가능한 최종일은 10월 20일이 된다. 따라서 매도인이 10월 21일에 선적하면 이는 선적조건을 위반한 것이 된다는 말이다.

15) 이 경우 선적 가능한 초일은 5월 10일이 된다.

16) 이 경우 선적 가능한 초일은 5월 11일이다. 이때 5월 10일에 선적하면 선적조건을 위반한 것이 된다.

17) 선적기간을 표시하는데 사용되는 "to", "until", "till", "from", "between"은 그 뒤에 표시된 지정일자(the date mentioned)를 포함하는 것으로 해석되는 반면에, "after"와 "before"는 그 뒤에 표시된 지정일자가 제외되는 것으로 해석된다. 한편 영미법계에서 "from"은 지정된 일자를 포함하지 않는 것으로 해석되는 경우도 있으므로 주의를 요한다.

약정문언의 예는 다음과 같다.

① Shipment will be made during May subject to receipt of L/C by the end of April.
② Shipment to be made within 30 days subject to receipt of your order on or before May 15.
③ The end of July shipment is subject to ship's space being available.
④ Shipment will be made before the end of June subject to our offer being accepted by you.
⑤ Shipment shall be effected within two months after receipt of L/C.
⑥ Shipment shall be effected within 30 days from the date of this contract.
⑦ Shipment must be effected within 20 days after the date of issuance of L/C.
⑧ Half in May and the balance five month later.

(5) 유보조건부 선적

실무에서 말하는 유보조건부 선적이란 매수인가 선적에 일정한 조건을 붙여서 선적유보권을 행사하게 되는 경우를 말한다. 원래 이는 매수인가 선적관련업무를 효율적으로 처리하기 위한 조치로 이해할 수 있지만, 그러나 매수인가를 악의적으로 이용할 경우 무역계약을 일거에 무력화시킬 수도 있기 때문에 그와 같은 문언을 계약서에 삽입할 경우에는 유의해야 된다. 실제로 그 같은 문언이 국제무역사기(fraud)에 활용된 경우도 적지 않았다. 동 문언의 예는 다음과 같다.

① Shipment is subject to further instructions by the buyer.
② The name of the ship will be notified by the buyer.
③ The commercial invoice must be counter-signed by the buyer's agent.

④ Shipment sample must be approved by the buyer prior to shipment.

(6) 즉시 또는 특정일 선적

이는 선적시기를 아래와 같이 즉시 또는 특정일에 선적하도록 약정하는 방식을 말한다. 이 같은 문언은 그 의미가 애매하고 또한 물품을 본선상에 직접 선적하는 것은 수출상이 아니라 운송인이므로 수출상의 의사와는 달리 정해진 바로 그 날짜에 반드시 선적된다는 보장이 없다. 그러므로 분쟁의 여지가 있을 수 있다는 점에서 사용해서는 안 된다. 그럼에도 불구하고 이들 용어가 사용되었다면 무시된다.[18)]

① Shipment must be made as soon as possible.
② Immediate shipment must be required.
③ Shipment shall be made promptly.
④ Shipment must be made without delay.
⑤ Shipment must be effected on September 10.

2) 분할선적과 할부선적

분할선적(分割船積)이란 매매계약에서 합의한 수량의 화물을 한꺼번에 선적하지 아니하고 두 번 이상 나누어서 선적하는 것을 말한다. 이러한 분할선적을 허용할 것인가의 여부에 대하여는 수출입의 당사자가 매매계약을 체결할 때에 결정하여야 한다. 만일 분할선적을 금지하기로 결정한 경우에는, 그 사실을 무역계약서나 신용장 상에 다음과 같이 명확히 표시하여야 한다. 별도의 금지문언이 없는 한 분할선적은 허용되는 것으로 해석된다는 사실에 유의할 필요가 한다.[19)]

매도인 중에는 공장이 여러 곳에 산재되어 있는 경우가 있다. 예컨대 인천,

18) UCP600 Article 3. Unless required to be used in a document, words such as "prompt", "immediately" or "as soon as possible" will be disregarded.

19) 분할선적이 허용되는 경우에는 분할어음발행(partial drawings)도 가능하다. 아래 ①의 문언이 있는 경우에는 분할선적은 물론 분할어음발행도 할 수 있지만, 그러나 ②의 경우에는 그 두 가지가 모두 불가능하다.

군산, 부산에 공장을 가지고 있는 회사가 있다고 하자. 이러한 때에 선적하는 방법에는 두 가지가 있다. 첫째, 부산에 모든 상품을 끌어 모아 선적하는 방법 둘째, 인천에서 군산, 군산에서 부산으로 운항하는 선박이 있는 경우 각 산지에서 선적하는 방법이다. 전자의 경우 내륙운송작업의 번거로움과 운송비가 많이 들어 수출상에게 불리하므로 후자가 유리하나 다른 항구에서 상이한 날짜에 선적하고 각각의 B/L을 발급 받았으므로 분할선적이라 할 것이나 선박이 도착하여 수입상이 물건을 찾을 때는 동시에 찾게 되므로 수입상에게는 여러 곳에서 나누어 실었든, 한 곳에서 실었든 그 결과가 같다. 그래서 수출상의 편의를 위하여 동일선박에 의한 동일항해의 경우에는 몇 번으로 나누어 선적하였더라도 분할선적으로 보지 않도록 하였다. 이러한 조항은 해상운송뿐만 아니라 항공운송이나 육상운송에도 적용된다.

① **분할선적 허용문언의 예**

- Partial shipments are permitted.
- Partial shipments are allowed.
- Shipment in one or more lots is allowed.

② **분할선적 금지문언의 예**

- Partial shipments are not allowed[20].
- Partial shipments are not permitted.
- Partial shipments are prohibited.

할부선적(割賦船積)이란 분할선적의 일종인데, 특정기간동안 일정량의 화물을 여러 차례에 걸쳐 나누어 선적하는 방법을 말한다. 예컨대 1월부터 10월까지 매월 골뱅이 통조림 10만 캔씩을 선적하기로 계약하였다면 이것이 바로 할부선적 계약이다. 즉 할부선적계약분은 총 100만 캔이며 1회 할부분은 10만 캔이라는 말이다[21].

---

20) 분할선적이 금지되어 있는 경우에도 동일항차의 동일선박에 이루어진 수회의 선적은 선적일과 선적항 · 인수지 · 발송지가 서로 달라도 최종 목적지가 동일하다면 분할선적으로 간주되지 않는다.

21) 달리 정한 바가 없는 경우에는 예컨대 5월에 선적할 수 있는 10만 캔을 매도인은 5월중에 분할선적 할 수 있다.

그런데 4월까지는 계약대로 잘 이행하였으나 5월에 계약대로 선적하지 못한 경우 그것은 앞으로 남은 계약에 어떤 영향을 미치게 되는가? 이 경우 신용장통일규칙에 따르면 계약대로 선적하지 못한 당해 할부분은 물론, 앞으로 남아있는 계약분도 자동 취소되는 것으로 간주된다. 그러므로 이를 방지하기 위해서는 아래 ①과 같은 문언을 계약서에 명시해 두어야 한다.

① Each installment in case of shipments by installment shall constitute a separate contract.

② Shipment to be made from May to October, in six equal monthly installments.

3) 조건부 선적

조건부선적(conditional shipment)이란 선적에 일정한 조건을 붙여서 그 조건이 충족되면 선적하는 경우를 말한다. 예컨대 "Shipment during September to October subject to seller's receipt of L/C by August 15."과 같은 경우이다. 또는 "Subject to ship's space being available"은 선복이 확보되는 경우에 한하여 약정시기에 선적하고 그렇지 않으면 기간 내에 선적을 못해도 책임이 면제되는 조건이다.

① Shipment will be made during May subject to receipt of L/C by the end of April.

② Shipment to be made within 30 days subject to receipt of your order on or before May 15.

4) 환적

환적(換積)이란 어느 하나의 운송수단(선박, 항공기, 철도회사 등)에 적재된 화물을 목적지까지의 운송도중에 동일한 종류의 다른 운송수단 또는 상이한 종류의 다른 운송수단으로 옮겨 싣는 것을 말한다. 환적 허용여부도 계약에 명기되어야 하며, 환적 금지문언이 없는 경우 일반적으로 환적이 허용되는 것으로 해석된다.

① **환적 허용문언의 예**

- Transshipment is allowed.
- Transshipment is permitted.
- Transshipment is not prohibited.
- March shipment will be transshipped at Kobe[22] for San Francisco.

② **환적 금지문언의 예**

- Transshipment is not allowed.
- Transshipment is not permitted.
- Transshipment is prohibited.

5) 선적일자의 입증

선적일자(date of shipment)란 수출업자가 약정물품의 선적(적송; 적출)을 완료한 일자를 말하므로, 선적시기의 위반 여부는 선적일자에 의해 판단된다. 만약 실제로 선적된 일자가 지정된 선적기간 전이거나 또는 그 후에 해당되면 이는 선적시기의 위반이 된다. 그러므로 수출입의 당사자는 무역계약을 체결할 때에 어떠한 일자를 선적일자로 볼 것인가에 대하여 합의해두는 것이 좋다. 선적 일에 대한 당사자의 별도 합의가 있는 경우에는 합의된 날짜가 선적일자로 간주된다.

그러나 별도의 당사자 합의가 없는 경우 선적일자는 운송서류(transport documents)에 의하여 증명되는데, 현행 신용장통일규칙에 규정되어 있는 운송서류별 선적일자는 다음과 같다.

① **해상/해양선하증권(Marine/Ocean Bill of Lading)**

화물이 선적된 후에 발행되는 선적선하증권의 경우에는 그 증권의 발행일자(date of issuance)를 선적일자로 본다. 그러나 화물의 선적을 위해 수취된 시점에 발행되는 수취선하증권의 경우에는 그 증권에 기재되어 있는 본선적재의 부기일자(date of on board notation)를 선적일자로 본다.

② **비유통성 해상화물운송장(Non-negotiable Sea Waybill)**

화물이 선적된 후에 발행되는 선적해상화물운송장의 경우에는 그 운송장

---

22) 환적항을 Kobe 항으로 지정하고 있는 경우이다.

의 발행일자를 선적일자로 본다. 그러나 화물의 선적을 위해 수취된 시점에 발행되는 수취해상화물운송장의 경우에는 그 운송장에 기재되어 있는 본선적재의 부기일자를 선적일자로 본다.

③ **용선계약부 선하증권**(Charter Party Bill of Lading)

화물이 선적된 후에 발행되는 선적선하증권의 경우에는 그 증권의 발행일자를 선적일자로 본다. 그러나 화물이 선적되기 이전의 시점, 즉 선적을 위해 수취된 시점에 발행되는 수취선하증권의 경우에는 그 증권에 기재되어 있는 본선적재의 부기일자를 선적일자로 본다.

④ **복합운송서류**(Multimodal Transport Document)

복합운송서류의 경우에는 그 서류의 발행일자를 선적일자로 본다. 그러나 만약 복합운송서류상에 스탬프(stamp) 또는 기타의 방법으로 발송일자(date of dispatch) · 책임수령일자(date of taking in charge) · 선상적재일자(date of loading on board)가 표시되어 있는 경우에는, 그러한 표시일자가 선적일자로 간주된다.

⑤ **항공운송서류**(Air Transport Document)

항공운송서류의 경우에는 그 서류의 발행일자를 선적일자로 본다. 그러나 실제의 발송일자(actual date of dispatch)가 신용장에서 요구된 경우에는, 항공운송서류 상에 명기되어 있는 실제의 이륙일자가 선적일자로 간주된다.

⑥ **도로 · 철도 · 내수로 운송서류**(Road, Rail of Inland Waterway Transport Document)

도로 · 철도 · 내수로 운송서류의 경우에는 각기 운송서류의 발행일자를 선적일자로 본다. 그러나, 도로 · 철도 · 내수로 운송서류 상에 화물을 선적, 발송 또는 운송하기 위하여 수취하였다는 것을 표시하는 수취스탬프(reception stamp)가 찍혀 있는 경우에는, 그러한 수취스탬프의 일자(date of reception stamp)가 선적일자로 간주된다.

⑦ **우편수취증**(Post Receipt) · **우송증명서**(Certificate of Posting)

수출물품을 우편으로 보내는 경우에는, 발송지 우체국에서 발행하는 우편수취증 또는 우송증명서에 찍힌 스탬프일자(date of stamp) 또는 별도의 표시일자가 선적일자 또는 발송일자로 간주된다.

⑧ **특송 속달업자 발행의 서류**

수출물품의 송부를 특송(courier) 또는 속달업자(expedited delivery service)에게 위탁한 경우에는, 특송 속달업자가 발행한 서류 상에 표시된 집화일자(date of pick-up) 또는 수취일자(date of receipt)가 선적일자 또는 발송일자로 간주된다.

5. 보험조건(terms of insurance)

무역상품의 국제간 이동에는 주로 해상운송이 이용되며 또한 장기간의 운송기간이 소요된다. 장기간의 국제운송 중 무역상품은 각종 운송상의 위험에 노출되게 된다. 이 같은 위험을 부보하기 위하여 수출 또는 수입업자는 보험에 부보한다.

무역거래에서 누가 보험계약자로서 보험계약을 체결하여야 되는가의 문제는 어떠한 정형무역거래조건(trade terms)를 채택하여 무역계약을 체결하느냐에 따라 결정된다. 예컨대 INCOTERMS 2020의 FOB조건이면 수입상이 CIF조건이면 수출상이 보험계약을 체결하고 보험료를 부담하여야 한다.

또한 해상적하보험의 보상조건에 대해서는 일반적으로 협회적화약관(institute carge clause)에 따른다. 협회적화약관은 전위험담보(ICC(A)), 분손담보(ICC(B)), 단독해손부담보(ICC(C))로 구분된다.

6. 대금결제조건(terms of payment)

일단 무역계약이 성립되면 그 계약의 조건에 따라 약정품을 인도하는 것이 매도인의 의무이며, 그 약정품을 수령하고 계약조건에 따라 대금은 지급하는 것이 매수인의 의무이다. 무역거래에서 대금을 결제하는 방식에는 다음과 같은 것들이 있으나 화환신용장에 의한 방식이 가장 널리 이용되고 있다.

오늘날 실무에서 무역대금의 결제방식으로서 가장 보편적으로 이용되고 있는 무역신용장에 대해서는 국제무역결제방식에서 구체적으로 설명한다.

7. 포장조건(terms of packing)

포장조건이란 수출상품에 대하여 매매, 수송, 화역, 보관 등에 있어서 그 물품의 외형과 내용을 안전하게 보호하기 위한 수출포장(export packing)을 어떻게 할 것인가에 대하여 무역계약서 상에 약정하는 것을 말한다. 수출상품의 포장은 가볍고, 부피가 적고, 튼튼하고, 값싸고, 보기 좋은 것으로 하되 수출상품의 종류, 성질 또는 도착지와 운송 중의 기후와 환적의 회수, 도착국의 화물포장 등에 관한 법규 및 상관습, 그리고 포장비와 운임 등을 충분히 고려하여 가장 합리적이고 안전한 포장을 해야 한다.

포장조건에서는 ① 포장의 종류, ② 하인이 문제가 되며, 또한 ③ 1개 포장화물의 중량과 용적이 운송의 경로·방법·하역사정 등에 가장 적당하게 되도록 하기 위하여 상품의 매 포장 당(per package)의 수량이 문제가 된다.

1) 수출포장의 종류

(1) 개장(unitary packing)

개장이란 일반적으로 소매를 위하여 물품의 최소단위를 하나하나 포장하는 것을 말한다.

(2) 내장(interior packing)

내장이란 개장된 물품을 운송 또는 취급하기 좋도록 적절한 재료로 싸거나 용기에 수용하는 것을 말하며, 이는 내용물이 수분·습기·광선·진동 등에 의하여 손상되지 않도록 외장의 내부에 판지·목모(excelsior, wood wool)·솜·플라스틱 등을 채우거나 칸막이를 하는 경우 등이다.

(3) 외장(outer packing)

외장은 화물을 운송함에 있어 파손·변질·도난·분실 등을 방지하기 위하여 적절한 재료나 용기로 화물을 보호하기 위하여 포장하는 것을 말한다. 외장은 다년의 경험과 연구에 의하여 정형화된 포장격식(style of packing)이 고안되어

관용되고 있으며, 이에는 목상자(wooden case) · 판지상자(carton) · 부대(bag) · 드럼(drum) 등이 많이 이용되고 있다.

2) 하인(Shipping Marks, Cargo Marks)

수출품을 포장하면 그 외장에 특정의 기호 · 번호 · 목적지 · 취급주의 문구등의 각종 표시를 하는데, 이는 운송인 기타의 관계자가 다른 화물과의 식별을 용이하게 하기 위한 것이다. 하인의 주요부분은 기호 및 번호(marks and numbers)이며, 이는 선하증권 · 송장 등에도 기재되어 화물과의 대조를 용이하게 한다. 기호와 번호가 불완전하게 표시된 포장으로 말미암아 일어나는 사고에 대하여는 매도인이 책임을 져야 한다.

(1) 주하인(main mark)

주하인은 다른 화물과의 식별을 용이하게 하기 위한 일정한 기호로서 외장면에 보통 삼각형 · 다이아몬드형 · 정방형 · 마름모형 · 타원형 등의 표시를 하고 그 안에 상호의 약자 등을 써넣는다. 삼각형 등의 그림이 없이 문자나 숫자만으로 된 주하인도 있다.

(2) 부하인(counter mark)

주하인의 보조로서 동류의 타 화물과 식별을 용이하게 하기 위한 것으로 부하인이 내용물의 품질 또는 등급을 표시할 경우에는 품질표시가 된다.

(3) 중량표시(weight mark)

화물의 순 중량과 총 중량을 표시한다. 용적표시(measurement mark)가 필요한 경우도 있다.

(4) 목적항 표시(port mark)

화물의 선적 또는 양육작업을 용이하게 하고 화물이 오송되는 일이 없도록 목적항 또는 목적지를 표시한다. CHICAGO OVERLAND VIA SEATTLE과 같이 경유지까지 표시하기도 한다.

(5) 기호(case number)

포장물이 여러 개인 경우 포장마다 총 개수를 일련번호로 표시한다.

(6) 원산지표시(country of origin mark)

화물의 원산지를 표시한다. 즉 우리나라가 원산지인 경우의 상품은 MADE IN KOREA로 표시한다.

(7) 주의표시(caution mark, care mark)

화물의 운송 또는 보관 시 취급상의 주의를 표시한 것인데, 이를 보통 포장의 측면에 표시하기 때문에 "side mark"라고도 한다.

주의표시에는 USE NO HOOK, WITH CARE, KEEP DRY, THIS SIDE UP, OPEN HERE, FRAGILE 등이 있다.

(8) 기타의 표시

수입상이 수입화물의 분류나 통관 등의 편의를 위하여 주문번호(order No.)등을 외장에 표시하도록 지시하는 경우가 있다.

그림 6-1 하인의 표시 사항

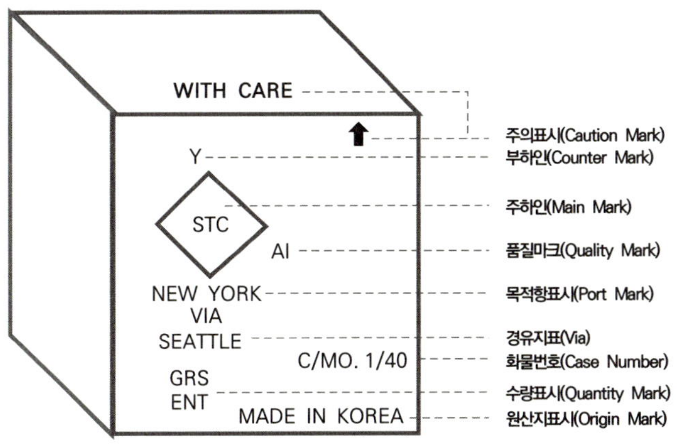

8. 분쟁해결 및 상사중재조건

앞에서 설명한 무역계약조건에 관하여 수출입 당사자간에 아무리 명확한 협약을 해두었다 하더라도 국제무역은 언어와 관습, 법률 등의 차이에서 오는 분쟁이 생기기 쉽다. 따라서 분쟁을 방지하기 위하여 사전에 무역계약조건을 명확히 하고 이를 성실히 이행하여야 한다. 그럼에도 불구하고 분쟁이 발생하면 그 분쟁의 해결을 타협, 조정, 중재, 소송 등 어떠한 방법으로 할 것인가에 대해서도 무역계약시에 합의해두어야 한다.

그런데 오늘날 실제로 무역분쟁은 거의가 상사중재(commercial arbitration)로 해결되고 있으며, 또한 그것이 바람직하다. 분쟁을 중재로 해결하기 위해서는 당사자 합의에 의한 중재합의(arbitration agreement)가 있어야 한다. 중재계약은 매매계약서에 중재조항(arbitration clause)을 삽입해두는 방법이 일반적으로 이용되고 있다. 중재조항의 예는 본서의 제11장에 소개되어 있다.

한편 중재판정부(arbitral tribunal)가 내린 중재판정(arbitration award)은 분쟁당사자에 대하여 법원의 확정판결과 동일한 효력이 있다. 그러므로 판정패자는 동 판정에 불만이 있더라도 이를 다시 법원에 제소할 수 없음은 물론 이에 불응하면 국가의 공권력에 의한 강제집행을 받게 된다. 뿐만 아니라 외국에서 내려진 중재판정도 뉴욕협약에 가입한 가맹국간에는 상호주의 원칙에 따라 자국 내에서 내려진 중재판정과 같이 그 승인 및 집행이 보장된다. 우리나라도 1958년 6월에 채택된 뉴욕협약에 1973년 5월에 가입하였다.

제 7 장

INCOTERMS® 2020

제7장 INCOTERMS® 2020

Ⅰ. INCOTERMS의 일반적 개요

1. INCOTERMS의 의의

인코텀즈는 무역거래조건의 해석에 관한 일련의 통일된 국제규칙을 제공함으로써 이와 관련된 무역분쟁을 예방할 목적에서 1936년 ICC에 의하여 제정되었다. 무역거래는 매도인과 매수인, 양자의 합의에 의한 매매계약에 기초하여 이루어진다. 이러한 매매계약에서 거래 당사자가 서로에게 지켜야 할 의무사항은 다양하게 구성되어질 수 있다. 즉, 매도인이 출발지에서 물품을 매수인에게 인도할 것인지 또는 도착지에서 인도할 것인지를 달리 합의할 수 있다. 의무사항에 따라 양당사자의 위험부담과 비용부담이 달라짐은 당연하다. 이러한 의무사항을 매번 계약시마다 새로 약정하는 것은 비효율적이고, 각 나라의 상관습이나 법률에 따라 동일한 의무사항이 달리 해석되어질 수 있으므로 정확하지도 못하다.

따라서 무역 당사자들은 오래 전부터 정형화된 거래조건을 사용해 왔는데 이를 국제적으로 통용될 수 있도록 ICC(International Chamber of Commerce: 국제상업회의소)를 중심으로 법제화한 것이 Incoterms이다. Incoterms는 1936년 최초 제정된 후 2020년 8차 개정에 이르게 되었다.

1919년에 창립된 ICC는 창립직후 파리의 본부 내에 정형거래조건위원회(Trade Terms Committee)를 설치하고 이를 통해 각국에서 사용하고 있는 정형거래조건의 사용실태를 조사하였다. 이를 바탕으로 ICC는 1923년에 Trade Terms Definitions를 간행하고 ① FOB, ② FOR(FOT), ③ Free Delivered

및 ④ CIF의 4가지에 대하여 각국의 정의와 당사자의 권리 · 의무에 관한 해석을 비교하는 대조표를 이에 기재하였다. 그 후 다시 20여개 국가로부터 보고를 받아 이들 자료를 정리하여 1929년에 Trade Terms로서 간행하였는데 여기에는 위의 4가지 이외에 FAS와 C&F가 추가되었다. 이것이 그 후 Incoterms로 알려진 규칙의 전신이다.

Incoterms는 1936년에 제정된 이래 상관습의 변화를 반영하여 1953년, 1967년, 1976년, 1980년, 1990년, 2000년, 2010년에 각각 개정 또는 추가되었고, 2019년 9월 10일 국제상업회의소는 제8차 개정분 Incoterms® 2020을 공표하였고, 2020년 1월 1일부터 시행된다.

2. Incoterms® 2020의 거래조건 분류

2020년 Incoterms는 전체 11가지 거래조건을 E그룹, F그룹, C그룹 및 D그룹의 네 가지 그룹으로 분류하고 있다. 전체 11개 거래조건을 운송방식에 따라 ① 운송방식에 관계없이 사용되는 조건과 ② 해상 및 내수로 운송에 사용되는 조건으로 구분하고 있다.

〈표 7-1〉 Incoterms 분류

2010년 Incoterms		2020년 Incoterms	
운송방법에 관계없이 사용되는 조건	EXW, FCA, CPT, CIP, DAT, DAP, DDP	운송방법에 관계없이 사용되는 조건	EXW, FCA, CPT, CIP, DAP, DPU, DDP
해상 및 내수로 운송에 사용되는 조건	FAS, FOB, CFR, CIF	해상 및 내수로 운송에 사용되는 조건	FAS, FOB, CFR, CIF

이상의 분류는 DAT가 DPU로 변경된 것을 제외하고는 Incoterms 2010과 차이가 없다. 그리고, "해상 및 내수로 운송에 사용되는 조건은 매도인이 연안항(sea port)나 하구항(river port)에서 물품을 본선에 적재하는(FAS에서는 물품을 선측에 두는) 경우에 사용되는 것을 의도 하였다. 이러한 지점에서 매도인은 매수인에게 물품을 인도하고, 물품의 멸실 또는 훼손의 위험은 위 항구로부터 매수

인에게 이전된다.

운송방식에 관계없이 사용되는 조건은 EXW, FCA, CPT, CIP, DPU, DAP, DDP의 7가지 조건으로 이들 조건은 해상운송이 전혀 포함되지 않은 경우에도 사용될 수 있고, 또 운송의 일부구간에 선박이 이용되는 경우에도 사용될 수 있다.

2020년 Incoterms에 규정된 11개 조건을 2010년 Incoterms의 구분 방식에 따라 구분하여 비교해 보면 〈표 7-2〉과 같다.

〈표 7-2〉 2010년 Incoterms와 2020년 Incoterms 비교

구분	2010년 Incoterms	2020년 Incoterms
E그룹	EXW	EXW
F그룹	FCA	FCA
	FAS	FAS
	FOB	FOB
C그룹	CFR	CFR
	CIF	CIF
	CPT	CPT
	CIP	CIP
D그룹	DAP	DAP
	DAT	DPU
	DDP	DDP

Ⅱ. Incoterms® 2020 당사자 의무 규정 및 개정내용

1. Incoterms® 2020 당사자 의무 규정

2020년 Incoterms에서는 2010년 Incoterms와 마찬가지로 모든 정형거래조건에 대하여 매매당사자의 상대방에 대한 의무를 각각 10개 항목으로 대칭되게

규정하고 있으나 그 표제에는 약간의 변화가 있었고, 그에 따라 내용에도 변화가 생겼다. 여기서 각 항목에서 Incoterms 2020에서 규정하고 있는 표제에 변화가 있는 부분을 간추려 살펴보면 〈표 7-3〉과 같다.

〈표 7-3〉 매도인/매수인 의무 규정항목

구분	2020년 Incoterms
A1/B1	일반적 의무(General Obligations)
A2/B2	인도의 수령(Delivery)
A3/B3	위험의 이전(Transfer of risk)
A4/B4	운송(Carriage)
A5/B5	보험(Insurance)
A6/B6	인도/운송 서류(Delivery/Transport document)
A7/B7	수출입 통관(Export/Import clearance)
A8/B8	점검/포장/하인 표시(Checking/Packing/Marking)
A9/B9	비용분담(Allocation of costs)
A10/B10	통지(Notices)

수출자와 수입자간 인도의무, 위험이전, 비용분담 등 Incoterms의 핵심원칙은 기존 2010년 보다 의미가 한층 강조됐다. 우선 수출자(A)와 수입자(B)로 나뉘는 Incoterms 개별규칙에서 인도 및 인도의 수령, 위험이전의 중요성이 부각되면서 각각 'A2/B2', 'A3/B3'로 Incoterms 2010 보다 상단으로 배치됐다. 수출입자 간 비용분담은 마지막 조항 '통지' 앞으로 배정돼 'A9/B9'에 자리했다. Incoterms 2010은 인도 및 인도의 수령이 'A4/B4'에, 위험이전이 'A5/B5', 비용분담이 'A6/B6'에 배치돼 있었다.

이에 따라 인코텀즈 2020의 규정은 일반의무(A1/B1), 인도·인도의 수령(A2/B2), 위험이전(A3/B3), 운송(A4/B4), 보험(A5/B5), 인도·운송서류(A6/B6), 수출입통관(A7/B7), 점검·포장·하인표시(A8/B8), 비용분담(A9/B9), 통지(A10/B10) 순으로 개정됐다.

2. Incoterms® 2020 주요개정내용

1) DPU(Delivered at Place Unloaded) 조건 신설

Incoterms 2010 규칙에서 DAT와 DAP 규칙의 유일한 차이점을 보면, DAT는 매도인이 물품을 도착 운송수단으로부터 양하한 후 '지정된 터미널'에 반입함으로써 매수인에게 인도해야 했고, DAP는 매도인이 지정된 도착지까지 물품을 도착 운송수단에 실어둔 채 양하를 위해 매수인의 처분 하에 뒀을 때 인도한 것으로 규정한 점이다.

이번 DPU 조건은 "터미널" 외 목적지에서 인도가 가능하다는 것을 나타내는 것이며, DAP 조건에서 "수출자의 양하 의무"만 추가하였다. DPU 조건은 '도착지 양하인도' 조건으로 목적지나 합의한 지점에서 수출자가 양하를 한 후 인도가 이루어지는 조건이다. 이 때, 수출자가 양하의 위험과 비용을 부담하게 되며, DPU 조건에서 인도와 목적지의 도착은 같으며, 만약 수출자가 양하의 위험과 비용을 부담하지 않으려면 DAP 조건을 사용해야 한다.

DPU 조건을 요약하면 ① 위험이전은 도착운송수단으로부터 양하된 상태로 지정목적항이나 지정목적지의 지정터미널에서 매수인의 처분 하에 놓인 때이며, ② 비용부담은 매도인은 위험 이전까지의 제비용을 부담하고 자가운송을 허용하며, 통관의 주체는 수출통관은 매도인, 수입통관은 매수인이 한다.

이번 개정에서는 ① 이러한 두 규칙의 서술 순서가 서로 바뀌었고, 양하 전에 인도가 일어나는 DAP가 이제는 DAT 앞에 온다. ② DAT 규칙의 명칭이 DPU(Delivered at Place Unloaded)로 변경돼 이제는 '터미널' 뿐만 아니라 어떤 장소든지 목적지가 될 수 있도록 규정을 수정했다. 다만, 그러한 목적지가 터미널에 있지 않는 경우에 매도인은 자신이 물품을 인도하고자 하는 장소가 물품의 양하가 가능한 장소인지 실무적으로 반드시 확인한 후 해당 규칙 적용에 동의해야 한다.

2) 사용자를 위한 설명문(Explanatory Note for Users)

Incoterms 2020의 11개 규칙들의 각각의 시작 부분에는 '사용자를 위한 설명문(Explanatory Note for Users)'을 두고 있다. Incoterms 2010의 사용지침(Guidance Note)이 인코텀즈 2020의 사용자를 위한 설명문(Explanatory Note for Users)으로 대체되었는데, Incoterms 2010의 사용지침(Guidance Note)보다 상세한 내용을 기술하고 있다. Incoterms 2010 서언(Introduction)은 인코텀즈 규칙 전반에 대한 해석지침으로 볼 수 있고, 사용자를 위한 서언은 각 Incoterms 조건에 대한 해석지침으로 볼 수 있다.

Incoterms 2010의 개별 조건에서 사용지침(Guidance Note)은 개별조건이 어느 경우에 사용되는지, 매도인과 매수인 사이에 언제 위험이 이전하며 비용이 어떻게 분배되는지에 관한 것으로 개별 정형거래조건의 기본을 설명한 것이었고, 지침서는 Incoterms 2010 해석규칙의 실제적인 한 부분을 구성하지는 않는다. 이는 단지 사용자들이 그들의 특정거래를 위한 적절한 정형거래조건의 보다 정확한 선택과 효율적인 사용을 돕기 위하여 만들어진 것이다.

Incoterms 2020 서언에서는 사용자를 위한 '인코텀즈 규칙의 일부인지'에 대한 기술이 없지만, ① 사용자들이 당해 거래에 적합한 Incoterms 규칙을 정확하고 효율적으로 찾도록 돕고, ②Incoterms 2020이 적용되는 분쟁이나 계약에 관해 결정을 내리거나 조언하는 사람들에게 해석이 필요한 사항의 경우 지침을 제공하는 것으로 보아야 한다.

3) 본선적재표기 서류(선적선하증권)제공

ICC 통계에 따르면 실무에서 많이 사용하고 있는 조건 중 하나가FCA(Free Carrier: 운송인 인도) 조건이다. FCA조건에서는 매수인이 수배한 운송인에게 매도인이 물품을 인도하는 시점을 비용과 위험의 분기로 한다. FCA조건은 운송수단과 상관없이 사용될 수 있다. 물품이 FCA규정에 따라 거래되고 해상운송되는 경우, 매도인 또는 매수인은 본선적재표기가 있는 선하증권을 원할 수도 있다.

이런 경우를 반영해 Incoterms 2020은 운송에 대한 추가적인 옵션을 두었다. 매수인은 운송인에게 선적 후 선적선하증권을 매도인에게 발행하도록 지시할 것을 매도인과 매수인 간 합의할 수 있는 규정을 두었다. 매수인의 지시를 통해 운송인이 발행한 선적선하증권을 발급받은 매도인은 이를 매수인에게 제공하여야 한다.

즉, FCA 조건의 A6/B6조항에서는 매수인이 선적 후에 선적선하증권을 매도인에게 발행하도록 그의 운송인에게 지시할 것을 합의할 수 있는 추가적인 선택을 규정해, 매도인이 은행을 통해 매수인에게 선적선하증권을 제공할 의무를 원활히 이행할 수 있도록 지원한다. 다만, 그럼에도 불구하고 매도인은 운송계약 규칙에 관해 매수인에게 어떠한 의무도 없다는 것을 강조한다.

4) 비용 조항에 대한 조항 위치 변경

Incoterms 2010에서는 당사자간의 의무, 위험, 비용의 분기점을 규정한 여러 조항에서 각 당사자에게 할당되는 다양한 비용이 나뉘어 규정됐다. 예컨대 Incoterms 2010의 FOB 규칙에서는 인도서류의 취득에 관한 비용에 관해 '비용분담(Allocation of Costs)'이라는 제목의 A6조항이 아닌 '인도서류(Delivery Document)'라는 제목의 A8조항에서 규정했다.

운송의무(A4)와 수출통관(A7)에는 각종 테러 등에 대비하기 위해 보안관련 의무를 명시했다. 관련 비용은 비용분담(A9/B9) 규정에도 반영했다.

하지만 Incoterms 2020 규칙에서는 비용과 관련한 사항은 A9/B9조항에서 당사자간의 비용 부담 내용을 모두 열거하고 규정한다. 이를 통해 사용자들에게 비용에 관한 일람표(one-stop list)를 제공함으로써 매도인과 매수인은 당해 인코텀즈 규칙상 자신이 부담하는 모든 비용을 한 곳에서 찾아볼 수 있게 됐다.

5) CIF와 CIP간 적하보험부보 범위의 차별화

Incoterms 2020 규칙에서 가장 눈에 띄는 것은 CIF 규칙과 CIP 규칙에서의 적하보험에 관한 부보 범위의 차별화다. Incoterms 규정 중 보험 부보를 의무화시켜 놓은 것은 CIP(운송비 · 보험료지급인도)와 CIF(운임 · 보험료포함인도) 조건이다.

Incoterms 2010에서는 CIF 및 CIP 규칙 모두 A3조항에서 "매도인은 자신의 비용으로 협회적하약관이나 그와 유사한 약관의 C-약관에서 제공하는 최소 부보범위에 따른 적하보험을 취득할 의무"를 규정했다.

그러나 Incoterms 2020에서는 이를 분리하여 보험 부보 범위를 차등화 했다.

개정된 규칙에서는 ① CIF 규칙은 일차 산품(Bulk cargo)의 해상무역에서 사용될 가능성이 매우 높으므로 CIF 규칙에서는 종전과 동일하게 협회적하약관, C-약관의 원칙을 계속 유지하되, 다만 당사자들이 보다 높은 수준의 부보를 하기로 별도로 합의할 수 있는 여지를 명문화했다. ② CIP 규칙의 경우 매도인은 협회적하약관의 A-약관에 따른 부보를 취득해야 한다. 물론 당사자들이 원한다면 보다 낮은 수준의 부보를 하는 것을 합의할 수 있도록 했다.

즉, CIF는 전과 마찬가지인 최소담보조건이 유지되고, CIP는 최대담보조건(A)으로 변경된다는 것이다.

CIF(운임 · 보험료포함인도)조건 하에서는 매도인은 C-약관(Clause C)에서 제공하는 담보조건으로 적하보험을 취득해야 하고, CIP(운송비 · 보험료지급인도)조건 하에서는 특정한 거래에서 다른 합의나 관행에 없는 경우 매도인은 자신의 비용으로 사용되는 운송수단에 적절한 협회적하약관이나 이와 유사한 약관의 A-약관(Clause A)에서 제공하는 담보조건으로 적하보험을 취득해야 한다.

6) 매도인/매수인 자가운송 허용

종전의 Incoterms 2010 규칙에 따르면, 매도인으로부터 매수인에게 물품이 운송되는 경우에 매도인 또는 매수인이 운송을 위해 사용하는 제3자 운송인(third-party carrier)이 물품을 운송하는 것으로 가정했다.

그러나 Incoterms 2020 개정 논의과정에서 물품이 매도인으로부터 매수인에게 운송될 때 상황에 따라서는 제3자 운송인의 개입이 전혀 없이 운송될 수도 있는 경우가 보고돼 논의가 이뤄졌다. 예컨대 D규칙에서 매도인이 운송을 제3자에게 아웃소싱하지 않고, 자신의 운송수단을 사용해 운송하는 것을 못하도록 할 이유나 근거가 없다. 마찬가지로 FCA 조건에서 매수인이 물품을 수취하기 위해 나아가 자신의 영업구내까지 운송하기 위해 자신의 차량을 사용하는 것을 금지할 어떠한 이유가 없다.

따라서 개정된 Incoterms 2020에서는 FCA, DAP, DPU 및 DDP에서 매도인 또는 매수인 자신의 운송수단에 의한 운송을 허용함으로써 실무적인 사항을 반영했다.

7) 운송의무 및 비용 조항에 보안관련 요건 삽입

Incoterms 2020에서는 종전의 Incoterms 2010에서 도입된 당사자의 보안(Security) 관련 의무사항을 운송 의무 및 비용 조항에 명시적으로 강조하고 있다. Incoterms 2020에서는 운송과 관련해 매도인으로부터 매수인에게 화물 인도가 있을 때까지 매도인이 운송 관련 보안요건을 준수할 것을 의무화 했다.

Ⅲ. Incoterms® 2020의 조건별 주요내용[1]

1. 운송방법에 관계없이 사용되는 조건

1) EXW(Ex Works)

공장인도(Ex Works: EXW)에서 매도인은 지정인도장소(그 지정인도장소에 합의된 지점이 있는 경우에는 그 지점)에서 물품을 '수취용 차량에 적재하지 않은 채(not loaded on any collecting vehicle)'로 매수인의 처분하에 둠으로써 인도하여야 한다. 물품이 인도된 때로부터 물품의 멸실 또는 훼손의 모든 위험은 매수인이 부담하며, 매도인의 영업구내에서 일어나는 적재작업 중의 위험을 매수인이 피하기 위해서는 FCA 규칙을 선택하는 것을 고려해야 한다.

매도인은 매수인에 대하여 운송계약이나 보험계약을 체결할 의무가 없다. 또한, 수출통관과 수입통관은 모두 매수인이 수행한다. 따라서 매도인은 수출통관도 수행하지 않는다. 매도인은 매수인에게 서류제공의무가 없으나, 매수인은 매도인에게 인도를 수령하였다는 적절한 증거를 제공하여야 한다. 매수인은 자신이 결정할 권리를 가지는 경우 인도시간과 인도지점을 매도인에게 통지하고, 매도인은 매수인이 물품의 인도를 수령하는데 필요한 통지를 하여야 한다. EXW 규칙은 11개 조건 중에서 매도인의 의무가 가장 작다.

1) 김상만, 인코텀즈 2020 주요 개정 내용과 시사점, 법학논고 제67집, pp.259~287, 2019.

2) FCA(Free Carrier)

운송인인도(Free Carrier: FCA)에서는 매도인은 물품을 지정인도장소(그 지정 인도 장소에 지정된 지점이 있는 경우에는 그 지점)에서 매수인이 지정한 운송인(또는 제3자)에게 인도하거나 그렇게 인도된 물품을 조달하여야 한다. 물품이 인도된 때로부터 물품의 멸실 또는 훼손의 모든 위험은 매수인이 부담한다. 매매계약에서 매도인의 영업구내 또는 그 밖의 장소 중에서 하나를 인도장소로 지정할 수 있다.

지정인도장소가 ① 매도인의 영업구내인 경우 물품이 매수인이 마련한 운송수단에 적재된 때, 또는 ② 매도인의 영업구내가 아닌 경우 물품이 매도인의 운송수단에 적재되어 지정인도 장소에 도착하고 매도인의 운송수단에 실린 채 양하 준비상태로 매수인이 지정한 운송인이나 제3자의 처분 하에 놓인 때에 인도된다. 또는 매도인은 그렇게 인도된 물품을 조달하여야 한다. 매매계약에서 매도인의 영업구내 또는 그 밖의 장소 중에서 하나를 인도장소로 지정할 수 있다. 위 ①의 경우 매도인의 영업구내에서 위험이 매수인에게 이전하고, 위 ②의 경우 그 지정 인도장소에서 위험이 매수인에게 이전한다.

매도인은 매수인에 대하여 운송계약이나 보험계약을 체결할 의무가 없다. 수출통관은 매도인이 수행하고, 수입통관은 매수인이 수행한다. 매도인은 물품이 인도되었다는 통상적인 증거를 제공하고, 매수인은 그 증거를 인수하여야 한다. 당사자들이 합의한 경우에는 매수인은, 물품이 적재되었음을 나타내는 운송서류를 매도인에게 발행할 것을 운송인에게 지시하여야 하고, 매도인은 그러한 운송서류를 매수인에게 제공하여야 한다. 수출통관은 매도인이 수행하고, 수입통관은 매수인이 수행한다.

3) CPT(Carriage Paid To)

운송비지급인도(Carriage Paid To: CPT)에서는 매도인은 지정인도장소(그 지정 인도장소에 합의된 지점이 있는 경우에는 그 지점)에서 물품을 매도인과 운송계약[지정목적지(그 지정목적지에 합의된 지점이 있는 경우에는 그 지점)까지 물품을 운송하는 계약)]을 체결한 운송인에게 교부하거나 그렇게 인도된 물품을 조달함으로써 인도하여야 한다.

물품이 인도된 때로부터 물품의 멸실 또는 훼손의 모든 위험은 매수인이 부담한다. 수출통관은 매도인이 수행하고, 수입통관은 매수인이 수행한다. 매도인은 운송계약과 보험계약의 체결의무가 있다.

CPT 규칙에서는 물품의 인도장소(위험이전장소)와 물품의 목적지를 구분해야 한다. 인도와 위험은 인도장소에서 이루어지지만, 매도인은 물품의 목적지까지 운송계약을 체결하고 운송비를 부담한다. 따라서 인도지점(위험 이전지점)과 비용부담지점이 상이하다. 매도인은 매수인에 대하여 보험계약 체결의무가 없다. 수출통관은 매도인이 수행하고, 수입통관은 매수인이 수행한다.

4) CIP(Carriage and Insurance Paid To)

운송비 · 보험료지급인도(Carriage and Insurance Paid To: CIP)에서는 매도인은 지정인도장소(그 지정 인도장소에 합의된 지점이 있는 경우에는 그 지점)에서 물품을 매도인과 운송계약[지정목적지(그 지정목적지에 합의된 지점이 있는 경우에는 그 지점)까지 물품을 운송하는 계약)]을 체결한 운송인에게 교부하거나 그렇게 인도된 물품을 조달함으로써 인도하여야 한다.

물품이 인도된 때로부터 물품의 멸실 또는 훼손의 모든 위험은 매수인이 부담한다. 수출통관은 매도인이 수행하고, 수입통관은 매수인이 수행한다. 매도인은 운송계약과 보험계약의 체결의무가 있다.

매도인은 사용되는 운송수단에 적합한 방법으로 그리고 장소에서 운송인에게 물품의 물리적 점유를 이전함으로써 물품을 인도할 수 있다. 매도인은 인도장소(그 인도장소에서 합의된 인도지점이 있는 경우에는 그 인도지점)으로부터 지정목적지(합의가 있는 경우에는 그 지 정목적지의 어느 지점)까지 물품을 운송하는 운송계약을 체결하거나 조달하여야 한다. 운송계약은 매도인의 비용으로 통상적인 조건으로 체결되어야 한다.

매도인은 인도지점부터 적어도 지정목적지점까지 매수인의 물품의 멸실 또는 훼손의 위험에 대하여 보험계약을 체결하여야 한다. 부보조건은 협회적하약관(A) 또는 이와 유사한 약관에 일치하는 부보조건으로 적하보험계약을 체결해야 한다. 인도와 위험은 인도장소에서 이루어지지만, 매도인은 물품의 목적지까지 운송계약을 체결하고 운송비를 부담한다. 따라서 인도지점(위험이전지점)과 비용부담지점이 상이하다.

5) DAP(Delivered at Place)

도착지인도(Delivered at Place: DAP)에서는 매도인은 물품을 지정목적지(그 지정목적지에 합의된 지점이 있는 경우에는 그 지점)에서 도착운송수단에 실어둔 채 '양하준비 상태(ready for unloading)'로 매수인의 처분하에 두거나 그렇게 인도된 물품을 조달함으로써 인도하여야 한다. 물품이 인도된 때로부터 물품의 멸실 또는 훼손의 모든 위험은 매수인이 부담한다.

매도인은 물품을 지정목적지(지정목적지에 합의된 지점이 있는 경우에는 그 지점)까지 가져가는 데 수반되는 모든 위험을 부담한다. DAP에서는 물품이 목적지에 도착하는 때에 인도되는바, DAP에서는 인도와 목적지의 도착은 동일하다. 매도인은 도착운송수단으로부터 물품을 양하(unload)할 필요가 없다. 그러나 매도인이 체결한 운송계약에서 인도장소(또는 목적지)에서의 양하 관련 비용이 발생한 경우에 이러한 비용은 매도인이 부담하며, 당사자간 달리 합의되지 않는 한 매도인은 그 양하 관련 비용을 별도로 매수인에게 청구할 권리가 없다.

매도인은 물품을 지정목적지(지정목적지에 합의된 지점이 있는 경우에는 그 지점)까지 운송하는 운송계약을 체결하거나 그러한 운송을 마련하여야 한다. 매도인은 매수인에게 보험계약 체결의무를 부담하지는 않는다. 다만, 물품을 지정목적지까지 운송하는데 발생하는 위험을 매도인이 부담하므로 매도인은 보험계약을 체결할 필요가 있다. 수출통관은 매도인이 수행하고, 수입통관은 매수인이 수행한다. 매도인은 매수인이 물품을 수령하는데 필요한 서류를 제공하고, 매수인은 그러한 서류를 인수하여야 한다.

6) DPU(Delivered at Place Unloaded)

도착지양하인도(Delivered at Place Unloaded: DPU)에서는 매도인은 물품을 지정목적지(그 지정목적지에 합의된 지점이 있는 경우에는 그 지점)에서 '도착 운송수단에서 양하하여(unload the goods from the arriving means of transport)' 매수인의 처분하에 두거나 그렇게 인도된 물품을 조달함으로써 인도하여야 한다. 물품이 인도된 때로부터 물품의 멸실 또는 훼손의 모든 위험은 매수인이 부담한다. 매도인은 물품을 지정목적지까지 가져가고 그곳에서 물품을 양하하는데 수반되는 모든 위험을 부담한다.

매도인이 도착지에서 물품을 양하할 수 없는 경우 또는 매도인이 도착지에서의 양하 관련 위험과 비용을 부담하는 것을 원하지 않는 경우에는 DPU는 적합하지 않고 그 대신 DAP를 사용하여야 한다.

DPU에서는 매도인은 수입통관의무가 없다. 수출통관은 매도인이 수행하고, 수입통관은 매수인이 수행한다. 매도인은 운송계약과 보험계약의 체결의무가 있다. 매도인은 물품을 지정목적지(지정목적지에 합의된 지점이 있는 경우에는 그 지점)까지 운송하는 운송계약을 체결하거나 그러한 운송을 마련하여야 한다. 매도인은 매수인에게 보험계약 체결의무를 부담하지는 않는다. 다만, 물품을 지정목적지까지 운송하는데 발생하는 위험을 매도인이 부담하므로 매도인은 보험계약을 체결할 필요가 있다. 매도인은 매수인이 물품을 수령하는데 필요한 서류를 제공하고, 매수인은 그러한 서류를 인수하여야 한다.

7) DDP(Delivered Duty Piad)

관세지급인도(Delivered Duty Piad: DDP)에서는 매도인은 물품을 지정목적지(그 지정목적지에 합의된 지점이 있는 경우에는 그 지점)에서 도착운송수단에 실어둔 채 '양하준비 상태(ready for unloading)'로 매수인의 처분하에 두거나 그렇게 인도된 물품을 조달함으로써 인도하여야 한다.

물품이 인도된 때로부터 물품의 멸실 또는 훼손의 모든 위험은 매수인이 부담한다. 매도인은 수출통관과 수입통관 모두 수행한다. 매도인은 수입통관하고, 수입 관세와 기타 수입 관련 조세를 납부하여야 한다. 매도인은 물품을 지정목적지(지정목적지에 합의된 지점이 있는 경우에는 그 지점)까지 가져가는 데 수반되는 모든 위험을 부담한다.

DDP에서는 물품이 목적지에 도착하는 때에 인도되는 바, 인도와 목적지의 도착은 동일하다. 매도인은 물품을 지정목적지(지정목적지에 합의된 지점이 있는 경우에는 그 지점)까지 운송하는 운송계약을 체결하거나 그러한 운송을 마련하여야 한다. 매도인은 매수인에게 보험계약 체결의무를 부담하지는 않는다. 다만, 물품을 지정목적지까지 운송하는데 발생하는 위험을 매도인이 부담하므로 매도인은 보험계약을 체결할 필요가 있다. 매도인은 매수인이 물품을 수령하는데 필요한 서류를 제공하고, 매수인은 그러한 서류를 인수하여야 한다. DDP 규칙은 11개 규칙 중에서 매도인의 의무가 가장 크다.

그림 7-1 운송방법에 관계없이 사용되는 조건

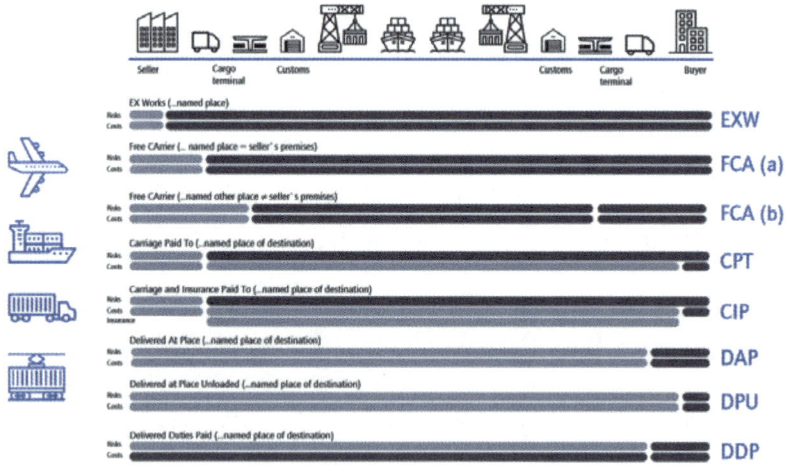

2. 해상 및 내수로 운송에 사용되는 조건

1) FAS(Free Alongside Ship)

선측인도(Free Alongside Ship: FAS)에서는 매도인은 물품을 지정선적항(그 지정선적항에 매수인이 표시한 인도지점이 있는 경우에는 그 인도지점)에서 매수인이 지정한 선박의 선측에 두거나 그렇게 인도된 물품을 조달함으로써 인도하여야 한다. 물품이 인도된 때로부터 물품의 멸실 또는 훼손의 모든 위험은 매수인이 부담한다. 물품의 멸실 또는 훼손 위험은 물품이 선측(예: 부두 또는 바지선)에 놓인 때 이전하고, 매수인은 그 순간부터 향후의 모든 비용을 부담한다.

매도인은 매수인에 대하여 운송계약이나 보험계약을 체결할 의무가 없다. 수출통관은 매도인이 수행하고, 수입통관은 매수인이 수행한다. 매도인은 물품이 인도되었다는 통상적인 증거를 제공하고, 매수인은 그 증거를 인수하여야 한다. 매수인은 매도인에게 선박명, 적재지점 및 합의된 인도기간 내에서 선택된 인도일자가 있는 경우에는 그 일자를 충분히 통지하고, 매도인은 물품이 인도된 사실(또는 매수인이 지정한 선박이 물품의 인도를 수령하지 않은 사실)을 매수인에게 통지하여야 한다.

2) FOB(Free on Board)

본선인도(Free on Board: FOB)에서는 매도인은 물품을 지정선적항(그 지정 선적항에 매수인이 표시한 적재지점이 있는 경우에는 그 적재지점)에서 매수인이 지정한 본선에 적재하거나 그렇게 인도된 물품을 조달함으로써 인도하여야 한다. 물품이 인도된 때로부터 물품의 멸실 또는 훼손의 모든 위험은 매수인이 부담한다. 물품의 멸실 또는 훼손의 위험은 물품이 본선에 적재된 때 이전하고, 매수인은 그 순간부터 향후의 모든 비용을 부담한다.

매도인은 매수인에 대하여 운송계약이나 보험계약을 체결할 의무가 없다. 수출통관은 매도인이 수행하고, 수입통관은 매수인이 수행한다.

매도인은 물품이 인도되었다는 통상적인 증거를 제공하고, 매수인은 그 증거를 인수하여야 한다. 매수인은 매도인에게 선박명, 적재지점 및 합의된 인도기간 내에서 선택된 인도일자가 있는 경우에는 그 일자를 충분히 통지하고, 매도인은 물품이 인도된 사실(또는 매수인이 지정한 선박이 물품의 인도를 수령하지 않은 사실)을 매수인에게 통지하여야 한다.

FOB는 물품을 본선에 적재함으로써 인도하는 해상운송이나 내수로운송에만 사용되어야 하는바, 물품이 본선에 적재되기 전에 운송인에게 교부되는 경우에는 적절하지 않고, 이 경우 FCA가 적합하다.

3) CFR(Cost and Freight)

운임포함인도(Cost and Freight: CFR)에서는 매도인은 물품을 본선에 적재하거나 그렇게 인도된 물품을 조달함으로써 인도하여야 한다. 물품이 인도된 때로부터 물품의 멸실 또는 훼손의 모든 위험은 매수인이 부담한다.

물품의 멸실 또는 훼손의 위험은 물품이 본선에 적재된 때 이전한다. 매도인은 인도장소(그 인도장소에서 합의된 인도지점이 있는 경우에는 그 인도지점)으로부터 지정목적항(합의가 있는 경우에는 그 지정목적항의 어느 지점)까지 물품을 운송하는 운송계약을 체결하거나 조달하여야 한다. 운송계약은 매도인의 비용으로 통상적인 조건으로 체결되어야 한다. 매도인은 매수인에 대하여 보험계약을 체결할 의무가 없다. 수출통관은 매도인이 수행하고, 수입통관은 매수인이 수행한다. 운송서류가 유통가능한 형식으로 수통의 원본으로 발행된 경우에 그 원본 전통이 매수인에게 제시되어야 한다. 매도인은 매수인에게 합의된 목적항에서 필요한 통상적인 운송서류를 제공하고, 매수인은 그 운송서류를 인수하여야 한다. 매수인은 자신이 결정할 권리를 갖는 것으로 합의된 경우에는 선적시기 및 지정목적항 내에서 물품수령 지점을 매도인에게 통지하여야 한다. 매도인은 물품이 인도되었음을 통지하고, 매수인이 물품을 수령하는데 필요한 통지를 하여야 한다. CFR에서는 인도항(port of delivery)과 목적항(port of destination)을 구분 해야 한다. 인도와 위험은 인도항(port of delivery)에서 이루어지지만, 매도인은 목적항(port of destination)까지 운송계약을 체결하고 운송비를 부담한다. 따라서 인도지점(위험이전지점)과 비용부담지점이 상이하다. 물품이 컨테이너 터미널에서 운송인에게 교부되는 경우에는 둘 이상의 운송수단이 이용되는데, 이 경우 CFR은 적합하지 않고, CPT가 적합하다.

4) CIF(Cost, Insurance and Freight)

운임 · 보험료포함인도(Cost, Insurance and Freight: CFR)에서는 매도인은 물품을 지정선적항에서 매도인이 지정한 본선에 적재하거나 그렇게 인도된 물품을 조달함으로써 인도하여야 한다. 물품이 인도된 때로부터 물품의 멸실 또는 훼손의 모든 위험은 매수인이 부담한다. 물품의 멸실 또는 훼손의 위험은 물품이 본선에 적재된 때 이전한다. 매도인은 인도장소(그 인도장소에서 합의된 인도지점이 있는 경우에는 그 인도지점)으로부터 지정목적항(합의가 있는 경우에는 그 지정목적항의 어느 지점)까지 물품을 운송하는 운송계약을 체결하거나 조달하여야 한다.

운송계약은 매도인의 비용으로 통상적인 조건으로 체결되어야 한다. 매도인은 선적항부터 적어도 목적항까지 매수인의 물품의 멸실・훼손 위험에 대하여 보험계약을 체결하여야 한다.

수출통관은 매도인이 수행하고, 수입통관은 매수인이 수행한다. 운송서류가 유통가능한 형식으로 수통의 원본으로 발행된 경우에 그 원본 전통이 매수인에게 제시되어야 한다. 매도인은 매수인에게 합의된 목적항에서 필요한 통상적인 운송서류를 제공하고, 매수인은 그 운송서류를 인수하여야 한다. 매수인은 자신이 결정할 권리를 갖는 것으로 합의된 경우에는 선적시기 및 지정 목적항 내에서 물품수령지점을 매도인에게 통지하여야 한다. 매도인은 물품이 인도되었음을 통지하고, 매수인이 물품을 수령하는데 필요한 통지를 하여야 한다. CIF에서는 인도항(port of delivery)과 목적항(port of destination)을 구분해야 한다. 인도와 위험은 인도항(port of delivery)에서 이루어지지만, 매도인은 목적항(port of

그림 7-2 해상 및 내수로 운송에 사용되는 조건

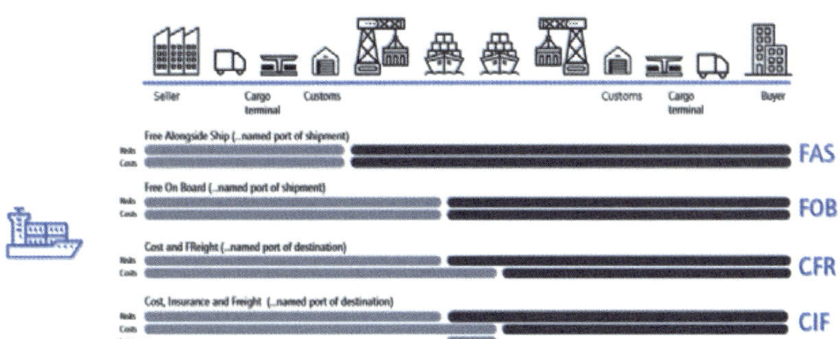

destination)까지 운송계약과 보험계약을 체결하고 운송비와 보험료를 부담한다.

따라서 인도지점(위험이전지점)과 비용부담지점이 상이 하다. 물품이 컨테이너 터미널에서 운송인에게 교부되는 경우에는 둘 이상의 운송수단이 이용되는데, 이 경우 CIF는 적합하지 않고, CIP가 적합하다.

제 8 장

국제무역결제

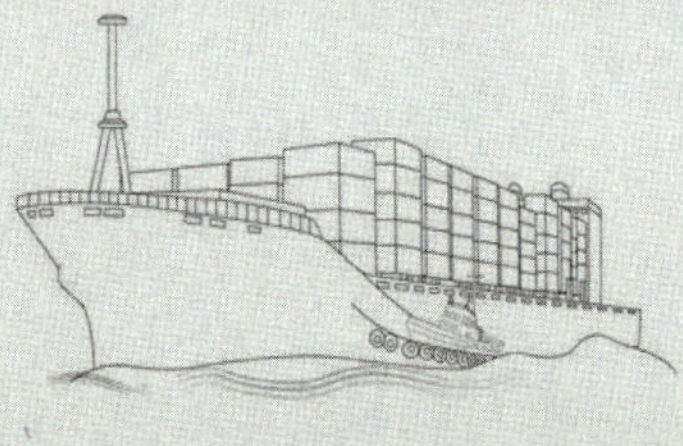

제8장 국제무역결제

Ⅰ. 무역거래과 신용위험

무역거래에는 국내의 상거래와 근본적으로 다른 특성이 있다. 예컨대 국내 점두매매와 백화점매매의 경우에는 현물을 취하면서 대금을 즉시 지급하기 때문에 물품과 대금을 주고받는데 시차가 발생할 수 있는 여지가 없다. 그러므로 이때 물품을 인도하고 대금을 못 받을 위험이나 대금을 지급하고 물품을 못 받을 위험의 여지도 없다.

그런데 통상적인 무역거래의 경우에는 당사자가 지리적으로 멀리 떨어진 서로 다른 국가에 소재하고 있기 때문에 물품이 선적된 후 장기간의 국제운송과정을 거쳐서 목적항에 도착하게 되고 그곳에서 수입자에게 현물이 직접 인도된다. 따라서 물품이 선적된 때로부터 인도될 때까지에는 상당한 기간이 소요된다. 그 기간이 만약 1개월이라면 물품과 그 대금을 주고받는 데는 1개월의 시차가 발생하게 된다. 그 이유는 대금지급조건이 선적 시 지급조건인 경우 수입자는 대금을 미리 지급하고 1개월 후에 물품을 인수하게 되며, 반대로 인도시 지급조건인 경우 수출업자는 물품을 미리 선적하고 1개월 후에 대금을 지급받게 되는 결과가 되기 때문이다.

수출업자와 수입자가 계약물품과 그 대금을 주고받는데 소요되는 시차의 폭을 급부와 반대급부에 대한 이행의 동시성 효과라고 부르기로 하자. 그러면 물품과 그 대금을 주고받는데 소요되는 시차가 적으면 적을수록 이행의 동시성 효과는 커지고, 반대로 시차가 커지면 커질수록 이행의 동시성 효과는 적어진다. 그러므로 급부와 반대급부에 대한 이행의 동시성 효과가 높다는 말은 그러한 시차가 적다는 말이며, 반대로 이행의 동시성 효과가 적다는 말은 그러한 시차가 크다는 의미이다. 그러므로 무역위험은 급부와 반대급부가 이행되는데 소요되는 시차의 크기에 정비례한다. 따라서 계약물품과 무역대금을 주고받는데 많은 시간이 소요되면 될수록 그에 비례하여 무역위험도 커지게 된다.

이 같은 시차로 인해 야기될 수 있는 여러 가지 위험을 넓은 의미에서 무역위험(risks for international trade)이라고 한다. 무역위험의 범주 속에는 신용위험(credit risks)[1], 환위험(exchange risks)[2], 불가항력의 위험(force majeure risks)[3]과 이들을 제외한 기타 위험(any other risks)[4]이 있다.

이들 위험 중 특히 신용위험(credit risks)이란 상대방의 고의 또는 과실로 인하여 야기될 수 있는 위험을 말한다. 여기에서 말하는 고의란 의도적 행위를 말하며, 과실이란 부주의 또는 업무능력의 부족에서 기인되는 결과를 말한다. 따라서 신용위험은 거래상대방(business partner)의 상도덕성이나 신용상태에 대한 진단 및 예측의 잘못 또는 그 변화로 야기된다.

이 같은 신용위험의 대표적인 사례로는 수출상의 대금영수불능위험과 수입상의 약정물품인수불능위험을 들 수 있다. 왜냐하면 수출상이 수출대금을 제때에 영수하고 수입상이 계약물품을 제때에 인수했다면 실질적인 무역거래의 목적은 실현된 셈이기 때문이다. 그러므로 수출・입상의 입장에서 볼 때 이들 두 가지 위험이 곧 신용위험의 대표적인 사례임과 동시에 무역위험 중에서도 가장 무거운 위험에 해당된다.

그런데 이 같은 신용위험은 상호 거래타방의 상도덕성이나 신용상태에 대한 조사를 철저히 하고 그 변화여부를 수시로 점검・재평가해서 이에 적절히 대처

1) 협의적 의미에서 무역위험이라고 할 때는 이 신용위험만을 의미한다.

2) 이는 환율변동으로 인하여 야기되는 환 차손발생 등과 같은 위험을 말한다. 이 같은 환 위험은 환 예약제도와 같은 것을 활용함으로써 상쇄시킬 수도 있다. 한편 다른 시각에서 볼 때 환율변동은 환 차손요인만을 발생시키는 것이 아니라 환 차익요인도 발생시킬 수 있는 여지가 있으므로 이를 잘 활용할 수만 있다면 긍정적인 측면도 없지 않다.

3) 이는 어느 한 국가의 무역정책 등의 변화로 야기되는 위험과 천재지변과 같은 불가항력사태의 결과로 오는 위험을 말한다. 이들 위험은 이에 관한 계약상의 명시적 약정방법을 통하여 또는 보험에 부보함으로써 상당부분 커버할 수 있다.

4) 이는 언어, 법률, 상관습, 가치관 등의 차이에서 오는 위험과 무역환경변화에 따른 가격변동의 위험, 장기간 국제운송상의 위험 등을 말한다. 이들 위험은 신용장통일규칙(UCP)이나 인코텀즈(Incoterms) 등과 같은 무역관련 국제규칙이나 각국의 법규 및 상거래관행 등을 충분히 숙지・활용함과 동시에 물품의 특성을 고려한 적절한 포장과 그리고 장래의 무역여건을 예측할 수 있는 능력을 함양함으로써 어느 정도 해소할 수 있다.

함으로써 다소 줄일 수는 있다. 그러나 이 같은 신용위험은 주로 당사자타방의 의도적·악의적 행위로 발생되는 것[5]이기 때문에 당사자일방의 노력만으로는 이를 근원적으로 예방할 수 없다는 사실에 주목할 필요가 있다.

이처럼 신용위험을 근원적으로 예방하는 것이 불가능하다면 그럼에도 불구하고 이로 야기될 수 있는 경제적 손해의 여지를 감수하면서까지 상인은 무역거래를 지속해야 되는가? 한편 이러한 신용위험을 극복할 수 있는 방안은 과연 없는 것일까?

제1차 세계대전이 발발하기 직전 한때 다발적으로 발생하는 이 같은 신용위험 때문에 교역당사자들은 무역거래를 기피하게 되었고, 그 결과 국제간의 교역이 상당히 위축되어 교역량이 감소한 때도 있었다. 그런데 두 차례의 세계대전은 결국 국제간의 교역량을 폭발적으로 증가시켰고, 그에 따라 세계 각국은 국제무역의 중요성을 재인식하기에 이른다. 사실 정치적·군사적 등의 목적으로 악용될 여지만 없다면, "범세계적 자유무역은 개인적·국가적·세계적 부(welfare)를 증대시켜서 인간의 삶의 질을 향상시키게 된다."는 사실은 이미 여러 무역학자들에 의하여 입증되어 있는 사실이기도 하다.

그런데 교역의 증대에도 불구하고 여전히 문제가 되는 것은 급부와 반대급부가 이행되는데 소요되는 시차의 크기에 정비례하여 발생될 가능성이 있는 신용위험이라는 문제였다. 그렇지만 현재까지도 이 같은 신용위험을 완전히 제거할 수 있는 방안은 발견되지 않고 있다.

인간의 경제행위는 기본적으로 절대적 만족을 추구하고자하지만, 그 것이 불가능한 경우에는 하나의 대안으로써 선과 형평의 원칙에 입각한 상대적 만족을 추구하게 되어 있다. 국제간에 이루어지는 상거래활동인 무역거래의 경우에도 이 같은 원리가 그대로 적용된다. 그래서 상인들은 차선책으로써 신용위험을 당사자에게 균등하게 분산시킬 수 있는 방안을 추구하게 된 것이다.

예컨대 신용위험이 자신에게 집중되어 있는 당사자는 무역거래를 기피할 것이고, 그렇지 않은 당사자는 오히려 무역거래에 적극적으로 임할 것이다. 신용위험의 분산방안은 어느 일방당사자에게 위험이 집중되는 일이 없도록 형평성의

5) 예컨대 수출상이 사기의 목적으로 위조 또는 불량품을 선적하거나 납기를 지연시키는 등, 또는 반대로 수입상이 정당한 이유 없이 수입대금의 지급을 지연 또는 거절하는 등의 경우.

원칙에 입각하여 위험을 균등하게 분산시켜 줌으로써 무역거래를 기피하는 당사자를 최소화해보자는 발상이다. 이처럼 당사자간에 형평성을 실현할 수 있는 최적의 방안중의 하나가 곧 위험의 분산이며, 위험의 분산은 곧 선과 형평의 원칙에 근거하여 이루어지게 된다. 그렇게 실현된 신용위험의 분산은 결국 물품과 그 대금을 주고받는데 소요되는 시차의 폭을 좁혀주는 역할을 하기 때문에 급부와 반대급부에 대한 이행의 동시성 효과를 높여주게 된다.

Ⅱ. 무역대금결제방식의 결정시기 및 방법과 결제수단

1. 결제란 무슨 말인가?

모든 상행위가 다 그러하듯이 무역거래(international trade) 역시 유상적이며 쌍무적인 거래(remunerative and bilateral transaction)이므로 당사자일방의 급부에 대한 타방의 반대급부를 발생시킨다. 따라서 당사자는 각기 그에 상응하는 권리와 의무를 서로 부담하게 된다 이를테면 무역계약조건에 따라 수출업자는 정해진 물품을 인도하고 그 대금을 청구할 수 있는 의무와 권리를, 수입업자는 동 물품을 인수하고 그 대금을 지급할 권리와 의무를 각기 지게된다. 이처럼 무역거래는 당사자간에 채권채무를 발생시키게 되는데, 이러한 채권채무관계를 다른 말로 국제대차관계라고도 한다.

이러한 국제대차관계는 일단 한번 발생한 이상 어떻게 해서든 당사자는 이를 소멸시켜야 한다. 예컨대 수출자가 제공한 약정물품을 수입자가 인수하고 그 대금을 지급함으로써 두 당사자간에 발생된 대차관계는 없어지게 된다. 이와 같이 당사자간에 발생한 대차(credit and debit)를 소멸시키는 일종의 법률행위가 곧 결제(settlement)라는 말이다.

2. 무역대금결제방식의 결정권자와 결정시기 및 방법

1) 무역대금결제방식은 누가 결정하는가?

상거래행위는 사법(private law)상의 법률관계에 해당된다. 사법상의 법률관계란 그 것이 법률의 강행규정이나 공서(public order)에 반하지 않는 한 당사자가 자의적 의사에 따라 임의로 처분할 수 있는 사안을 말한다. 따라서 상거래계약관계에서는 당사자의 의사가 최대한 존중된다. 이 같은 취지의 내용을 당사자자치의 원칙(principle of parties' autonomy)이라고 한다.

그런데 무역거래도 계약으로 성립되며, 계약의 주체는 당사자이다. 당사자자치의 원칙에 따라 당사자가 무역계약조건을 결정하게 된다. 무역대금결제방식도 여러 가지 무역계약조건 중의 하나이므로 이의 결정권자는 바로 무역계약의 당사자인 수출업자와 수입자가 된다.

2) 무역대금결제방식은 언제 결정되는가?

하나의 무역거래가 성사되기 위해서는 일련의 단계를 거치게 된다. 그러한 단계를 무역계약의 성립절차라고 한다. 개개 거래의 특성에 따라 다소의 차이는 있을 수 있겠지만 일반적으로 무역계약이 성립되는 절차를 단계별로 요약하면 다음과 같다.

① 해외시장조사(overseas market research)
② 유망한 목적시장의 발견(finding prospective target market)
③ 유망한 비즈니스 파트너의 발굴(selecting prospective business partner)
④ 거래제의(business proposal; business circular)
⑤ 신용조사(credit investigation)
⑥ 비즈니스 상담(business inquiry and reply; business negotiation)
⑦ 무역청약(trade offer)
⑧ 카운터 청약(counter offer)
⑨ 청약의 승낙(acceptance)

⑩ 승낙으로 사실상 무역계약성립

이상에서 보는 바와 같이 무역계약은 상담(business negotiation)의 과정을 거쳐 승낙으로 성립된다. 무역계약이 성립되면 그와 동시에 주요 거래조건들이 확정되므로 무역대금의 결제조건도 그때 결정되어 진다. 우리나라 민법도 이와 같은 취지의 규정을 두고 있다. 따라서 상담에 임할 때 당사자는 누구든 결제방식별 특성을 사전에 충분히 이해하고 있어야만 신용위험이 자신에게 집중될 수 있는 불이익을 능동적으로 예방할 수 있을 것이다.

3) 무역대금결제방식은 어떻게 결정되는가?

모든 상거래는 상대방이 있는 거래이기 때문에 어느 누구 혼자만의 생각으로 거래가 이루어질 수 없다. 그래서 하나의 계약(contract)이 성립되기 위해서는 당사자간에 합의가 있어야 되고, 그 합의의 내용은 실현 가능한 것이어야 된다. 합의(agreement)란 일정한 대차(credit and debit)를 발생시킬 목적의 서로 대립되는 의사표시의 합치(meeting of mind)를 의미한다. 서로 대립되는 의사표시의 합치는 어느 일방의 청약(offer)에 대하여 타방이 승낙(acceptance)함으로써 성립된다. 이렇게 성립된 합의를 계약이라 부른다.

그러므로 합의 없는 계약은 무효이고, 합의가 있더라도 실현 불가능한 계약 역시 법률적 효력이 인정되지 않는다. 뿐만 아니라 합의는 상호 대등한 관계에서 이루어진 것이어야 된다. 당사자 중 어느 일방의 일방적인 의사나 강압으로는 결코 적법한 계약이 성립될 수 없다.

무역계약(trade contract)도 당연히 합의계약(consensual contract)으로서의 성격을 지니기 때문에 여러 가지의 결제방식 중 어떤 것을 선택할 것인가의 문제도 응당 당사자간의 합의에 의하여 결정된다. 즉 여타의 무역계약조건과 마찬가지로 상담(business negotiation)의 과정을 거쳐서 당사자 중 어느 일방이 거래의 특성에 맞는 결제방식을 제의하고 타방이 그 제의를 받아들임으로써 결정되게 된다.

3. 무역대금의 결제수단

당사자간에 발생된 대차관계를 소멸시키기 위하여 이용되는 매체를 통칭하여 결제수단이라고 한다. 여기서는 오늘날 어떤 매체들이 무역대금의 결제수단으로 이용되고 있는지에 관하여 살펴보기로 한다.

1) 현물(goods)

여러분들은 어린 시절 누구와 어떤 물건을 서로 맞바꿔 본적이 없는가? 만약 있다면 그것이 바로 물물교환행위이며, 교환한 물건의 대가를 현물로 결제한 사례에 해당된다. 그런데 그것이 가능했던 이면적인 이유가 무엇이였을까를 생각해본 적이 있는가?

태초에 인간은 오로지 자신의 일상생활에 필요한 물자만을 생산해서 소비하였을 것이고, 이 같은 자급자족의 시대에는 당연히 집단간 물자교환의 필요성을 크게 느끼지 못했을 것이다. 그러나 생산기술의 진보로 잉여생산물이 발생하게 되면서 사회집단간 또는 구성원간에 생산물의 교환이 이루어지게 된다. 이처럼 인류 최초의 무역거래형태는 물물교환방식으로 시작되었을 것이라는 사실은 쉽게 짐작되는 일이다.

그렇지만 오늘날 사실상 현물과 현물을 상호 교환한다는 것은 지극히 제한적이거나 불가능할 수밖에 없다. 왜냐하면 물물교환(barter)이란 수출입한 물품의 대가를 다른 물품으로 결제하는 것이기 때문에 이를 필요로 하는 당사자간에는 상호 이용가치(value in use)의 등가성이 인정되어야 할뿐 아니라 수요자와 공급자의 다양한 욕구가 양적, 질적, 시간적으로 일치되어야 가능해지기 때문이다.

그러나 순수한 의미에서 물물교환의 경우처럼 대차(credit and debit)의 전액이 현물로 결제되는 것은 실무상 용이하지 않다고 하더라도, 그러나 그 일부는 현물로 나머지 차액은 현금으로 결제하는 것은 충분히 가능할 수 있으며, 그렇게 함으로써 당사자간이나 국가 간 정화의 이동이 최소화된다. 이러한 점 때문에 현대무역에서도 물물교환(barter), 구상무역(compensation trade)[6], 대응구매

6) 이는 양국간 수출입의 쌍무적 균형을 유지하기 위하여 수출입물품의 대금을 그에 상응하는

(counter purchase)[7], 제품환매(product buy-back)[8] 및 산업협력(industrial cooperation)[9]과 같이 동일한 거래당사자간에 수출과 수입을 연계한 소위 연계무역(link trade)의 형태에서 여전히 현물이 결제수단으로 많이 이용되고 있다.

〈표 8-1〉 연계무역의 종류 및 특징

	물물교환	구상무역	대응구매	제품환매
계약서	수출입 1개	수출입 1개	수출입 별도	수출입 별도
환거래	발생하지 않음	발생함	발생함	발생함
신용장	-	특수신용장[10]	일반신용장 (2개)	-
상계방법	현물	합의된 결제통화	합의된 결제통화	합의된 결제통화
대응수입 비율	100%	합의 (20-100%)	합의 (20-100%)	합의 (100% 초과 가능)
대응수입 기간	1년 이내 (일반적으로 동시)	3년	5년	3-25년
수입의무 제3국 전가	불가	가능	가능	가능

수입 또는 수출로 상계하는 수출입을 말한다. 구상무역은 양국간 정화의 이동여부에 따라 유환구상무역과 무환구상무역으로 구분된다. 무환구상무역은 수출과 수입금액을 균형시키기 때문에 대차의 차액이 발생하지 않게 되고 그 결과 외화로 대금을 결제할 필요가 없는 물물교환과 같은 거래방식이다. 유환구상무역이란 외화로 수출입대금을 그때그때 직접 결제하되 단 종국적으로는 수출입금액을 균형시키는 무역거래방식으로써 소위 "선 수출 후 수입" 또는 "선 수입 후 수출"과 같은 거래의 경우가 이에 해당된다.

7) 이는 수출금액의 일정비율에 상응하는 물품을 대응 수입하는 무역거래형태로써 환거래가 발생하며 양방무역계약(two-way trade contract)으로 거래가 성립된다. 따라서 수출자가 수출에 대응하여 수출한 기술과 설비에서 생산되는 상품이나 아니면 다른 상품을 수입할 의무를 부담하는 조건의 거래방식을 말한다.

8) 이는 수출자가 자신이 수출한 기술이나 설비 또는 플랜트(plant)에서 직접 파생되거나 이를 이용하여 생산된 상품을 수출대금의 일부 또는 전부로 수입해오는 무역거래방식이다.

9) 이는 기술이나 플렌트 등의 수출에 대응하여 그 설비로 생산된 제품을 수입하는 제품환매에만 그치지 않고 특히 첨단기술 수출과 관련된 분야에 공동참여 또는 기술지도 등의 협력방식을 취하는 무역거래형태이다. 따라서 넓은 의미에서 볼 때 제품환매도 일종의 산업협력에 해당되는 무역거래방식이다.

10) ① Back to Back L/C: 한 나라에서 일정액의 수입신용장을 발행할 때 상대방에서도 동액의 수입신용장을 발행하는 것을 유효조건으로 하는 신용장, ② Escrow L/C: 수입상(A)은 수입대금을 수출상(B)에게 지급하지 않고 Escrow account에 예치하였다가 수출상B가 수입상 A로부터 수입하는 때에 이를 인출하여 결제자금으로 사용하는 조건의 신용장, ③

2) 현금(cash)

고대무역의 주된 거래형태는 물물교환방식이였다. 교환수단이 마땅치 않으면 교환활동은 위축될 수밖에 없다. 그래서 호환성이 있고 공통가치를 지닌 일반적인 어떤 등가상품의 필요성이 인식되기에 이른다. 초기에는 곡물, 조개껍질, 가축, 소금, 모피, 무기, 노예 등이 교환수단으로 이용되었다. 그러다가 인간의 지혜가 차츰 발달하면서 호환성, 내구성, 운반 및 휴대성이 높은 금과 은 등의 귀금속으로 발전하면서 화폐가 출현하게 된다.

고대 희랍시대에는 주조화폐를 만들어 사용한 기록이 있으며, 마케토니아의 다우리스 왕조시대에는 화폐제도의 일종인 금과 은을 교환수단으로 하는 금은복본위제도를 실시했던 것으로 알려지고 있다.

좌우지간 이상과 같은 과정을 거치면서 오늘날의 화폐제도로 발전하게 된 것이다. 지구상에는 무수한 나라들이 있고 그들 나라들은 대부분 각기 독특한 화폐를 사용하고 있다. 그럼에도 불구하고 오늘날 국제간의 무역거래에서는 미국의 달러화(US$)가 결제통화[11]로 주로 이용되고 있는데, 그 주된 이유는 그것이 지니고 있는 국제적 유통성(circulativeness), 교환성(convertability) 및 시간적 공간적 가치의 안정성(stability)이 상대적으로 높기 때문이다. 즉 어느 나라에서나 통용될 수 있고, 환시세의 변동이 심하지 않아서 현재가치와 미래가치 간의 차이가 적은 통화이기 때문이다.

그런데 오늘날 국제무역은 동시다발적으로 발생할 뿐만 아니라 국제교역량이 증가함에 따른 거래금액도 일반인의 상상을 초월할 정도로 거액이다. 이 같은 수요에 충당하기 위하여 현금을 직접 수송해서 대금을 지급한다는 것은 분실이나 도난의 위험이 있을 뿐 아니라 비경제적인 일이다. 그래서 현금이 무역대금 결제수단으로 직접 이용되는 경우는 소위 보부상무역에서나 가능한 일이고, 통

Tomas L/C: Back to Back L/C의 변형으로서 상대방 수출상이 반드시 수입하겠다는 보증서를 제출하면 수입대금을 결제하는 조건의 신용장.

11) 과거에 우리나라는 외국환거래의 안전과 채권회수확보 및 적정한 외화관리 등의 목적에서 대금결제통화를 재경원이 지정하는 통화로만 하도록 외국환관리법으로 제한했었다. 그래서 지정영수통화와 지정지급통화 이외의 통화로 거래하는 경우에는 정상결제방법으로 인정되지 않았으므로 규제대상이었다. 그런데 1996년 이 제도가 폐지되었고, 그 결과 무역거래 당사자는 원칙적으로 결제통화를 자의적으로 결정할 수 있게 되었다.

상적인 무역거래의 경우에는 불가능하고도 불필요한 일이다.

3) 외국환(foreign exchange)

(1) 외국환이란?

국제거래는 물품과 같은 유형재(goods)를 매매하는 무역거래(visible trade)와, 운송·보험·금융·건설·기술과 같은 무형재(service)에 관련된 무역외거래(invisible trade)와, 자본의 이동을 필요로 하는 자본거래(capital transaction)로 분류할 수 있다. 그런데 이들 국제거래는 필연적으로 국제대차를 발생시키고, 발생된 대차관계는 결제되어야 된다. 이 같은 국제대차를 결제하기 위한 수단으로 외국환이 이용되고 있다. 외국환이란 현금을 직접 수송하지 않고 신용수단을 이용해서 제3자인 은행을 통한 지급위탁의 방법으로 국제간의 대차를 결제하는 결제수단이다. 따라서 외국환거래는 ① 채권채무자간 현금의 직접수송이 이루어지지 않는다는 점, ② 반드시 은행이 개입하게 된다는 점, ③ 어음이나 수표와 같은 신용수단이 이용된다는 점, ④ 지급위탁의 방식을 취한다는 점등의 특징을 갖고 있다.

(2) 내국환과의 차이

① 거래당사자가 서로 다른 국가에 소재하고 있다는 점
② 환거래가 발생해서 결제되기까지 상당한 기간이 소요된다는 점
③ 거래당사국간에는 서로 다른 화폐를 사용하고 있다는 점
④ ③의 결과로 외환시세의 변화에 따른 환 위험(exchange risk)이 수반된다는 점
⑤ 모든 국가는 외국환을 통제·관리하고 있으므로 이의 거래에는 일정한 제한이 있다는 점

(3) 외국환의 결제방식

외국환을 이용하여 국제간 대차관계를 결제하는 방법에는 송금환과 추심환의 형태가 있다. 채무자가 자신의 채무를 이행하기 위하여 은행을 통해 결제자금을

채권자에게 보내주는 방법을 송금환이라 하고, 반대로 채권자가 은행을 통하여 채무자에게 채권금액을 청구하는 방법을 추심환이라고 한다. 송금환의 경우는 결제자금의 이동이 환의 이동과 같은 방향으로 움직인다는 의미에서 순환이라고도 하고, 추심환의 경우는 결제자금의 이동이 환의 이동방향과는 반대방향으로 움직인다는 의미에서 역환이라고도 한다.

이들 두 방식은 국제대차결제에 이용되지만, 그중 송금환은 무역외거래의 대금결제에 주로 이용되고 추심환은 무역거래의 대금결제에 주로 이용된다. 송금환의 경우는 송금수표와 우편환 및 전신환이, 추심환의 경우는 환어음이 거래수단으로 주로 이용되고 있다.

① **송금환방식의 거래과정**

a. 송금수표의 경우

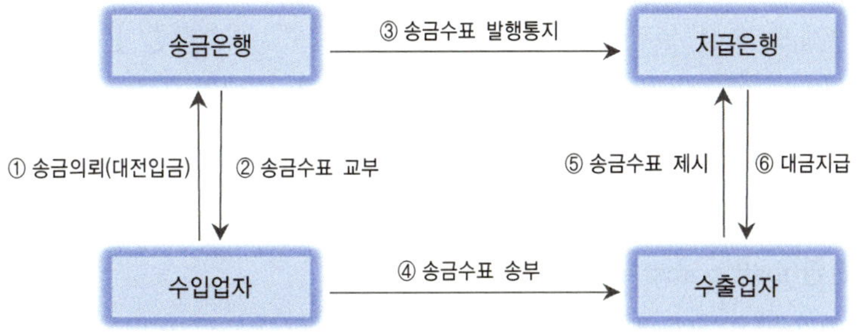

b. 우편 또는 전신환의 경우

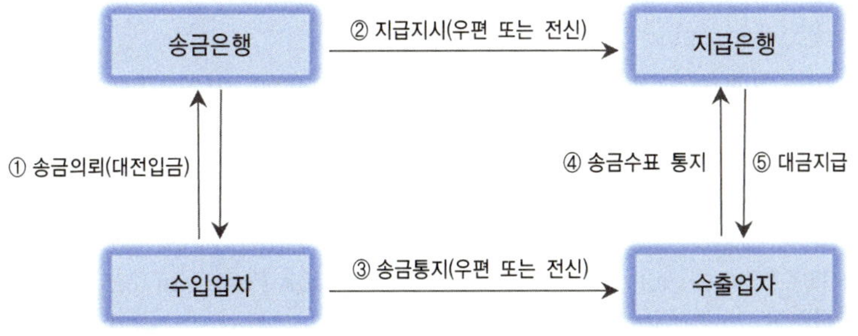

② **추심환방식의 거래과정**

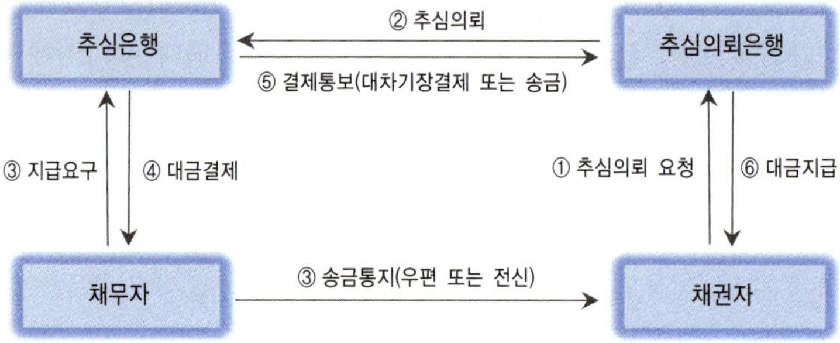

(4) 외국환의 지급지시방법

① **송금수표**(demand draft: D/D)

이는 은행으로부터 발행받은 송금수표를 채무자인 송금인이 채권자인 수취인에게 직접 우편으로 발송하는 방법으로써 우송도중 분실의 위험이 있으나 개인간 소액송금 등에 이용된다. 특히 국제통신판매품 및 외국서적 구입 시, 또는 외국 어학연수신청 접수금, TOEFL, GRE 등의 시험응시료를 납부할 때 송금수표가 주로 이용된다.

② **우편환**(mail transfer: M/T)

이는 송금은행이 직접 지급은행 앞으로 수취인(채권자)에게 일정금액을 지급해주도록 위임하는 지급지시서(payment order)를 우편으로 송부하는 방법으로써 급하지 않은 소액송금 시에 주로 이용된다.

③ **전신환**(telegraphic transfer: T/T)

이는 송금은행이 지급은행 앞으로 수취인에게 일정금액을 지급해주도록 전신으로 지급지시를 하는 방법으로써 거액의 송금이나 시급을 요하는 송금 시에 주로 이용된다. 오늘날 국제은행간 송금은 SWIFT[12)]를 이용하여

12) SWIFT란 "The Society for Worldwide Inter-bank Financial Telecommunication"의 약자이다. 이는 외국환은행의 국제간 자금결제업무를 신속·정확하게 수행하기 위해 조직한 국제은행간 데이터통신 시스템을 말한다. 이 제도에 가입하면 국제은행간의 자금대체 지시송달을 신속·정확·안전하게 처리할 수 있다. 외국의 은행과 이루어지는 외화자금매매, 대출 및 예치금거래, 외국거래은행에 있는 계정잔액 및 대차내역을 쉽게 확인할 수 있다. 이는 1973년 구미 15개국의 239개 금융기관이 공동설립 하였으며, 본부는 스위스 베른에 있다. 이 밖에 우편송금, 전신송금, 송금수표 등의 송금 및 추심업무와 신

지급지시를 하는 방법이 주로 이용되고 있다.

4) 환어음(bill of exchange)

어음이란 한마디로 채권채무를 소멸시키기 위하여 이용되는 격지자간의 대차결제수단이다. 환어음이란 이를테면 환(exchange)의 원리가 적용되는 어음이라는 말이다. 영어로는 “bill of exchange”라고 하는데, 이를 줄여서 “bill” 또는 “draft”라고도 한다. 오늘날 여러 가지의 무역대차결제수단 중에서도 환어음이 가장 대표적이며 실무에서 가장 많이 이용되고 있다. 대부분의 무역거래에서 수출업자는 계약에 따라 약정된 물품을 선적한 후 환어음을 발행해서 수출대금을 영수하게 된다.

(1) 환어음의 정의

환어음이란 채권자가 채무자로 하여금 특정한 만기일에 특정된 장소에서 어음상에 표시된 채권금액을 제3자에게 무조건 지급해주도록 위탁하는 요식증권이며 유가증권이다.

채권자는 자신이 지정한 제3자나 또는 어음소지인(holder)에게 자신이 발행한 어음금액을 일정한 기일에 일정한 장소에서 무조건 지급해주도록 채무자에게 요구하는 환어음을 발행하고, 지시인(채권자가 지정한 제3자) 또는 어음소지인은 지급조건에 따라 동 환어음을 채무자에게 제시하면서 어음대금의 지급을 요구한다. 그러한 요구를 받은 채무자는 무조건 어음대금을 지급하게 된다. 그런데 이때 지급인(채무자)이 어떤 이유로 어음대금을 지급하지 못하게 되면 당해 어음은 부도처리 된다.

(2) 환어음과 약속어음의 차이

격지자간의 대차결제수단으로 이용되는 어음은 약속어음(promissory note)과 환어음(bill of exchange or draft)으로 구분할 수 있다.

용장발행, 화환어음의 통지업무도 신속하게 처리된다. 우리나라는 1990년 3월부터 SWIFT방식을 도입하여 운용하고 있다.

이 두 어음은 상업서류(commercial document)가 아닌 금융서류(financial document)라는 점에서, 그리고 일정한 요건[13]을 구비해야만 법률적 효력이 인정되는 요식증권(formal instrument)이라는 점에서, 또한 금융시장에서 매매의 대상이 될 수 있는 유통증권(negotiable instrument)이라는 점에서는 동일하다.

그런데 약속어음은 채무자가 채권자 앞으로 발행하는 지급약속증권임에 반하여 환어음은 채권자가 채무자 앞으로 발행하는 지급위탁증권이라는 점과, 약속어음은 단본어음(sole or sola note)으로 발행되는데 비하여 국제결제에 이용되는 환어음은 복본어음(set bill)으로 발행된다는 점에서 서로 다르다.

(3) 환어음의 종류

① 내국환어음과 외국환어음

이는 환어음거래의 당사자가 어디에 있느냐에 따른 구분이다. 당사자가 동일 국내에 있는 경우의 환어음이 내국환어음(domestic bill of exchange)이고, 당사자가 2개국 이상에 걸쳐있는 경우의 환어음이 외국환어음(foreign bill of exchange)이다. 외국환어음은 환취결범위가 국제간이지만 내국환어음의 환취결범위는 1개국 내에 국한된다. 좌우지간 무역대차의 결제수단으로 이용되는 환어음은 외국환어음이다.

② 단본어음과 복본어음

이는 환어음의 발행통수를 기준으로 한 분류에 불과하다. 정본(original) 1통만으로 발행되는 어음을 단본어음(sole or sola bill)이라 하고, 동일한 내용의 정본과 부본(duplicate) 2통으로 발행되는 어음을 복본어음(set bill)이라 한다. 내국환어음은 단본으로 발행되지만, 무역대차의 결제수단으로 이용되는 외국환어음은 복본으로 발행된다. 복본환어음의 경우 어느 한 통이 미리 결제되면 나머지 한 통은 자동적으로 무효로 된다.

③ 수출환어음과 수입환어음

이는 환어음의 발생원인이 수출과 관련된 것이냐 아니면 수입과 관련된 것이냐에 따른 구분이다. 수출업자가 발행하는 모든 환어음을 수출환어음

---

13) 어음법 제 1조 참조.

(export bill of exchange)이라 하고, 수입과 관련되어 있는 환어음을 수입환어음(import bill of exchange)이라고 한다. 동일한 환어음일지라도 수출업자의 입장에서 보면 수출환어음이고, 수입업자의 입장에서 보면 수입환어음이 된다. 수출업자도 수입업자도 아닌 제3자의 입장에서는 이를 통칭하여 수출입환어음이라고 할 수 있다. 따라서 이는 누구의 입장에서 보느냐는 차이가 있을 뿐 개념상의 차이는 없다. 단지 수출환어음은 당발환어음(outward bill)에, 수입환어음은 타발환어음(inward bill)에 속한다고 할 수 있다.

④ **일람출급환어음과 기한부환어음**

이는 지급기한에 따른 구분이다. 환어음이 제시되면 이를 일람한 즉시 지급해야 되는 조건의 환어음을 일람불 또는 일람출급환어음(sight bill)[14)]이라 하고, 환어음이 제시되면 그 즉시 어음금액을 지급하는 것이 아니라 일람후 일정기간이 지나고 나서 만기일에 지급되는 조건의 환어음을 기한부환어음(time or usance bill)[15)]이라고 한다. 일람출급환어음은 수출업자 측에 유리하고, 기한부환어음은 수입업자 측에 유리한 조건의 환어음이다.

⑤ **지급도환어음과 인수도환어음**

환어음이 제시되었을 때 어음지급인이 즉시 지급하는 조건의 환어음이 지급도환어음(payment bill)이며, 어음지급인이 즉시 지급하지 않고 일단 미리 인수(acceptance)했다가 일정기일 후에 지급하는 조건의 환어음이 인수도환어음(acceptance bill)이다. 따라서 일람출급환어음은 지급도환어음에 해당되고, 기한부환어음은 인수도환어음에 해당된다.

⑥ **화환어음과 무화환어음**

이는 환어음에 상업서류인 운송서류의 첨부여부에 따른 구분이다. 환어음에 운송서류가 첨부되는 조건의 환어음이 화환어음(documentary bill)이고, 첨부되지 않는 조건의 환어음이 무화환어음(non-documentary bill)이다.

---

14) 일람출급환어음의 경우에는 "At ××× sight of this First Bill of Exchange(Second of the same tenor and date being unpaid) pay to ABC Bank, Seoul, Korea."와 같이 표기된다.

15) 기한부환어음의 경우에는 "At 60 days after sight of this First Bill of Exchange(Second of the same tenor and date being unpaid) pay to ABC Bank, Seoul, Korea."와 같이 표기된다.

화환어음을 담보(조건부)환어음 또는 화물환어음, 무화환어음을 무담보(조건부)환어음(clean bill)이라고도 한다. 무역대금의 결제용으로 주로 이용되는 환어음은 화환어음이다. 그런데 클레임대금이나 운임 및 보험료 등을 청구할 때는 첨부할 운송서류가 없기 때문에 이때에는 무화환어음이 이용된다. 따라서 무화환어음은 무역외 결제수단으로 주로 이용된다.

무역실무에서 환어음이라고 하면 이는 당연히 외국환어음이며 복본어음임과 동시에 수출 아니면 수입 환어음이며, 일람출급 아니면 기한부이고, 지급도 아니면 인수도이며, 화환 아니면 무화환 어음을 지칭하게 된다. 즉 하나의 외국환어음이라도 그 말속에는 복본, 수출, 일람출급, 지급도, 화환어음이라는 의미가 함께 내포되어 있다는 말이다.

(4) 환어음의 특성 및 요건

① 채권자가 채무자 앞으로 작성하고 서명한다.
② 서면으로 작성되어야 된다.
③ 지급위탁청구서의 역할을 한다.
④ 일람출급 또는 기한부 형식을 취한다.
⑤ 어음상의 문언은 무조건적이어야 된다.

(5) 환어음거래의 당사자

약속어음과 달리 환어음은 채권자가 채무자 앞으로 발행한다. 무역계약에서 채권자는 수출업자이고 채무자는 수입업자가 된다. 신용장계약에서는 수출업자인 수익자(beneficiary)가 채권자이고, 채무자는 수입업자가 아니라 신용장을 발행한 발행은행(issuing bank)이다. 이처럼 환어음거래의 당사자란 환어음거래에 등장하여 일정한 채권과 채무를 부담하게 되는 자를 말한다. 이 같은 예비지식을 가지고 매 환어음거래 시마다 등장하는 기본 당사자를 살펴보면 다음과 같다.

① **발행인(drawer)**

환어음을 발행하고 거기에 서명하는 자를 환어음 발행인이라 한다. 환어음은 아무나 발행할 수 있는 것이 아니다. 채권자인 수출업자(exporter)가

환어음을 발행하고 거기에 서명(signature)한다. 무역계약상의 수출업자가 환어음거래에서는 발행인으로 불리어진다.

② **지급인**(drawee)

환어음의 지급을 위탁받은 자를 환어음 지급인이라 한다. 다시 말해서 환어음이 제시되면 어음금액을 지급할 책임이 있는 채무자를 말한다. 따라서 무신용장부 환어음인 경우에는 항상 수입업자(importer)가 지급인이 되지만, 신용장부 환어음인 경우에는 항상 신용장발행은행(issuing banking)이 지급인으로 된다.

③ **수취인**(payee)

환어음금액을 지급 받게될 일종의 채권자를 말한다. 채권자가 환어음을 발행한다는 점에서는 발행인이 수취인으로 되는 것이 원칙이다. 이때에는 환어음의 발행인과 수취인이 동일하다.

이처럼 환어음의 발행인과 수취인은 같을 수도 있지만 실무에서 그렇지 않은 경우가 더 많다. 왜냐하면 대부분의 환어음은 지급인이 최종적으로 지급하기 전에 매입되어 유통되기 때문이다.

앞에서 지적한 바와 같이 환어음은 그 성격상 유가증권임과 동시에 유통증권이므로 배서(endorsement)나 교부(delivery)에 의하여 제3자에게 양도될 수 있다. 환어음은 매입(negotiation)이라는 방법을 통하여 양도되므로 환어음을 매입한 제3자가 매입한 당해 환어음의 금액을 청구할 수 있는 채권자가 되는 셈이다. 실무에서 실제로 환어음을 발행한 발행인은 외국환은행에 이의 매입을 의뢰하고, 그 의뢰에 따라 매입한 은행을 매입은행(negotiating bank)이라 한다. 이때에는 매입은행이 지급인으로부터 환어음금액을 지급받을 수 있는 수취인이 된다.

매입된 환어음은 제3자에게 재매입(renegotiation)될 수도 있는데, 그렇게 하여 환어음을 점유하고 있는 자를 소지인(holder)이라고 하며, 문면상 완전하고 정규의 환어음을 소지하고 있는 선의의 소지인(bona-fide holder)은 약정된 지급만기일에 지급인(drawee)으로부터 지급받을 수 있다.

결국 환어음거래에서 수취인(payee)은 수출업자인 발행인(drawer)이 될 수도 있지만, 오히려 지정된 매입은행(negotiating bank)이나 환어음을 매입하여 이를 소지하고 있는 소지인(holder)이 수취인(payee)으로 되는 경우가 더 일반적이다.

(6) 환어음의 준거법

무역거래에 이용되는 환어음은 국제간에 통용되는 외국환어음(foreign bill of exchange)이므로 어음의 발행지국과 지급지국이 서로 다르다. 그래서 환어음행위를 규율할 준거법(govern law)이 문제된다.

환어음에 관한 준거법은 행위지의 어음관련법이 우선 적용되고, 보완적으로 국제상업회의소(International Chamber of Commerce: ICC)가 제정한 "추심에 관한 통일규칙"[16]과 국제관례의 순으로 적용된다.

따라서 외국환어음행위의 효력은 우선적으로 행위지의 법률에 따르게 되므로 우리나라에서 발생된 어음행위는 우리나라의 어음법이, 외국에서 발생된 어음행위는 그 나라의 어음법이 적용되게 된다. 예컨대 만약 우리나라에서 발행된 환어음이 미국에서 배서(endorsement)된 후 영국에서 인수(acceptance)된 경우라면, 발행행위의 적법성여부는 우리나라 어음법에 따라, 배서행위의 적법성여부는 미국의 어음법에 따라, 인수행위의 적법성여부는 영국의 어음법에 따라 결정된다. 따라서 우리나라에서 발행된 환어음이 우리나라 어음법에 따르면 무효인 경우에도 미국에서 합법적으로 배서되었고, 영국에서 적법하게 인수되었다면 당해 환어음의 배서와 인수행위는 유효한 것으로 간주된다.

Ⅲ. 무역대금결제방식의 종류와 특징

1. 송금결제방식(Settlement by Remittance Basis)

송금방식이란 수입업자인 채무자가 약정물품이 선적되기 전이나 또는 선적된 후에 수출업자에게 동 물품의 대금을 외화로 송금해주는 조건의 결제방식이다.

16) The Uniform Rules for Collections, 1995 Revision, ICC Publication No. 522.

그러므로 물품의 선적시점을 기준으로 해서 선적 전에 대금을 송금하여주는 방식을 선불송금방식, 선적 후에 대금을 송금해주는 방식을 후불송금방식이라 할 수 있다.

1) 선불송금방식(remittance for advance payment)

(1) 선불송금방식이란?

이는 수입업자가 수입대금의 전액을 약정물품이 지정된 장소에서 선적되기 전에 수출업자에게 미리 송금하여 지급하고, 그에 따라 수출대금을 영수한 수출업자가 정해진 기간이내에 약정물품을 선적하는 방식이다. 단순송금방식(advance Payment) 또는 선지급방식(Payment in Advance or Cash in Advance)이라고도 하며 수입업자가 수출업자 앞으로 물품을 주문하면서 미리 대금을 송금한다는 의미로 주문지급(Cash With Order: CWO)이라고도 하며, 계약 성립과 동시에 대금을 지급하기로 하는 계약지급(Cash With Contract: CWC), "T/T in Advanced", "Prior to Ship" 등으로 부른다. 우리나라 대외무역법과 외환거래법에서는 단순송금방식이라 칭한다.

(2) 선불송금방식의 유형

여기에는 계약성립과 동시에 대금을 지급하기로 하는 계약불(cash with contract: CWC)과, 주문 시에 대금을 송금하는 주문불(cash with order: CWO)과 같은 유형이 있다.

(3) 주로 이용되는 경우

선불송금방식이 실무에서 주로 이용되는 경우는 수요에 비해 공급이 부족한 국제적으로 유명상품의 거래 시나 또는 해외에 소재하고 있는 지사와의 거래 시 금융의 목적으로 이용되기도 한다. 본지사간의 경우가 아닌 한 선불방식은 수출지국에 수입업자의 대리인이 소재하고 있는 경우에 효율적으로 이용될 수 있다.

(4) 위험의 분산여부

선불방식은 「선 대금지급, 후 선적」의 순으로 이루어지는 결제방식이므로 신용위험이 수입업자 측에 집중되어 있다. 왜냐하면 수입업자는 대금을 지급하고도 약정물품을 인도받지 못하게 되는 경우가 있을 수도 있기 때문이다.

2) 후불송금방식(remittance for later payment)

후불(사후)송금방식(later remittance after shipment)은 수출업자가 대금을 받기 전에 수입업자에게 상품과 선적서류를 발송하고, 수입업자는 상품을 수령한 후에 물품대금을 수출업자에게 송금하여 결제하는 방식이다. 대금결제 기간은 채권확보 차원에서 수출업체가 자율적으로 결정할 수 있다. 이 방식은 송금시점에 따라 선적서류지급불, 상품인도지급불, 외상불로 구분할 수 있다. 수입상의 입장에서는 계약물품을 인수한 후에 무역대금을 송금하여 결제하기 때문에 상업위험의 부담은 제거할 수 있지만, 수출상의 입장에서 보면, 계약물품을 먼저 선적하기 때문에 대금결제에 대한 신용위험을 배제할 수 없는 부담을 지게 된다.

사후송금에서 계약서의 “Terms of Payment”란에 다음과 같이 기재하며, 대금송금을 받을 은행의 명칭과 정확한 계좌번호를 계약서에 기재하거나 별도로 통보하여 알려준다.

① By T/T within 10days after the date of B/L.
② Buyer shall remit by T/T payment within 10days after the shipment.
③ Buyer shall remit by wire transfer within 10days after the date of B/L issuance.

사후송금방식은 그 성격에 따라서 여러 가지의 다른 용어로 표현되고 있는데, “Open Account(O/A)”, “COD”, “CAD”, “European D/P” 등이 있다.

(1) O/A(Open Account)방식

일정기간동안(예컨대 통상적으로 30일에서 180일 동안) 수출입상간에 물품매매계약을 체결한 후, 매 건별로 구매계약서나 구매주문서(purchase order) 등에 의하여 수출상이 물품을 선적한 후에 선적서류 원본을 수입상에게 직접 송부하면, 수입상은 물품매매계약서상의 결제조건에 따라 선적일 기준으로 일정기간이 경과한 후(또는 일정기일)에 수출상이 지정한 은행의 계좌(account)로 대금을 송금하여 결제하는 방법을 의미한다.

선적통지부 결제방식(Open Account: O/A)에서는 수출업체가 수출품 선적을 완료하고 해외의 수입자에게 선적사실을 통지함과 동시에 채권이 발생하는 거래를 의미하며 '선적통지 조건부 사후송금 결제방식'의 거래형태이다.

이 방식은 신용사회풍토가 정착된 서유럽과 북미에서 가장 널리 사용되는 방법이다. 최근에는 우리나라에서도 그 사용 비중이 높아지고 있는 추세에 있다. 선적통지 결제방식 거래에서는 수출업자가 수입업자의 사업 능력과 성실성을 믿어야만 거래의 성립이 가능하다. 또는 지배적인 시장 세력이 무역을 하기 위해서는 선적통지 결제방식만이 가능하다고 요구하는 방법이기도 하다. 이 방식은 "상호계산" 방식, "청산결제방식"이라고 부르기도 한다.

우리나라의 외국환법에서는 이러한 O/A 거래를 '상호계산' 방식으로 부르고 있으며 외국환거래규정에서 정하는 바에 따라 사전에 '지정거래외국환은행'에 '신고'하여야 한다. 또한 계정의 결산기간은 1년을 초과하지 않는 범위 내에서 지정하여야 하며, 매 결산 기간 종류 후의 대차기 전액은 반드시 3개월 이내에 청산(대기잔액에 대한 지급 또는 차기잔액에 대한 영수)하도록 규제하고 있다.

그림 8-1 O/A 결제방식의 거래과정

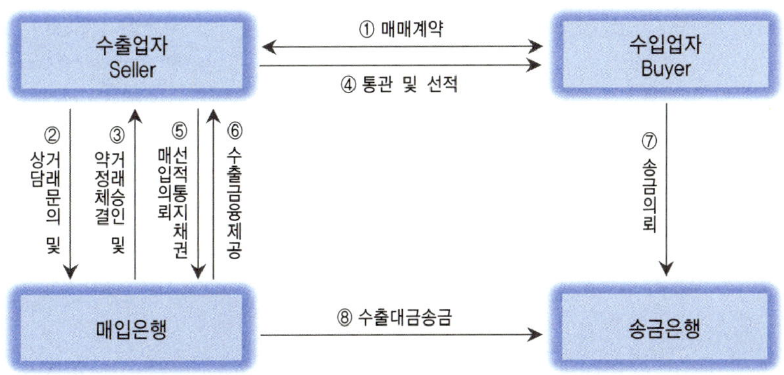

(2) COD(Cash On Delivery)방식

COD란 Cash On Delivery의 줄인 말이다. 이 방식은 수출상이 보낸 상품의 품질을 수입상이 직접 확인한 후 물품과 현금을 맞교환하는 거래이다. 이 방식의 거래에서 수입상은 도착한 물품의 상태가 마음에 들지 않을 경우 현장에서 계약을 취소 할 수 있으며 상품품질저하를 이유로 물건 값을 깎을 수도 있다. 따라서 수입업자는 COD거래에서 품질에 대한 염려는 전혀 할 필요가 없는 안전한 거래이다. 그러나 수출업자는 이 같은 거래에서 높은 위험을 부담해야 한다.

현품을 수입상이 지정한 장소에 도착시켜야 하기 때문에 수입국에서의 수입통관도 수출상이 하였으며 물품이 괜찮은 데도 불구하고 변덕스러운 수입상이 계약취소를 하게 되면 큰 손해를 감소할 수밖에 없다. 이러한 수출상의 위험도 때문에 국제 상관례 상 COD거래로 무역을 하는 상품은 특정품목으로 제한되어 있는바 그것은 전문가의 감정을 거쳐야 물건 값을 매길 수 있는 귀금속 종류(특히 다이아몬드)가 주로 이 방식으로 거래된다.

COD방식에서 물품인도시기는 수입업자가 정한 장소 또는 계약 시 합의한 장소에서 물품을 인도한 때이며 대금지급장소는 물품인도장소이다. 통상적으로 COD는 상품을 항공기로 운송할 때 많이 사용되는 방법이며 경우에 따라서는

그림 8-2 COD 결제방식의 거래과정

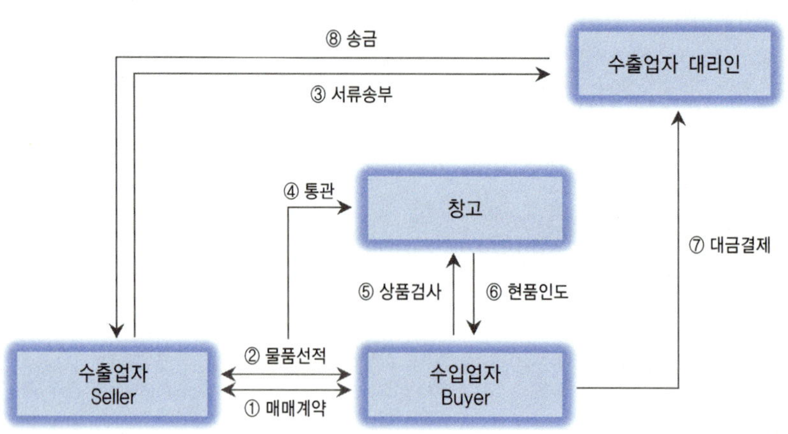

특송배달(DHL, Federal Express 등) 또는 항공회사와 제휴하여 수입업자에게 물품을 인도하면서 대금을 회수한다.

(3) CAD(cash against document)방식

CAD란 Cash Against Document의 줄인 말이다. 서류상환 결제방식(CAD)은 수출상이 상품을 선적하고 선적서류(상업송장, 선하증권, 보험서류 등)를 수입업자의 지사나 대리인(주로 수출상의 국가기에 소재함)에게 제시하거나 또는 해외의 수입상에게 직접 서류를 송부하여, 당해 서류와 상환으로 대금의 결제가 이루어지도록 하는 방식이다. 통상 수입자의 지사나 대리인 등이 수출국 내에서 물품의 제조과정을 점검하고, 수출품에 대한 '선적전 검사'(PSI: Pre-Shipment Inspection)를 한 후 지급한다. 대개의 경우 수입상(또는 대리인)이 선적서류를 접수하는 즉시 서류와 상환으로 대금의 결제가 이루어지는 것이 일반적이나, 수출입상간의 약정에 의하여 일정기간 경과 후에 대금의 송금이 이루어지기도 한다. 이 방식에서 수입업자의 대리인은 수입업자의 이익을 대신하여 상품을 구매하는 것인데 수출상이 선적을 완료한 상태에서 수입상이 대리인에게 지시하여 서류인수를 거절하게 되면 수출상은 대금회수가 곤란하므로 계약 전에 상대방의 신용상태를 철저하게 확인하여야 한다. COD와 CAD 두 결제방식은 모두 사후송금방식 중에서도 동시지불 방식에 해당된다.

그림 8-3 CAD 결제방식의 거래과정

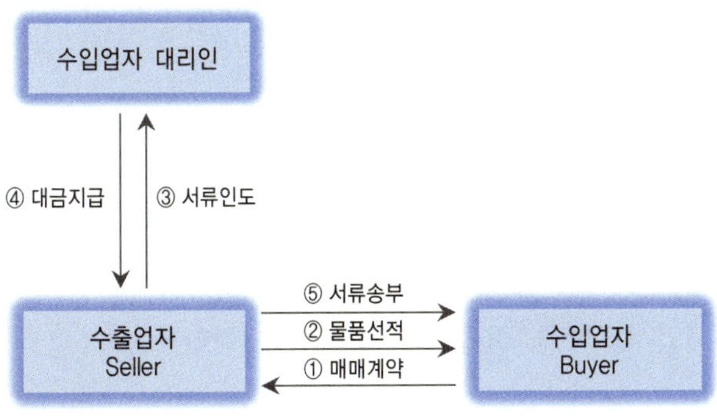

(4) European D/P

변형된 CAD 방식의 결제방법으로 선적서류가 은행으로 송부되는 경우를 의미한다. 수출상이 물품을 선적한 후에 해외의 수입상 거래은행으로 당해 선적서류를 송부하여 수입상에게 제시하도록 하며, 수입상은 본인의 거래은행을 통하여 선적서류를 수령함과 동시에 결제대금을 송금하는 형태의 거래를 말한다. 이 방식은 D/P 방식과 같은 결제 안전성을 유지하면서도 환어음을 발행에 따르는 불필요한 인지세 부담을 제거하고자 유럽지역에서 주로 사용되고 있는 방법이기 때문에 '유럽식 D/P'라고 부른다. 수출상이 본인의 거래은행을 통하여 대금을 추심하지 않고 직접 해외의 수입상 거래은행으로 서류를 송부하는 것이 일반적인 거래형태이며, 환어음이 발행되지 않는다는 점에서 D/P 방식과 차이점이 있다.

(5) RAD 방식

RAD는 remittance after delivery의 약자로 물품인도후 지급방식이라고 한다. 수입업자가 물품을 수령하고 일정기간이 경과한 후 합의된 지급조건에 따라 수입대금을 송금해주거나 아니면 직접 지급하는(수입지국에 수출업자의 대리인이 있는 경우) 방식이다. 이는 수출업자가 수입업자를 전적으로 신뢰하는 경우가 아니면 이용되기 어렵다. 따라서 이 역시 해외의 지사나 본사와의 거래 시나 오랜 거래로 상호 신뢰하는 당사자 간의 거래 시에 이용될 수는 있지만, 수입지국에 수출업자의 대리인이 소재하고 있는 경우에 그나마 효율적일 수 있다.

2. 추심결제방식(Settlement by Collection Basis)

1) 추심이란?

추심(collection)이란 은행이 접수된 지시에 따라 ① 지급 또는 인수를 받거나, ② 지급인도 또는 인수인도 하거나, ③ 기타의 조건에 따라 인도할 목적으로 금융서류[17] 및 상업서류[18]를 취급하는 것을 의미한다.

---

17) 금융서류(financial documents)란 약속어음, 환어음, 수표, 또는 기타 금전적 지급을 받기 위하여 사용되는 증서를 말한다.

쉽게 말해서 채권자가 은행을 통하여 채무자에게 채권금액을 청구하는 행위가 곧 추심행위이다. 은행이 채권자의 의뢰와 지시에 따라 채무자로부터 대금을 받기 위하여 서류를 취급하는 일련의 행위를 추심이라고 한다.

2) 추심거래의 당사자(parties to a collection)

추심거래에 관여하는 자를 추심거래의 당사자라고 한다. ICC의 「추심에 관한 통일규칙」에 따르면 추심거래의 관계당사자인 추심의뢰인, 추심의뢰은행, 추심은행, 제시은행과 그리고 지급인을 포함하여 추심당사자로 규정하고 있다. 따라서 지급인은 추심당사자이기는 하지만 추심거래의 관계당사자는 아니라는 사실에 유의해야 된다.

(1) 추심의뢰인(principal)

은행에 추심을 의뢰하는 자를 추심의뢰인이라고 한다. 채권자인 수출업자가 추심의뢰인이 된다. 추심에 따른 은행의 모든 수수료와 비용은 원칙적으로 추심의뢰인이 부담하기로 되어 있다. 수출업자는 선적이 완료되면 은행에 추심을 의뢰하기 위하여 환어음(bill of exchange)을 발행하므로 발행인(drawer)이라고도 한다.

(2) 추심의뢰은행(remitting bank)

수출업자인 추심의뢰인으로부터 금융서류와 상업서류의 추심을 의뢰받은 수출지국에 소재하고 있는 은행을 추심의뢰은행이라 한다. 추심의뢰은행은 추심의뢰인의 요청에 따라 서류를 수입지국의 은행으로 송부하게 된다. 그리고 추심의뢰은행은 추심의뢰인의 지시내용을 임의로 변경할 수 없다.

(3) 추심은행(collecting bank)

추심의뢰은행 이외에 추심과정에 참여하는 모든 은행을 추심은행이라 한다.

---

18) 상업서류(commercial documents)란 송장(invoices), 운송서류(transport documents), 권리증권(documents of title) 또는 이와 유사한 서류로써 금융서류가 아닌 일체의 서류를 말한다. 따라서 상업송장, 영사송장, 세관송장, 운송서류, 보험서류, 품질증명서, 수량증명서, 원산지증명서, 검역증명서 등 무역거래에 필요한 모든 서류는 상업서류에 해당된다.

일반적으로 수입업자의 거래은행이 추심은행이 된다. 추심은행이 추심의뢰은행으로부터 송부되어 온 서류를 채무자인 수입업자에게 제시하고 대금을 징수한다. 추심은행은 추심의뢰서 상의 지시내용을 따를 수 없는 경우에는 그러한 사실을 통지해야 함은 물론 추심결과 또한 즉시 추심의뢰은행에 통지해야 된다.

(4) 제시은행(presenting bank)

수입업자와 거래가 있는 경우에는 추심은행이 직접 서류를 제시하고 대금을 징수하게 될 것이므로 별도의 제시은행이 개입되지 않고도 추심거래는 종결될 수 있다. 그러나 만약 추심은행이 채무자인 수입업자와 거래관계가 없는 경우에는 수입업자와 거래관계가 있는 다른 은행으로 하여금 수입업자에게 서류를 제시하도록 조처할 것이므로 그때에는 당연히 제시은행이 등장하게 된다. 그러한 이유로 추심거래에 등장하여 지급인에게 서류를 제시하는 은행을 제시은행이라 한다.

예컨대 수출국의 추심의뢰은행이 수입국에 소재하고 있는 자행의 해외지점을 추심은행으로 선정하여 서류를 송부였으나 그 해외지점과 수입업자간에 거래가 없는 때에는 추심은행인 해외지점이 수입업자와 거래가 있는 은행으로 서류를 다시 송부하면 수입업자의 거래은행이 동 서류를 수입업자에게 제시하게 되는데, 이 경우 수입업자의 거래은행이 제시은행이 된다는 말이다. 넓은 의미에서 제시은행도 결국은 추심은행에 포함된다.

(5) 지급인(drawee)

추심의뢰인의 추심의뢰에 대하여 최종적으로 지급의무를 부담하는 채무자인 수입업자를 말한다. 지급인은 추심당사자일뿐 추심거래의 관계당사자는 아니다.

3) 추심결제방식의 유형

(1) 지급인도(documents against payment: D/P)방식

① 지급인도방식이란?

이는 수입업자가 운송서류를 받음과 동시에 수입대금을 결제하는 방식이

다. 따라서 화물을 대표하는 운송서류와 상환으로 대금지급이 이루어지게 되므로, 수입업자는 대금을 지급하지 않는 한 운송서류를 교부받을 수가 없는 조건의 결제방식이다.

② **대금결제절차**

수출업자는 약정물품을 선적한 후 수입업자를 지급인(drawee)으로 하는 일람불화환어음(documentary sight bill)을 발행하여 자신의 거래은행에 추심을 의뢰한다. 추심을 의뢰받은 수출업자의 거래은행은 동 일람불화환어음을 수입업자의 거래은행 앞으로 보내어 추심을 의뢰한다. 수입업자의 거래은행은 지급인인 수입업자에게 동 화환어음을 인도함과 동시에 대금을 지급 받는다. 그리고 지급받은 대금은 추심의뢰은행인 수출업자의 거래은행에게 송금한다. 송금받은 수출업자의 거래은행(추심의뢰은행)은 추심의뢰인인 수출업자에게 대금을 지급한다.

③ **위험의 분산여부**

D/P방식은 화물을 대표하는 운송서류를 인도함과 동시에 대금결제가 이루어지므로, 수출업자는 물품까지 인도하고 대금을 영수하지 못하게 되는 경우는 없고, 반대로 수입업자는 대금을 지급하고도 운송서류를 수령하지 못하는 경우는 없다.

그러나 만약 수령한 운송서류가 위조된 가짜서류라면 대금을 지급하고도 약정물품을 인도받지 못하게 될 위험이 수입업자 측에 있으며, 반대로 수출업자 측에게는 대금의 영수가 보장되지 않는다. 즉 선적된 물품이 국제운송 중이거나 아니면 이미 수입지국에 도착되어 있음에도 불구하고 수입업자가 운송서류의 인수를 거절하고 대금을 지급하지 않거나 또는 지급불능에 처할 경우 그때에 수출업자는 동 물품을 국내로 반송해오거나 현지에서 전매 또는 공매 처분해야 되므로 그에 따른 위험을 감수해야 되기 때문이다.

결국 D/P방식 역시 대금의 영수가 보장되지 않기 때문에 위험이 수출업자에게 집중되어 있는 결제방식이라 할 수 있다. 다만 D/P방식은 본지사간 또는 자회사와 모회사간의 거래 시나 상호 신뢰하는 당사자간의 대량거래가 아닌 거래 시에 이용될 수 있는 결제방식이라 할 수 있다.

그림 8-4 D/P 결제방식의 거래과정

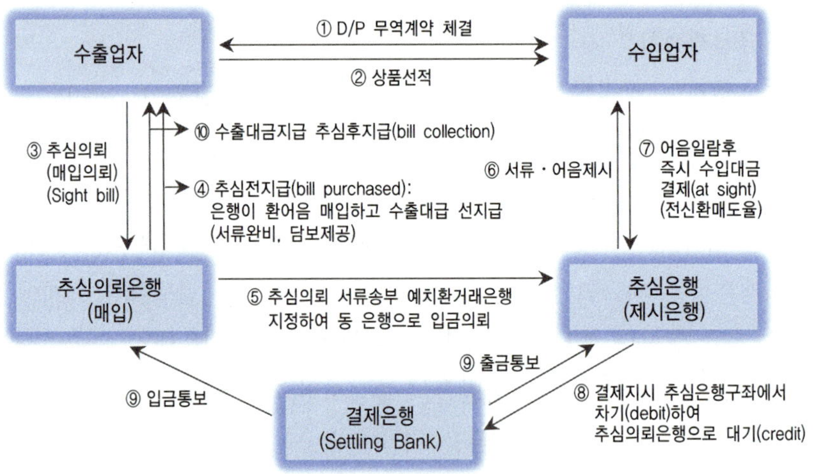

(2) 인수인도(documents against acceptance: D/A)방식

① **인수인도방식이란?**

이는 수입업자가 기한부화환어음(documentary usance bill)을 인수(acceptance)함과 동시에 운송서류를 수령하고 그리고 일정기간이 경과한 후에 대금을 결제하는 방식이다. 따라서 수출업자는 화물을 대표하는 서류를 인도하고도 그 즉시 대금을 영수할 수 없으나, 수입업자는 수령한 서류를 운송회사에 제시하고 물품을 인수하여 국내에서 판매한 후 그 대금으로 결제할 수 있는 조건의 결제방식이다.

② **대금결제절차**

수출업자는 약정물품을 선적한 후 수입업자가 지급인으로 된 기한부화환어음을 발행하여 자신의 거래은행에 추심을 의뢰한다. 추심을 의뢰받은 수출업자의 거래은행(추심의뢰은행)은 동 기한부화환어음을 수입업자의 거래은행 앞으로 보내면서 추심을 의뢰한다. 수입업자의 거래은행(추심은행)은 지급인인 수입업자에게 동 기한부화환어음의 인수(acceptance)를 받음과 동시에 첨부된 운송서류를 인도한다. 그로부터 일정기간이 경과하여 어음의 지급만기일이 도래하면 수입업자는 인수한 어음금액을 지급하게 되고, 그 대금을 지급받은 수입업자의 거래은행(추심은행)은 수출업자의 거래은행(추심의뢰은행)에게 송금한다. 송금받은 수출업자의 거래은행(추심의뢰은행)은 추심의뢰인인 수출업자에게 대금을 지급한다.

③ **위험의 분산여부**

D/A방식은 신용위험이 수출업자에게 과도하게 집중되어 있는 결제방식이다. 왜냐하면 수입업자는 물품을 수령하고도 상당기간 후에 대금을 지급하면 되기 때문에 아무런 위험이 없는 반면에 수출업자 측에서 보면 대금영수가 보장되지 않을 뿐만 아니라 심지어는 물품의 회수도 보장되지 않기 때문이다. 즉 물품도 주고 대금을 받지 못하는 경우가 있을 수 있다는 말이다. 결국 D/P방식보다 D/A방식이 수출업자에게는 더 불리한 결제방식이다. 그러므로 D/A방식 역시 본지사간 또는 자회사와 모회사간의 거래 시나 상호 신뢰하는 당사자 간의 대량거래가 아닌 거래 시에 이용될 수 있는 결제방식이라 할 수 있다.

그림 8-5 D/A 결제방식의 거래과정

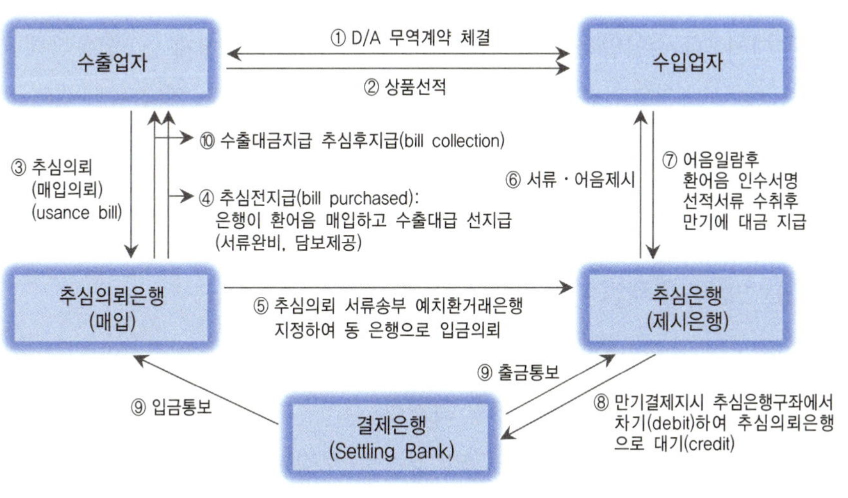

3. 무역신용장결제방식(Settlement by Documentary Credit Basis)

1) 신용장결제방식의 등장배경

일반적으로 판매자의 입장에서는 대금영수만 보장된다면 주저 없이 물품을 판매할 수 있을 것이고, 구매자의 입장에서는 구매할 약정물품의 인수만 보장된다면 기꺼이 대금을 지급할 수 있을 것이다.

그런데 앞에서 고찰한 어떠한 결제방식도 이 같은 당사자의 요구를 동시에 만족시켜 주지 못한다. 그래서 수출업자에게는 대금의 영수를 수입업자에게는 물품의 인수를 동시에 보장해줄 수 있는 결제방식으로써 신용장제도가 등장하게 되었다.

2) 화환신용장의 정의

신용장이란 한마디로 「은행의 조건부 지급약정(확약)서」라고 정의할 수 있다. 여기에서 은행이란 신용장을 발행한 은행을 말하며, 조건부란 신용장조건과 일치하는 소정의 서류(환어음과 운송서류)와 상환으로 지급하겠다는 뜻이다.

그렇다면 신용장을 발행한 발행은행(issuing bank)은 구체적으로 왜, 누구에게, 무엇을, 어떻게, 어디서, 언제 지급하겠다는 말인가?

발행은행이 ① 수입업자의 요청과 지시로 ② 수출업자에게 ③ 신용장대금(수출대금)을 ④ 신용장조건과 일치하는 서류와 상환으로 ⑤ 자행이나 타행의 창구에서 ⑥ 정해진 때에 ⑦ 반드시 지급하겠다는 약속의 증서를 신용장(letter of credit: L/C)이라고 한다.

3) 화환신용장결제방식의 특성

① 제3자인 은행이 개입하여 채무자가 된다.

② 은행이 당사자의 신용위험을 최소화 시켜준다.

③ 은행이 수출자에게 수출대금의 영수를 보장해준다[19].

---

19) 수출업자는 은행으로부터 대금영수를 보장받고 있기 때문에 적법한 수출을 이행한 이상

④ 은행이 수입자에게 물품을 대표하는 서류의 인도를 보장해준다[20].

⑤ 거래의 목적물은 물품이 아니라 서류이다[21].

⑥ 신용장계약은 근거계약인 매매계약과는 별개이다.

그림 8-6 L/C 결제방식의 거래과정

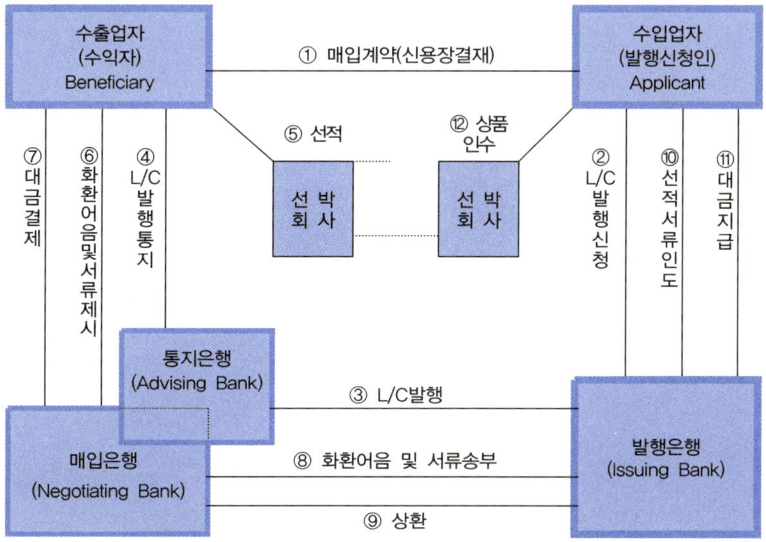

극단적으로 수입업자가 파산(bankruptcy)하거나 지급불능에 처한 경우에도 대금영수에 아무런 영향을 받지 않는다.

20) 수입업자는 은행으로부터 물품을 대표하는 운송서류의 인도를 보장받고 있기 때문에 결과적으로는 약정물품의 인수를 보장받는 셈이 된다.

21) 매매계약의 거래대상은 물품이지만 신용장계약의 거래대상은 서류이다. 그러므로 신용거래에서는 서류를 보고 대금지급여부를 결정하게 된다.

제 9 장

국제무역운송

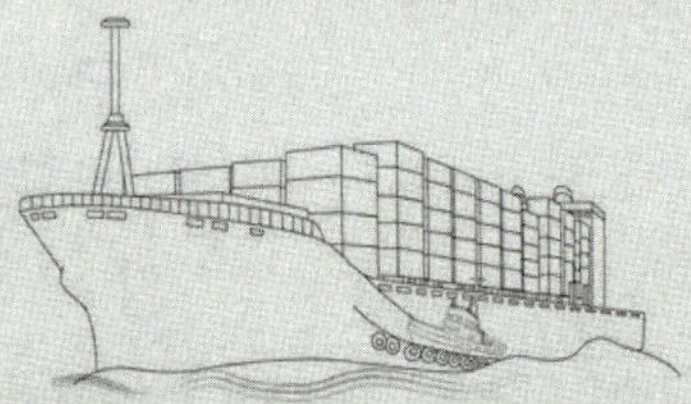

제9장 국제무역운송

Ⅰ. 국제무역과 국제운송

1. 국제운송의 의의

운송(transport)이라 함은 사람이나 재화를 어떤 장소에서 다른 장소로 이동시키는 것을 말하며, 한 국가내에서 이루어지는 경우를 국내운송(domestic transport)이라고 하는 반면 한 국가의 범위를 넘어 다른 국가 간에 이루어지는 경우를 국제운송(international transport)이라고 한다.

국제운송 또는 국제교통이란 국제간에 교환경제가 형성됨에 따라 인간과 재화의 국제간의 공간적 거리극복과 장소적 이전현상을 의미한다. 즉, 운송(수송) 또는 교통이란 인간의 욕구 및 충족을 연결하는 중간행위로서 인간과 재화를 공간적 거리극복과 장소적 위치변화를 통해 가치의 이전적 형성에 기여하는 국제용역이라고 볼 수 있다.

물품의 국제운송에는 국가마다 상관습이나 운송방법이 다르며, 특히 물품의 국제간 운송에는 통관이라는 행위가 반드시 필요하게 된다. 국내운송은 한 국가 내에서 물품운송이 이루어지므로 통관절차가 필요가 없으나 국제간의 운송은 재화가 국경을 넘어 이전되므로 통관절차가 필요하게 된다.

2. 국제무역과 국제운송의 관계

국제무역거래는 격지간에 이루어지는 매매행위이다. 국제운송은 국제간에 이루어지는 물품매매의 장소적 · 공간적 한계를 극복하는 행위이다. 운송을 통하여 국제물품거래의 장소의 제약을 극복할 수 있다. 그러므로 공간적 한계를 극복하기 위해서는 여하한의 국제적인 운송행위가 수반되어야 한다. 즉, 국제물품운송은 국제간의 매매계약에서 수출자와 수입자 사이에 계약을 이행하기 위하여 수반되는 필수적인 이행의 절차이다.

운송계약은 국제무역계약을 통하여 수출상이나 수입상이 체결하게 된다. 운송계약의 송하인은 운임의 부담주체가 된다. 매매계약의 이행을 위한 운송계약의 체결을 위하여 먼저 송하인으로서 당사자가 염두에 두어야 할 것은 계약이행을 위한 시간적인 측면과 비용의 측면이다. 국제운송의 주체와 비용의 부담자는 국제무역계약을 통하여 규정되기 때문에 별도의 논의가 요구되지 않는다. 반면에 다양한 국제운송이 존재하고 있는 현실에서 어떠한 운송수단을 선정하여 국제운송서비스를 이행하는 문제가 야기된다.

3. 국제운송방법의 선정

오늘날 국제거래에 있어서의 무역기업은 운송과 관련하여 가장 효율적이고 경제적인 물류(Physical Distribution)관리방법을 모색하지 않으면 안된다.

국제물류(International Physical Distribution)는 국내물류보다 확대된 영역으로 원료조달, 생산가공, 제조판매활동 등이 생산지와 소비지가 동일국내가 아닌 국경을 초월하여 이루어지고 재화의 이동과 관련하여 수출입수속 및 통관절차, 운송방법의 다양화 등으로 인하여 물류관리가 국내보다 훨씬 복잡하며 운송영역이 넓고 대량화물을 운송하여야 하기 때문에 환경적 제약을 많이 받게 된다.

국제물류에 대하여 미국물류관리협의회(NCPDM)에서는 '완성된 제품을 생산완료에서부터 시작하여 외국에 있는 소비자에게 가장 효율적으로 이전시키기 위하여 직접, 간접으로 관련되는 활동'이라 정의하고 있으며, 일본 생산구조심의회는 '재화가 공급자에게서 외국의 소비자에게 이르는 물리적인 흐름으로 주요한 요인은 운송, 보관, 하역, 포장 그리고 유통가공 등의 물자유통활동과 물류에 관계되는 정보활동'이라고 정의내리고 있다.

이를 종합해 볼 때 국제물류는 생산과 소비가 2개국 이상에 걸쳐 이루어지는 경우 그 생산과 소비의 시간적 · 공간적 차이를 극복하기 위한 유형 · 무형의 재화에 대한 물리적인 국제경제활동이라고 할 수 있다. 국제물류의 합리화를 위해서는 운송, 보관, 하역, 포장, 정보 등 다양한 물류기능들을 적절히 통합하여 각 기능들의 상호작용이 효율적으로 이루어질 수 있는 최적 물류시스템의 구축이 필요하다.

국제물류는 국제간에 걸쳐서 이루어지는 물적 유통활동으로서, 그 활동내용은 기본적으로 운송 · 하역 · 포장 · 보관 · 정보의 다섯 가지 기능으로 되어 있다. 국제물류의 주된 활동은 운송이며 하역 · 포장 · 보관 및 정보는 운송에 부수하여 물적 유통을 기능화하려는 형태로 이루어지고 있다.

국제물류는 물자(物資)의 시간적 · 공간적인 효용의 창출이 중요함으로 각 기능들 중에서 특히 운송부분이 차지하는 비중이 매우 큰 편이다. 따라서 각종 운송수단의 효율적인 연결과 각 운송수단의 연결점인 항만, 공항, 내륙터미널에서 시간과 비용을 줄일 수 있도록 운송효율의 제고가 도모되어야 한다.

국제운송수단을 각기 비교하여 선택하는 척도는 ① 수송물량, ② 운임, ③ 기후의 영향, ④ 수송의 안전성, ⑤ 일관운송(unit load transport)과 협동일관운송(intermodal transportation)의 여부, ⑥ 중량, ⑦ 신속성, ⑧ 물적유통 측면 등을 고려해야만 한다. 이 같은 선택의 척도는 주요 운송수단의 장단점을 정확히 비교하여야만 하며, 추상적인 장단점 이외에도 물적유통관리 측면에서 종합적인 마케팅비용(total marketing cost)라는 실질비용의 개념도 동시에 고려되어야 한다.

Ⅱ. 국제운송의 종류

1. 해상운송

해상운송(Carriage by Sea)이란 해상에서 선박을 수단으로 하여 상업적 목적하에 화물 및 여객을 운송하는 것을 말한다. 원래 해상운송은 오늘날 세계 전체

운송물량의 90%를 훨씬 초과하는 물동량이 해상운송에 주로 의존하고 있다. 해상운송은 타운송에 비해 대량 운송성, 운송비의 저렴성, 운송로의 자유성, 국제성 등의 특성을 확보함으로써 국제운송부문을 주도하고 있다.

1) 해상운송의 정의 및 특성

해상운송(carriage by sea)이란 해상에서 선박이나 기타의 수송수단을 이용하여 인간이나 재화(goods)를 이동하는 상행위를 말한다.

해상운송은 ① 대량운송이 가능하고, ② 운송비가 저렴하며, ③ 운송로가 다양하다는 등의 특징을 지니고 있다.

2) 해상운송 선박의 종류

해상운송은 선박의 운항형태에 따라 정기선, 부정기선, 특수전용선 운송으로 구분할 수 있다.

(1) 정기선(liner or regular liner)

정기선이란 정해진 항로를 정해진 운항 스케줄에 따라 규칙적 · 반복적으로 왕래하는 선박을 말한다. 이러한 정기선을 운영하는 해운업자를 정기해운업자라 하고 하는데, 세계의 주요 항로에는 유수한 선박회사들이 정기선을 취항시키고 있다.

정기선의 특징은 다음과 같이 요약할 수 있다.

① 운송할 화물이 있든 없든 운항한다는 점
② 정해진 항로를 정해진 스케줄에 따라 규칙적 · 반복적으로 왕래한다는 점
③ 불특정 다수의 화주로부터 소량화물, 여객, 우편물 등을 대상으로 한다는 점
④ 과다한 운임경쟁을 막기 위하여 선사간에 운임동맹(shipping conference)이 결성되어 있어서 공동운임율이 적용된다는 점
⑤ 사전에 운임이 공시되지만 부정기선에 비해 일반적으로 운임이 비싸다는 점 등을 들 수 있다.

(2) 부정기선(tramper)

부정기선이란 일정한 항로를 규칙적, 반복적으로 왕래하는 것이 아니라 시간과 장소를 불문하고 화주의 요청이 있으면 그 요청에 응하여 운항하게 되는 선박을 의미한다.

부정기선의 특징은 다음과 같이 요약할 수 있다.

① 운송할 화물이 있는 경우에만 운항된다는 점
② 정해진 항로가 없으므로 항로의 자유선택이 가능하다는 점
③ 대량화물(bulk cargo) 즉 곡물, 광석, 목재, 비료, 원목, 시멘트 등을 주된 운송대상으로 한다는 점
④ 운임율이 화물의 수요와 공급에 의하여 결정된다는 점
⑤ 경쟁사끼리의 경쟁 탓으로 운임율이 정기선보다 일반적으로 저렴하다는 점 등을 들 수 있다.

(3) 특수전용선(specialized carrier)

특수전용선이란 특정의 화물만을 운송할 목적으로 건조, 운항되는 선박을 말한다.

예컨대 자동차를 전문적으로 운송하는 차량전용선(car carrier), 유류만을 수송하는 유조선(oil tanker), 과일이나 수산물을 운송하는 냉동선(refrigerated ship), 목재전용선(log carrier, lumber carrier), 가스전용선(LNG tanker carrier, LPG tanker carrier), 곡물이나 광산물을 전문적으로 운송하는 선박 등이 이에 해당한다. 이들 특수전용선은 대체로 용선운송계약(charter party: C/P)으로 운송된다.

3) 해상운송계약

(1) 개품운송계약

개품운송계약(個品運送契約)은 선박회사가 여러 명의 화주로부터 소량화물을 개별적으로 집화·인수하여 화물운송계약을 각 화주와 개별적으로 체결한 후 여러 화주의 화물을 혼적하여 운송하게 되는 경우에 체결하는 계약이다. 개품운송은 주로 소량화물을 대상으로 계약을 체결하는 운송방식이기 때문에 정기선에

의한 운송은 전적으로 이 운송방식에 의한다.

(2) 용선운송계약

용선운송계약(傭船運送契約: contract of carriage by charter party)이란 화주가 선박회사로부터 船腹(ship's space)의 일부 또는 전부를 빌려 화물을 운송할 경우에 체결하는 계약이다. 용선운송계약에 의하여 운송되는 물품은 주로 석탄, 광석, 원목, 곡물 등과 같은 화물이다.

용선운송계약은 화주가 선박회사로부터 어떤 조건으로 선박을 용선하느냐에 따라 정기용선계약, 항해용선계약, 나용선계약(선체용선)으로 구분할 수 있다.

① **정기용선계약**

정기용선계약(time charter)이란 선박을 일정한 기간동안 용선하는 계약이다. 이때 선주는 선박에 일체의 선박용구 및 항해에 필요한 장비를 갖추고 선장 및 선원을 승선시킨 상태에서 선박의 내항성(seaworthiness)을 유지한 상태로 용선자에게 용선하여 주는 계약이다.

② **항해용선계약**

항해용선계약(trip charter or voyage charter)이란 선박을 특정 항구간 즉 어떤 특정항구에서 다른 어떤 특정항구까지 화물의 운송을 의뢰하는 화주 즉 용선주(charterer)와 선박회사 사이에 체결하는 용선계약을 의미한다.

③ **선체용선(나용선계약)**

선체용선계약(bareboat charter or demise charter)이란 용선자가 내항성이 있는 나선박을 선주로부터 용선하는 것을 말한다. 쉽게 말해서 선체용선이란 일체의 인적·물적 요소를 용선하는 용선자 측이 부담하는 조건의 선박임대차계약이라고 이해하면 된다. 따라서 이때 용선자는 선체보험은 물론 선박 이외의 선장 및 선원, 장비, 소모품 및 운항에 관한 모든 관리, 감독의 책임을 지게 된다.

(3) 선하증권

선하증권(Bill of Lading: B/L)이란 송하인과 수하인이 물품의 인도, 인수를 위하여 물품운송의 임무를 맡은 선박회사가 송하인의 청구에 의하여 발행하는 것으로서, 일정한 운송계약 하에 송하인으로부터 물품을 수취하여 이것을 계약지정의 양륙지에서 수하인에게 본 증권과 상환으로 물품을 인도할 것을 약속한 유가증권이다.

선하증권은 증권면에 기재된 물품의 소유권을 표창하고 있어, 선하증권을 유상으로 취득한 자 또는 선의의 소지자(Bonafide Holder) 등은 동 물품에 대한 지배권을 갖는다. 따라서 일단 선하증권이 발행되면 그에 명시된 물품의 처분은 전적으로 이 증권에 의해서 행하여지며, 또한 이 증권의 인도는 물품의 인도와 동일한 효력을 갖는 것이다. 이러한 성질이 선하증권을 물권증권·유가증권 또는 권리증권(Document of Title)으로 인정하고 있다.

① 선하증권의 종류

a. 선적선하증권과 수취선하증권

선적선하증권(Shipped B/L)은 화물이 실제로 본선에 적입된 후에 발행되는 것으로서 가장 많이 이용되고 있다. Shipped B/L은 증권면에 "shipped…", "shipped on board…", 또는 "received on board…"와 같이 기입함으로써 선적선하증권임을 표시하고 있다.

그러나 선적 전이라도 화물이 선박회사의 창고에 반입되면 화주의 요청에 따라 선박회사는 선하증권을 발행할 수 있는데, 이 때에 발행되는 B/L은 형식적으로는 증권면에 "received for shipment…", 또는 "received to be transported by streamer" 등으로 기입되므로, 이를 수취선하증권(Received B/L)이라 한다. 그러나 Received B/L이 발행되어도 화물이 선적되었다는 사실과 선적일을 기입하고 운송인이나 그의 대리인이 서명하면 Shipped B/L과 동일하게 취급된다.

b. 무사고선하증권과 사고부선하증권

선적화물의 상태가 양호하여 약정 수량의 전부가 그대로 선적되면 선박회사는 선하증권면에 사고문언(Remarks)이 없는 선하증권을 발행한다. 이와 같은 B/L을 무사고 선하증권(Clean B/L)이라 하며, B/L면에는 "Shipped on board in apparant good order and condition"이라고 기재되어 있다.

이에 반해서 선적된 화물이 포장이나 수량 또는 기타 화물의 외견상 불완전한 상태라면 선박회사는 B/L면에 이에 관하여 사고문언을 기재하여 B/L을 발행한다. 이와 같이 B/L의 적요(Remarks)란에 사고문언을 기재되어 있는 B/L을 사고부선하증권(Foul or Dirty B/L)이라 한다.

c. **기명식선하증권과 지시식선하증권**

기명식 선하증권(Straight B/L)은 수하인란에 수하인(Consignee)의 성명이 명백히 기입된 것으로서 수하인으로 기명된 수입상만이 물품인도를 청구할 수 있을 뿐, 수출상은 아무런 권리가 없으므로 하환어음에 의한 결제가 아니고 현금판매나 청산계정판매에 한하여 이용되고 있다.

이에 반하여 지시식 선하증권(Order B/L)은 선하증권의 수하인으로 "Order", "Order of Shipper", "Order of…(Buyer)", "Order of… Negotiation Bank"로 표시하여 발행되는 선하증권을 말하는 것이다. 지시식 선하증권은 이들 Shipper, Buyer, Negotiation bank 등이 이서하면 유통시킬 수 있는 B/L이다

② **선하증권의 발행형식**

선하증권은 그 자체가 권리증권이며 유가증권이기 때문에 누구를 수하인으로 하느냐 하는 것이 중요한 문제로서, 일반적으로 다음의 네 가지로 나눌 수 있다.

첫째, 기명식은 수하인란에 특정인의 상호, 주소를 기입하는 방식으로서, 예를 들면 수하인란에 "A & B Inc., New York"으로 기재된다.

둘째, 지시식은 단순지시식, 기명지시식 및 선택지시식이 있는데, 단순지시식의 경우 "Order"로만 표시하는 것이며, 기명지시식은 "Order of Mr. Kim"으로 표시하는 경우이며, 선택지시식은 "Mr. Kim or Order"로 표시한다.

셋째, 소지인식은 수하인란에 단순소지인, 즉 "Bearer" 또는 선택소지인식 "Mr. Lee or bearer"로 표시하는 것이다.

넷째, 무기명식은 일명 백지식이라고 하여 수하인란을 공란(blank)으로 두는 것을 말하며, 이 경우 선하증권은 소지인식처럼 취급된다.

4) 컨테이너 운송

종래의 재래식 선박은 개품운송에 의한 하역으로 하역작업에 많은 시간과 노동력이 소요되었다. 그 결과 선주 측에서는 하역기간의 장기화에 따른 운항지연 및 과다한 하역비 등으로 채산성이 악화되는 등 비경제적 요소가 누적되어 왔었다.

그러던 중 세계경제의 성장과 함께 교역량이 크게 증대하였고 그에 따라 이를 뒷받침할 수 있는 하역작업의 기계화는 물론 화물운송의 대형화 및 전문화를 위한 기술개발의 필요성이 대두되었다.

이에 화물의 단위화(cargo unit) 및 정형화가 필요하게 되었으며 컨테이너라는 일정규격의 수송단위 상자가 미국에서 발명되고, 이어서 컨테이너 선박이 개발되면서 화물의 운송방식이 급속도로 발전하여 육·해·공 일관운송을 통한 소위 수출상의 문전에서 수입상의 문전까지 운송(door to door service)이 가능하게 되었다. 그 결과 이 같은 컨테이너를 이용하여 이루어지는 운송을 컨테이너 운송이라 한다.

(1) 컨테이너 운송의 장·단점

1 장점

컨테이너 운송은 재래식 운송에 비하여 다음과 같은 장점을 가지고 있다.

① 컨테이너는 규격화되어 있어 규격화된 장비를 사용할 수 있으므로 하역기간의 단축으로 정박기간을 단축할 수 있다.

② 컨테이너가 별개의 독립된 상품보관 역할을 하므로 창고료를 줄일 수 있다.

③ 컨테이너의 운반이 기계화되어 있으므로 인건비의 절약 및 사무절차의 간소화에 따른 업무의 능률화를 기할 수 있다.

④ 컨테이너가 견고하므로 내재된 화물의 파손이나 손상을 막을 수 있고 하역 작업 및 수송에 있어서 안전하게 관련작업을 전천후로 할 수 있다.

⑤ 컨테이너 운송은 통과운송 또는 복합운송 등을 가능케 하므로 운임율이 비교적 저렴하다.

② **단점**

한편 컨테이너운송은 다음과 같은 단점을 가지고 있기도 하다.

① 컨테이너 전용부두 설치 및 컨테이너 터미널(terminal), 전용선 확보 등에 막대한 자금이 소요된다.

② 특수용기에 內積하여야 하는 특성 때문에 규격화되지 않은 화물은 이용이 곤란하다.

③ 컨테이너에 내적된 화물은 컨테이너 전용선의 경우는 문제가 없으나 갑판에 적재되는 때에는 보험료가 다소 비싸다.

(2) 컨테이너 화물의 운송형태

컨테이너 화물의 운송은 수출지의 송하인(consigner)과 수입지의 수하인(consignee)의 관계에서 볼 때 다음과 같은 4가지 운송형태로 분류할 수 있다.

① **CFS/CFS 운송**

이는 여러 명의 수출업자와 여러 명의 수입업자의 화물이 하나의 컨테이너에 적입되는 경우에 이용되는 컨테이너 운송의 한 형태이다. CFS/CFS[1] 운송은 "Pier to Pier(부두에서 부두까지)" 또는 "LCL/LCL" 운송이라고도 하는데, 이는 운송인이 LCL화물[2]을 여러 명의 화주로부터 인수해서 이를 목적지별로 분류한 후 한 컨테이너에 혼재 · 운송하여 목적항의 CFS에서 여러 명의 수입업자에게 화물을 인도하는 방법이다. 따라서 LCL 화물의 수송형태는 여러 명의 송하인과 수하인으로 구성되며 운송인은 수출항과 수입항간의 해당 해상운임만을 징수하고 이에 따른 운송책임구간도 수출항의 CFS에서 수입항의 CFS까지가 된다.

② **CFS/CY(LCL/FCL) 운송**

이는 여러 명의 수출업자와 한 명의 수입업자간에 이용되는 컨테이너 운

1) CFS란 "Container Freight Station"의 약어로 하나의 컨테이너를 완전히 채울 수 없는 소량의 화물을 여러 명의 화주로부터 수취하여 이를 보관 · 분류한 후, 컨테이너에 적입하기 위하여 선박회사가 지정하는 특정의 화물인수 장소를 말한다.

2) LCL은 "Less than Container Load"의 약어이며, LCL화물이란 컨테이너 혼재용 소량화물을 말하는데, 예컨대 1 화주의 화물이 1 컨테이너를 가득 채울 수 없는 소량화물을 의미한다.

송의 한 형태로서, 운송인이 다수 수출업자의 LCL 화물을 인수하여 수출항의 CFS에서 한 컨테이너에 혼재한 후 이를 수입항의 CY[3]를 거쳐서 최종목적지에 있는 단일 수입업자의 창고까지 일관운송 되는 운송형태이다.

③ **CY/CFS(FCL/LCL) 운송**

이는 한 명의 수출업자와 여러 명의 수입업자간에 이용되는 컨테이너 운송의 한 형태이다. 운송인이 단일 수출업자의 FCL 화물[4]을 (수출업자의 공장이나 창고에서 컨테이너에 적입하여 수출항의 CY에 반입한 후) 수출항의 CY에서 수입항의 CFS까지 운송한 후, 그 CFS에서 컨테이너를 개봉하여 여러 명의 수입업자에게 동 LCL화물을 나누어 배분해주는 운송형태이다.

④ **CY/CY(FCL/FCL; Door to Door) 운송**

이는 한 명의 수출업자와 한 명의 수입업자간에 이용되는 전형적인 컨테이너 운송의 형태이다. 이는 단일 수입업자 앞으로 보내는 단일 수출업자의 수출화물이 FCL 화물이므로 운송인이 수출업자의 공장이나 창고에서 동 화물을 컨테이너에 적입하여 수출항의 CY에 반입한 후, 이를 다시 수입항의 CY를 거쳐 최종목적지에 있는 단일 수입업자의 창고까지 일관운송하게 된다.

이는 컨테이너의 장점을 최대한으로 이용한 운송형태로서 수출업자의 공장 또는 창고에서부터 수입업자의 창고까지 육 · 해 · 공을 연결하는 컨테이너에 의한 일관 수송되므로 운송도중 컨테이너를 개폐할 필요가 없다. 이는 수송의 3대 원칙인 신속성, 안전성, 경제성을 최대한으로 충족시켜 컨테이너의 목적을 완전하게 달성시켜주는 운송형태로서 수출업자의 창고에서 수입업자의 창고까지 상품을 수송하고자하는 경우에 이용된다.

5) 선복의 계약

(1) 선복이란?

船腹(ship's space)이란 화물을 적재할 수 있는 선박의 공간적 지정장소를 말

---

3) CY(Container Yard)란 컨테이너 야드 즉 컨테이너 야적장을 말하는데, 여기서는 FCL 화물을 취급한다. 다시 말하면 FCL 화물을 취급하는 장소를 CY라고 한다.

4) FCL이란 Full Container Load의 약어로서 한 콘테이너 분의 만재화물을 말한다.

하며, 수출자는 약정된 선적기간 내에 선적을 할 수 있도록 선복을 확보하여야 한다.

(2) 선복예약

선복계약을 하기 위해서는 무역통신이나 shipping gazette 등에 기재되어 있는 각 선박의 배선표(shipping schedule, sailing & arriving schedule)에서 각 항로별 선박명과 입항예정일(E.T.A: expected time of arrival) 및 출항예정일(E.T.D: expected time of departure)을 보고 적당한 선박을 선택하여 선박회사에서 인쇄하여 둔 선복요청서(shipping request)의 양식에 해당사항을 기재하여 제출하면 선박회사가 운임을 기입하고 이를 승낙함으로써 운송계약이 성립된다.

(3) 운임율(freight rate)

선복을 계약할 때 적용되는 운임율은 용적(measurement), 중량(weight), 가격 또는 개수를 기준으로 하게 된다.

용적을 기준으로 하는 화물을 용적화물(measurement cargo)이라고 하며, 그 중량을 용적톤(measurement ton)이라 한다. 중량톤(weight ton)을 기준으로 하는 화물을 중량화물(weight cargo)이라 한다. 선박회사는 운임율을 정할 때 중량톤과 용적톤 중 운임율이 높은 쪽을 적용한다.

화물의 상업송장가격을 기준으로 하여 정하는 운임율을 종가운임율(ad valorem freight)이라 하며 자동차, 드럼에 들어 있는 석유제품 등과 같이 개수를 기준으로 하는 경우도 있다.

(4) 할증운임

화물 1단위(package or unit)가 일정수량이나 용적을 초과하면 그 초과분에 대하여 할증운임을 적용하며 전자를 중량할증운임(heavy lift charge), 후자를 용적 또는 장척할증운임(bulky or lengthy surcharge)이라 한다.

또 도착항을 2개 이상으로 지정해 놓고 수하인이 양육항을 선택토록 한 경우에는 항구 수에 비례하여 선택할증료(optional charge)를 징수한다.

(5) 하역비용

중량이 큰 화물의 경우 선적비와 양육비를 누가 부담하는가에 따라서 berth term(liner term), F.I., F.O., F.I.O. 등의 조건이 있음은 무역가격에서 언급한 바 있다.

그러나 근래에 선주가 지정한 창고에 화주가 화물을 입고시키면 그 이후부터의 모든 책임과 비용을 선박회사가 부담하는 "Terminal Receiving System (T.R.S.)"이 사용되고 있으며 동 비용을 "T.R.S charge"라고 한다.

(6) 하역을 위한 정박기간

용선계약에서 화주가 계약화물의 전량을 완전히 선적 또는 양육하기 위하여 본선을 항구에 정박시킬 수 있는 기간을 정박기간(laydays, laytime)이라고 하며 동기간 내에 하역이 끝나지 않으면 초과기간에 대하여 채선료(demurrage)를 지급해야 하며, 지정기간보다 일찍 하역을 한 경우에는 조출료(dispatch money)를 지급 받는다.

이러한 정박기간은 화물의 종류, 하역항의 상황 및 관습에 따라서 다음과 같은 방법이 사용된다.

우천, 파업 및 기타 불가항력적인 사태에도 불구하고 무조건 하역개시 일로부터 완료일까지의 경과일수를 기준으로 정박기간을 정하는 방법을 "Running Laydays"라고 하는데 이때에는 일요일과 공휴일도 경과일수에 포함된다.

그러나 하역이 가능한 작업일수만을 기준으로 정박기간을 계산하는 방법을 "Weather Working Days(W.W.D.)"라고 한다. 이때 "Sundays and Holidays Excepted(even if used)(SHEX)"로 약정한 때에는 일요일 및 공휴일에 하역작업을 했어도 일요일 및 공휴일은 정박기간으로 계산되지 않는다. 한편 "Sundays and Holidays Excepted Unless used"로 된 때에는 일요일 및 공휴일에 하역을 하였으면 이들 일요일 및 공휴일도 정박기간에 포함된다.

2. 국제복합운송

1) 복합운송이란?

복합운송(combined transport)이란 화물이 어느 한 국가의 지점에서 수탁되어 다른 국가의 지정된 인도지점까지 운송될 때 두 가지 이상의 운송방식에 의하여 이루어지는 화물운송을 의미한다. 복합운송(Multimodal Transport)에 대하여 1991년 UNCTAD/ICC의 복합운송증권에 관한 규칙(UNCTAD/RULES For Multimodal Transport Docu ments)에 의하면, 복합운송은 "적어도 두 가지 이상의 다른 운송수단에 의하여 물품을 운송하기 위한 단일계약(Single Contract)에 의해 이루어지는 물품운송"으로 규정하고 있으며, 또한 1980년 UNCTAD의유엔국제물품복합운송계약(United Nations Convention on International Multimodal Transport of Goods)에 의하면 "국제복합운송이란 복합운송계약에 기초하여 적어도 두 가지 이상의 운송방법에 의한 운송으로서 복합운송인이 운송물품의 수령지와 인도지가 다른 두 나라 사이의 운송"이라고 규정하고 있다.

이처럼 복합운송이란 특정화물을 육상・해상・내수・항공・철도・도로운송 중에서 적어도 두 가지 이상의 운송형태를 복합적으로 이용하여 출발지에서 목적지까지 운송구간을 일관운송하는 것을 말한다.

2) 복합운송의 특성

① 두 가지 이상의 운송방식이 이용된다.

② 복합운송은 전 운송구간 내지 전 운송기간에 걸쳐 화주에 대하여 책임을 지는 이른바 대화주 전운송구간 단일책임을 원칙으로 한다.

③ 전 복합운송구간을 커버하는 이른바 복합운송증권을 발행한다.

④ 복합운송인은 door to door 서비스에 대한 대가 즉 일관통운임을 설정・제시한다.

3) 복합운송경로

우리나라에서 복합운송이 가능한 주요 운송경로를 목적지별로 살펴보면 다음과 같다.

① SLB(Siberia Land Bridge)에 의한 유럽향 경로
② ALB(America Land Bridge)에 의한 유럽향 경로
③ MLB(Mini Land Bridge)에 의한 미국 동부 및 걸프지역향 경로
④ MLB(Micro Land Bridge)에 의한 태평양 연안항 경유 미국 중서부향 경로
⑤ CLB(Canada Land Bridge)에 의한 북태평양 연안항 경유 캐나다 동부 또는 유럽향 경로 등

4) 복합운송인의 책임체계

복합운송의 경우에 가장 큰 문제는 운송인의 책임 문제이다. 이는 여러 가지 운송방식의 결합으로 이루어지는 복합운송의 전 구간에 대하여 운송도중 화물의 손해를 누가 어떤 방식으로 책임을 질 것인가라는 점이다.

이 점과 관련하여 실무에서 원용되는 운송인의 책임체계에는 각 구간 이종책임체계(network liability system), 전 구간 단일책임체계(uniform liability system), 그리고 이 양 체계를 절충한 절충식 책임체계(flexible liability system)가 있다. 그런데 복합운송의 경우에는 전 구간 단일책임체계를 원칙으로 하고 있다.

5) 복합운송증권

(1) 복합운송증권의 의의

복합운송증권(Combined Transport Document: CTD)이란 선박·철도·항공기·자동차에 의한 운송방식 중 적어도 두 가지 이상의 다른 운송방식에 의하여 운송물품의 수탁지와 인도지가 상이한 국가의 영역간에 이루어지는 복합운송계약을 증명하기 위해서 복합운송인(Combined Transport operator: CTO)이 발행하는 증권을 말한다. 즉, 복합운송증권은 복합운송에 의하여 물품이 인수된 사실과 계약상의 조항에 따라 물품을 인도할 것을 약속한 복합운송계약을 증명하는 증권이다.

(2) 복합운송증권의 특징

복합운송인이 발행하는 복합운송증권은 다음과 같은 특징을 가지고 있다.

첫째, 도로・철도・내수로・해상 또는 항공운송이 결합된 복합운송이 상이한 운송인에 의하여 이루어지더라도 복합운송증권은 처음부터 끝까지 전운송구간을 커버하는 서류이다.

둘째, 복합운송증권은 본선적재 전에 복합운송인이 수탁 또는 수취한 상태에서 발행되는 서류이다.

셋째, 복합운송증권은 실질적인 운송인(Actual Carrier)에 의해서만 발행되는 선하증권과는 달리 운송인뿐만 아니라 운송주선인(Freight Forwarder)에 의해서도 발행된다.

넷째, 복합운송증권은 화주에게 통운송(Through Transport)의 전체적인 책임을 지고, 어느 구간에서 발행하였든 화물의 멸실이나 손상에 대해 책임을 지는 복합운송인이 발행한다. 그러나 통선하증권(Through Bill of Lading)의 발행자는 통상 해상운송인이라는 점 등에서 복합운송증권과는 차이가 있다고 할 수 있다.

(3) 복합운송증권의 형태

복합운송에 사용되는 운송서류로서의 복합운송증권에는 기존의 선하증권을 약간 변형한 선하증권형식의 복합운송증권과 복합운송에 관한 국제규칙에 따른 복합운송증권이 있다.

① **선하증권형식의 복합운송증권**

복합운송증권의 대부분은 "Bill of Lading"(B/L)이라는 말이 붙은 선하증권 형식의 "Combined Transport B/L", "Multimodal Transport B/L", "through B/L" 등의 다양한 명칭을 사용하고 있으며, 이러한 증권은 그 명칭에 복합운송을 의미하는 문언이 기재되어 있는 것이 특징이라 할 수 있다.

② **Combined Transport Document(CTD)**

CTD는 ICC에서 1975년에 제정한 "복합운송증권에 관한 통일규칙"(Uniform Rules for a Combined Transport Document)에서 사용되는 복합운송증권이다. CTD는 모든 복합운송구간을 포괄하기 때문에 각 운송구간에 대한 별도의 운송서류가 필요없으며, 유통가능한(Negotiable) 형태와 유통불가능한(Non-Negotiable)형태로도 발행된다.

③ **Multimodal Transport Document(MTD)**

이는 "UN 국제복합운송조약"에 준거한 복합운송증권인데 그 조약이 아직까지 발효되지 못하고 있기 때문에 실제 사용되는 경우는 없다. 조약의 법체계가 화주 중심이기 때문에 MTD는 복합운송인에 대하여 엄격한 책임원칙을 정하고 있는 것이 특징이다. 여기서 특히 Through B/L은 선적지로부터 도착지까지의 하나의 운송계약에 여러 운송인이 서로 연결하여 운송하는 형태의 통운송계약에 의하여 발행되는 증권으로서, 최초의 운송인이 모든 운송구간에 대하여 책임을 부담하므로 그 책임이 분명하다.

3. 항공운송

1) 항공운송의 의의

항공운송(carriage by air)이란 항공기에 의하여 화물 또는 사람을 운송하는 것을 말한다. 무역거래에서 해상운송이 운송의 주축을 이루고 있는 실정이지만 항공수송의 비중이 매년 증가하고 있는 것도 사실이다.

항공운송의 역사는 군수물자운송에서 비롯되었는데, 본격적인 항공화물의 운송이 시작된 것은 1970년대 점보제트기 등 대형여객기 및 화물전용기가 출현하면서부터이다. 특히 1980년대에 들어와서는 단순한 항공운송뿐만 아니라 다른 운송수단과 연계한 "sea/air/land" 또는 "air/land" 등의 일관수송까지도 가능하게 되어 항공운송의 영역이 점차 확대되고 있는 실정이다.

2) 항공운송의 특징

① 항공운송은 해상운송이나 육상운송보다 신속하게 운송할 수 있어서 기회비용(opportunity cost)이 중요시되는 계절상품이나 납기가 촉박한 상품 등의 긴급수송에 적절하다.

② 안전수송이라는 관점에서 손실, 분실 또는 훼손의 위험이 있는 상품이면서 신속히 전달되어야 하는 상품수송에 유리하다.

③ 항공운송의 장점은 야행성, 편도성, 비계절성, 신속성 등으로 표현할 수 있다.

④ 항공화물운송장(air waybill: AWB)은 송하인과 운송인간에 화물의 운송계약이 체결되었음을 나타내는 증거서류이며, 동시에 송하인으로부터 화물을 운송하기 위하여 수령하였다는 증거서류이기도 하다. 그러나 법적으로 이는 물권적 유가증권도 아니며, 양도가능 한 유통증권도 아니라는 점에서 선하증권(bill of lading)과 다르다. 또한 화물수령증에 불과하다는 점에서는 수취선하증권(Received B/L)과 같다.

3) 항공화물운임

항공화물운임은 IATA가 제정한 운임료율표를 국제적으로 사용하고 있는데, 우리나라도 정부의 승인을 받아 동 운임료율을 적용하고 있다.

IATA란 국제항공사협회(International Air Transport Association)로 1945년 4월 설립된 순수민간단체로 본부는 몬트리올에 있다. IATA는 항공권의 약관, 운임협정, 서비스 내용, 기술분야의 협력, 통신약호의 통일, 출입국절차의 간소화 등을 위해 노력하고 있다.

(1) 일반화물요율(general cargo rate: GCR)

이 요율은 특정품목 할인요율(specific commodity rate) 또는 품목분류요율(class rate)이 적용되지 않는 모든 화물에 적용되는 가장 기본적인 요율이다.

일반화물요율에는 최저운임(minimum charge)인 45kg 미만 요율, 45kg 이상 요율, 100kg 이상 요율, 300kg 이상 요율 등으로 설정되어 있으며 대체로 중량이 많으면 많을수록 더 싼 요율이 적용되도록 되어 있다.

(2) 특정품목할인요율(specific commodity rate: SCR)

이 요율은 특정구간에서 동일품목이 계속적으로 반복 운송되는 품목에 대하여 일반품목보다 요율을 낮춤으로서 항공운송이용을 촉진·확대시키는 데 목적이 있다.

(3) 품목분류요율(commodity classification rate: CCR)

화물의 특성, 가격 등을 고려하여 몇 가지 특정품목, 특정 지역간에만 적용되기도 한다. 이 요율이 적용되는 품목은 신문·잡지 등 정기간행물, 귀금속, 생동물 등으로 예를 들면 신문·잡지는 할인하고 귀금속 및 생 동물 등은 기본요율에 할증하여 부과된다.

(4) 종가운임(valuation charge: VC)

신고가격(declared value)이 화물 1kg 당 US$20을 초과하면 종가운임이 부과된다. 무신고(no value declared: NVD)도 하나의 신고로 간주하며 귀금속·예술작품 등 고가 품은 신고하여 할증된 종가운임을 지급한다.

(5) 팔레트·컨테이너 운임(bulk unitization charge: BUC)

팔레트(pallet) 또는 컨테이너에 적입된 상태로 송하인이 항공사에 반입하면그 상태로 수하인에게 인도되는 화물에 적용하는 운임으로 화물의 종류에 관계없이 일정구간에 한해 팔레트나 컨테이너의 크기와 개수로 운임을 부과한다.

4) 항공화물운송장

항공화물운송장(Air Consignment Note; Air Waybill; AWB)은 선하증권과는 달리 유통증권이 아니므로, 이 서류가 작성되지 않거나 분실된 경우도 운송계약의 유효성에는 아무런 영향을 미치지 못한다. 따라서 항공화물수탁증은 단지 운송계약의 체결과 그 조건뿐만 아니라 화물의 중량, 용적 및 포장 그리고 포장물의 수량에 관한 추정적 증거가 된다.

이에 따라 Air Waybill(AWB)은 ① 운송계약체결의 증거서류, ② 화물에 대한 수령증, ③ 운임 등의 명세서 및 청구서, ④ 세관신고서류의 일종, ⑤ 운송인에 대한 운송물품의 인도 등에 관한 지시서 및 ⑥ 송하인이 화주보험에 부보한 경우 보험가입증명서의 기능을 지니고 있다.

이 수탁증(AWB)은 항공화물대리점(Air Cargo Agent)이 화주로부터 화물을 인수함과 동시에 발급되는데, Air Waybill은 원본과 부본이 1Set로 발행되며, 이 중 원본은 항공사, 송하인 수하인 용으로 사용되고 부본은 항공사의 운임정산 및 대리점용으로 활용된다.

이러한 항공화물운송장과 선하증권의 차이점은 다음 표와 같다.

〈표 9-1〉 AWB와 B/L의 비교

구 분	Air Waybill	Bill of Lading
유통성 여부	유통성이 없음(Non Negotiable)	유통성이 있음(Negotiable)
발행방식	창고에 반입 후 AWB발행(수취식)	선적 후 B/L 발행(선적식)
기명여부	기명식	무기명식
발행주체	항공화물대리점	선박회사

4. 철도 및 도로운송

1) 국제철도운송

철도운송(Carriage by Rail)은 해상과 육상사이에서 주로 피기백(Piggy-back) 방식에 의하여 교량적 역할을 담당하고 있어 국제복합운송의 관점에서 보면 철도운송의 의의는 매우 크다. 철도운송의 장점으로는 장거리 운송시 낮은 단위당 비용, 연중무휴의 서비스기능, 높은 안전도 등으로 저가품의 운송에 편리한 운송방법이다. 그러나 초기투자규모가 크고, 단거리 운송시 속도가 느리며, 터미널 설비투자에 많은 비용이 소요되며, 환적비용이 많이 들며 Door to Door서비스 가능성이 적다는 단점이 있다.

국제철도운송(international carriage by rail)이란 철도차량에 의하여 어느 항만시설국으로부터 다른 내륙지역국, 반대로 내륙지역국으로부터 항만시설국으로 국제무역물품을 운송하거나 또는 대륙구간의 물품의 국제운송을 의미한다.

철도운송의 특징은 다음과 같다.

① 대량의 화물을 한꺼번에 효율적으로 운송할 수 있다.
② 대량화물의 원거리 운송에는 운임이 싸서 경제적이다.
③ 안전도가 높다.

2) 국제도로운송

국제도로운송(international carriage by road)이란 한 나라에서 다른 나라의 지정장소까지 국제도로운송조약(CMR)에 따라 화물을 육로로 운송하는 것을 의미한다.

도로운송의 장점은 최초 투자액의 규모가 작고, 출발과 도착시간 등 운송능력에 있어서 융통성이 많고, 단거리 운송 시 신속하며, 그 이용료도 저렴할 뿐만 아니라 문전에서 문전까지의 운송(Door to Door service)이 용이하다는 점 등이다.

그러나 부피가 크거나 무거운 중량화물의 운송 시 그 이용도가 낮고, 장거리 운송 시 악천후나 차량의 고장으로 화물의 적기 공급이 불가능해질 수도 있으며, 그럴 경우 비용도 더 많이 들 수 있다.

공로운송은 육로망의 확충과 운반차량의 발달 및 대형화 추세에 따라 종합운송체계의 핵심적인 역할을 수행하고 있을 뿐만 아니라 일관운송이나 국제복합운송에서 문전까지의 역내수송, 즉 마감운송을 담당하고 있다.

제 10 장

국제무역보험

제10장 국제무역보험

I. 무역위험과 보험

무역거래에서는 수많은 위험이 도사리고 있을 뿐만 아니라 무역환경의 변화에 의해서 새로운 위험이 속출하고 있다. 따라서 무역거래에서 당사자들은 무역환경의 변화에 따라 새롭게 출현하는 위험과 기존의 무역관련 위험을 포괄적으로 대처할 필요가 있다.

무역활동 중에 발생할 수 있는 위험으로는 무역계약을 체결한 상대방인 수입업자가 계약을 이행하지 않을 위험 즉 수입을 포기하거나 대금을 지불하지 않을 위험에는 신용위험과 비상위험이 있다. 이는 위험발생의 귀책사유가 상대방에게 있는가에 따라 구분할 수 있다. 즉 계약위반과 같이 귀책사유가 상대방에게 있는 것이 신용위험이고 상대국 정부의 외환규제, 전쟁 등과 같은 정치적인 것이 비상위험이다. 이러한 신용위험과 비상위험은 신용장이나 무역보험제도를 이용하여 관리할 수 있다.

또한 무역거래를 통하여 물품이 물리적으로 이동하기 위하여 국제운송이 이루어져야 한다. 이때 운송과정 중에 운송행위에 의해 잠재된 위험이나 외부적 요인에 의한 위험 등으로 물품의 멸실이나 손상이 야기될 수 있다. 이와 같은 국제운송중의 위험을 운송위험이라고 한다. 이러한 운송위험은 해상보험제도를 이용하여 관리할 수 있다.

무역에 관련된 보험은 무역업자가 무역에 수반되는 위험을 보험회사에 전가함으로서 위험을 관리하는 제도이다. 위험전가의 비용이 보험료(premium)이며, 이 보험료는 보험금지불의 기초가 되는 기금을 형성한다. 보험기간이 종료된 후에 남는 기금은 보험회사에 대한 보수로서 보험회사의 몫이 된다. 보험회사는 손해

발생의 가능성을 평가하는데 숙련되어 있으며, 발생한 손해를 보상하기 위한 공동재산을 준비하고 관리하는 전문가를 보유하고 있다. 이러한 보험회사는 발생하는 손해에 관한 지식을 축적하고 손해발생의 원인을 조사해서 손해를 감소시킬 방안을 제시한다. 이와 같이 무역업자의 경영을 개선하는 방안이 보험활동으로부터 제시되는 경우는 적지 않다.

Ⅱ. 해상보험

1. 해상보험의 의의

해상보험(marine insurance)이란 해상사업에 관련이 있는 무역업자나 해상운송자 등이 특정의 해상사업을 영위함에 있어서 항해에 관한 사고의 위험 정도에 따라 합리적인 보험금을 부담하여 공동준비재산을 형성하고 사고발생에 따라 손해를 입었을 경우 이를 보상함으로써 경제적 불이익을 보상하기 위한 제도이다. 영국 해상보험법(Marine Insurance Act 1906) 제1조에서 '해상보험계약이란 보험자가 피보험자에 대하여 그 계약에 의하여 합의한 방법과 범위 내에서 해상사업에 수반되는 해상손해를 보상할 것을 확약하는 계약'이라고 정의하고 있다. 우리나라 상법(제693조)에서는 '해상보험계약의 보험자는 해상사업에 관한 사고로 인하여 생길 손해를 보상할 책임이 있다'고 규정하고 있으며 해상보험은 항해사업 즉, 해상운송 중에 발생한 손해에 대하여 보험계약에서 합의한 방법과 범위 내에서 보상하는 것을 말한다.

해상보험의 성격은 첫째, 해상보험은 손해보상을 목적으로 하는 보험이며 둘째, 해상보험은 항해에 관한 사고, 즉 해상위험(Maritime Perils)을 보험사고로 하는 보험이다. 셋째, 해상보험에 있어서 피보험자가 해상위험에 의하여 손해를 입기 위해서는 그에 상응하는 적하, 선박, 운임 및 희망이익 등의 피보험이익이 존재하여야 하고 넷째, 해상보험은 피보험이익에 발생한 손해의 보상을 목적으로 하고 있다.

2. 해상보험의 당사자

1) 보험자

보험자(Insurer, Assurer)는 보험료를 받아 해상위험을 부담하는, 즉 손실을 보상하여 줄 것을 약속하는 자를 말하며, 우리나라에서는 보험자는 법인체인 보험회사(Insurance Company)로 한정되어 있으나, 외국의 경우 Lloyd's 같은 개인보험업자(Underwriter)도 있다.

2) 보험계약자

보험계약자(Policy Holder)는 자기의 명의로 보험회사와 보험계약을 체결하고 보험료(Insurance Premium)를 지불할 의무를 지는 자를 말한다.

보험계약자는 보험계약을 체결할 때 보험자에 대하여 보험료 지불 외에도 보험계약에 관한 중요사항에 관한 고지의무(Duty of Disclosure)가 있으며, 만약 보험계약자 또는 피보험자가 고의 또는 과실로 인하여 중요한 사항을 부실고지하거나 불고지(Non-disclosure)를 하였다면 보험자는 계약을 해지할 수 있다.

3) 피보험자

피보험자(Insured, Assured)는 피보험이익(Insurable Interest)의 주체로서 보험자로부터 손해보상을 받을 권리가 있는 자이다.

여기서 보험계약자와 피보험자는 매매계약 형태에 따라서 동일인이 될 수도 있고 다른 사람이 될 수도 있다. 즉, "자기를 위한 보험계약"을 체결하는 FOB 조건하에서는 보험계약자와 피보험자가 모두 동일한 매수인이지만, "타인을 위한 보험계약"을 체결하는 CIF조건의 경우는 보험계약자는 수출상인데 반해 피보험자는 수입상이 되며 이 경우 수출상이 보험증권을 여타의 운송서류와 함께 매수인에게 배서(Endorsement)에 의한 양도에 의해 피보험이익이 수입상에게 비로소 이전된다.

3. 해상보험의 주요용어

1) 피보험이익

피보험이익(Insurable Interest)이란 피보험자가 적하, 선박 등 보험의 목적(Subject of Insurance)에 대하여 일정한 사고의 발생에 의해 경제적으로 손해를 입을 우려가 있는 경우에 그 보험의 목적에 대하여 가지는 이해관계를 말한다. 즉, 해상보험에 있어서 피보험이익은 피보험자가 해상사업에 관한 사고의 발생과 관련하여 보험의 목적에 대하여 가지는 이해관계를 의미한다.

이러한 피보험이익의 요건을 살펴보면, 먼저 피보험이익은 경제적 이익이어야 한다. 즉 피보험이익은 금전으로 평가할 수 있어야 한다. 둘째, 피보험이익은 확정가능한 이익이어야 한다. 즉, 피보험이익은 특정의 우연한 사고와 손해간에 인과관계가 확정될 수 있어야 하며, 다른 피보험이익과 구별할 수 있어야 하며, 또한 보험계약체결시점에 확정이 가능해야 하지만 늦어도 보험사고가 발생할 때까지는 피보험이익관계가 확정되어야 한다. 셋째, 피보험이익은 적법해야 한다. 즉, 피보험이익의 보호자체가 법률적으로 인정될 수 있어야 하며, 또한 실정법에 의해 이것을 보험에 붙이는 것이 금지되어 있지 않아야 한다.

2) 보험가액과 보험금액

보험가액(Insurable Value)이란 보험사고가 발생한 경우에 피보험자가 입게 되는 경제적 손해의 최고한도액이며, 피보험이익(Insurable Interest)을 경제적으로 평가한 가액이다.

그리고 보험금액(Insured Amount)은 보험계약당사자간의 합의에 의하여 보험자가 지급해야할 손해보상의 최고한도액으로서, 이는 보험계약을 체결할 때에 당사자간의 약정에 의하여 정하여 진다. 이러한 보험금액은 손해발생시에 실제로 피보험자에게 지급하는 금액, 즉 보험금(Claim Amount)과 구별하기 위하여 약정보험금액이라고도 한다.

한편 보험금액과 보험가액과의 관계를 살펴보면, 먼저 보험가액과 보험금액이 동일한 경우를 전부보험(Full Insurance)이라 한다. 전부보험에 있어서는 보험자는 소손해면책액 또는 자기부담액이 없는 한 피보험자가 실제로 입은 손해액 전부를 보상하여야 한다.

둘째, 보험가액보다 보험금액이 적은 경우를 일부보험(Partial Insurance)이라고 한다.

셋째, 보험금액이 보험가액을 초과하는 경우를 초과보험(Over Insurance)이라 하는데, 만약 초과보험을 그대로 인정하게 되면 만일 보험사고가 발생하지 않는 경우에는 피보험자는 초과보험료를 지불하고 보험자는 부당한 보험료를 수령하는 결과가 되고, 보험사고가 발생하는 경우에는 피보험자가 보험가액 이상의 부당이익을 얻을 수 있어 보험을 투기적 목적으로 이용하거나 고의적인 보험사고를 초래할 우려가 있다. 따라서 이러한 이유로 각국에서 초과보험에 관하여 일정한 규제를 가하고 있다.

3) 보험금과 보험료

보험금(Claim Amount)은 보험계약에 의거 담보위험으로 피보험자가 입는 경제적 손해에 대하여 보험자가 피보험자에게 지급하는 보상금을 말한다. 그리고 보험료(Insurance Premium)는 보험계약시 보험자가 위험을 인수하는 대가로 보험계약자가 보험자에게 지불하는 대금을 말하며, 보험료율은 보험금액에 대한 백분율로 표시된다.

4) 보험기간, 보험계약기간 및 보험료기간

보험기간(Duration of Risk; Policy Period)이란 보험자가 손해보상의 책임을 져야 하는 보험사고발생의 시간적 한계를 말한다. 즉, 보험자의 위험부담책임이 시작되어 끝날 때까지의 기간으로서 이를 책임기간 또는 위험기간이라고도 한다.

보험계약기간(Duration of the Policy)이란 보험계약의 성립에서 그 종료에 이르는 기간, 즉 보험계약의 존속기간을 말한다. 보험계약은 당사자의 합의에 의하여 유효하게 성립했음에도 불구하고 보험자의 책임은 계약성립 후까지 개시하지 않을 수도 있으며(보험계약이 성립하였음에도 불구하고 최초의 보험료를 지급한 후부터 보험자의 책임이 개시한다), 소급보험(Retrospective Policy)의 경우 계약성립전의 일정기간에 발생한 손해를 보험자에게 보상시키는 경우가 있어 보험기간과 보험계약기간은 반드시 일치하지 않는다.

그리고 보험료기간(Premium Period)이란 당사자가 계약에서 정한 보험료급부에 대한 단위기간, 즉 보험자가 위험을 측정하고 보험료를 산출하기 위하여 표준으로 삼는 기간으로서 기간보험(Time Insurance)의 경우에는 통상 보험료 기간을 1년으로 정하고 있다.

〈표 10-1〉 해상보험의 용어

해상보험의 용어정리	
보험자 (insurer, assurer)	보험자는 보험료를 받아 해상 위험을 부담하는 자이고, 보험계약을 인수한 자로서 보험사고 발생 시 그 손해를 보상 즉 보험금을 지급할 의무를 지는 자, 즉 보험회사
보험 계약자 (policy holder)	보험회사와 보험계약을 체결하고 보험료(insurance premium)를 지불하는 자이고, 보험계약의 청약자이며 보험료 지급의무, 주요사항 고지의무 및 위험변경증가 등의 통지의무 등을 부담하는 자
피보험자 (insured assured)	피보험이익(insurable interest)을 갖고 이 피보험재산(insurable property)에 손해가 발생하면 보험자로부터 보상을 받는 자를 말하며, 여기서 보험계약자와 피보험자는 매매계약의 형태에 따라서 동일인이 될 수도 있으며, 피보험이익의 주체로써 보험사고의 발생으로 인하여 손해를 입는 경우 보상을 받을 권리를 갖는 자
보험료 (premium)	보험자의 위험부담에 대해 보험계약자가 지급하는 보수
보험금 (claim)	담보위험으로 피보험자가 입은 재산상의 손해에 대해 보험자가 지급하는 보상금
보험의 목적	위험발생의 객체로서 해상보험에서는 화물 또는 선박을 말하며, 해상보험은 적하보험(cargo insurance)과 선박보험(hull insurance)으로 분류
피보험이익 (insurable interest)	보험의 목적에 보험사고가 발생함으로써 피보험자에게 경제상의 손해를 입힐 우려가 있는 경우에 이러한 보험의 목적과 피보험자와의 이해관계를 말함
보험가액 (insurable value)	피보험이익의 평가액으로 일정한 피보험이익에 대하여 발생할 수 있는 경제적 손해액의 최고한도
보험금액 (sum insured)	실제로 보험에 가입한 금액을 말하며 보험자가 보험계약상 부담하는 손해배상책임의 최고한도액

Ⅲ. 해상위험

해상위험이란 해상에서 발생될 수 있는 위험을 말하며, 이를 보통위험, 특별위험, 보험자가 보상해주지 않는 소위 불보상위험으로 구분할 수 있다.

1. 보통위험

일반적으로 담보되는 보통위험은 다시 자연적 위험과 인위적 위험으로 구분된다.

1) 자연적 위험

(1) 해상고유의 위험(perils of sea)

해상고유의 위험이란 해상의 우연한 사고 또는 재해만을 말하며 다음과 같은 위험이 이에 속한다.

- **침몰**(sinking) : 선박이 바다 밑에 가라앉아 항해가 불가능한 형태를 말한다.
- **파손**(shipwreck) : 풍파의 작용 또는 좌초, 충돌 등에 의하여 선체가 파손된 상태를 말한다.
- **좌초**(stranding) : 선박이 암초 또는 기타 견고한 물체에 충돌되어 단시일 내에 재 항해가 불가능한 상태를 말한다.
- **충돌**(collison) : 선박과 선박과의 충돌, 선박과 물 이외의 물체와 충돌하는 것을 말한다.

(2) 화재(fire)

낙뢰 및 선원의 과실에 의한 화재를 말한다.

2) 인위적 위험

(1) 투하(jettison)

선박이 침몰 또는 좌초의 위험을 면하기 위하여 선장의 판단과 명령에 따라 화물이나 선박용구의 일부를 바다로 던지는 행위를 말한다.

(2) 강도, 해적(rovers, pirates)

해상에서 선박을 습격하여 선박 또는 화물을 약탈하는 자를 말한다.

(3) 군함, 외적(men of war, enemies)

군함이란 전쟁, 내란 및 반란 등의 경우 국가 또는 정부에 의하여 전투목적으로 사용되는 선박을 말하며 외적이란 군함을 제외한 모든 적대행위용의 선박, 항공기 및 인간의 가해행위를 말한다.

(4) 선장, 선원의 비행(barratry of master and mariners)

선장, 선원이 고의로 화물에 손해를 가하는 행위를 말한다.

2. 특별위험

특별위험이란 당연히 담보되는 것이 아니라 특약에 의하여 보험계약자가 할증보험료를 지급해야만 담보되는 위험을 말하며, 이에는 다음과 같은 위험이 있다.

1) 전쟁위험(war risk)

전쟁이 발생하면 손해의 종류가 크므로 전쟁이 발생할 가능성이 있는 경우 또는 발생된 경우에 별도의 담보를 요구하게 된다.

2) 동맹파업, 폭동 및 소요(S.R.C.C.: Strikes, Riots and Civil Commotions)

위의 요인에 의해서 화물에 방화 또는 이를 강탈하는 행위로 손해가 발생하는 경우이다.

3) 갑판선적에 대한 위험(risk on deck cargo)

갑판에 화물이 적재되면 풍랑 등에 의하여 화물이 손상을 입을 염려가 있고 투하의 우선 대상이 되기 쉽다.

4) 도난, 발화 및 불착의 위험(TPND: Theft, Pilferage and Non Delivery)

도난이란 포장단위가 모두 없어지는 상태를 말하며, 발화는 포장내의 일부화물이 없어지는 것을 말한다.

5) 우유 및 담수유의 위험(Rain and/or fresh water damage)

우유란 빗물에 젖어 손해를 당하는 위험, 담수유란 담수에 젖는 위험을 말한다.

6) 발열, 한손(heat, sweat)

선박내의 열 또는 수증기로 발생하는 위험을 뜻한다.

7) 갈고리의 위험(hooks)

하역 시 사용하는 갈고리에 의하여 생기는 위험을 말한다.

8) 유류 및 적재화물에 의한 손해(contact with oil and/or other cargoes)

기름에 젖는다던가 다른 화물에 접촉되어 발생하는 위험을 말한다.

3. 불(不) 보상위험

다음의 위험은 보험자가 보상하지 않는다.

① 금지품의 손해 : 수출입금지품에 손해가 발생하더라도 보험자가 보상하지 않는다.
② 화물의 성질, 하자(흠) 또는 자연적 소모에서 오는 손해
③ 운송사업자의 고의 또는 중대한 과실로 인한 손해
④ 선박의 항해불능 또는 항해지연

4. 해상손해의 종류

해상보험에 있어 손해(loss)라 함은 보험의 목적물인 선박, 적화, 선적 또는 희망이익 등에 해상보험(보험사고)이 발생함으로써 피보험목적물이 멸실 또는 손상되거나 비용이 발생되는 피보험자의 경제상의 불이익을 말한다.

해상보험은 이러한 해상손해로 인하여 피보험자가 입게 되는 실질적인 손해, 즉 훼손을 보상하는 것이 원칙이다. 따라서 해상보험을 이해하기 위하여는 보험자가 피보험자에 보상하는 손해의 종류 및 범위는 어떠한 것이 있는지를 살펴볼 필요가 있다.

발생하는 손해의 범위에 따라 해상손해를 구분하면 다음과 같다.

1) 전손(total loss)

보험목적이 사실상 또는 실질적으로 전멸되었거나 된 것으로 간주되는 손해를 전손이라고 하며, 이는 다시 현실전손 또는 절대전손과 준전손으로 분류된다.

(1) 현실전손(actual total loss)

보험목적이 파괴 또는 화물 본래의 성질을 상실한 정도의 손해를 말한다.

(2) 준전손(constructive total loss)

보험목적이 전멸되지 않았어도 손해정도가 심하여 본래의 목적에 사용할 수 없거나 그 손해를 수선한다 해도 많은 수선비가 소요되는 경우의 손해를 준전손 또는 구성전손이라 한다. 피보험자는 부보 된 물건에 대한 일체의 권리를 보험

자에 이전하여야 하며 보험금 전액을 청구하여야 한다.

보험물건에 대한 권리를 보험자에게 이전하는 것을 위부(abandonment)라고 한다. 선박이 일정기간 후에도 행방불명이 되어 실제에 있어서는 무사히 피난하고 있을지도 모르지만 전손으로 추정하는 경우를 추정전손(presumed total loss)이라고 한다.

2) 분손(partial loss)

분손은 해손이라고도 하며 전손을 제외한 손해가 분손이다. 분손은 다시 단독해손과 공동해손으로 구분된다.

(1) 단독해손(particular average)

단독해손이란 피보험이익의 일부가 소멸한 손해에서 공동해손을 제외한 분손을 가리킨다. 예를 들면 화물이 훼손 또는 양적 부족이 발생하거나 선박이 손상을 입은 경우이다.

(2) 공동해손(general average)

선박이나 적재화물이 재난을 당했을 때 공동의 이익을 위하여 선장이 취한 조치 때문에 생긴 손해를 말하며, 이러한 희생과 비용은 위험을 면한 재산의 소유자와 선주가 분담하게 된다.

공동해손은 본래의 보험제도와는 관계가 없이 발달한 것이다. 따라서 현재에도 B/L의 약관에 공동해손(general average)에 대하여 규정을 하고 있으며, 보험에 대한 문외한들이 이들을 해결할 때 분쟁이 발생함에 따라 보험회사에 이의 해결을 위임함으로써 보험과 관계를 가지게 되었다.

5. 해상적화보험의 보상조건

해상적화보험의 보상조건은 런던보험업자협회(Institute of London Underwriter)가 제정한 특별약관인 협회적화약관(Institute Cargo Clause: ICC)에 의해 규정되어 있다. 협회적화약관에는 1963년부터 현재까지 사용하고 있는 ICC(A/R), ICC(WA), ICC(FPA)와 1982년 1월 1일자로 개정된 ICC(A), ICC(B), ICC(C)가 있는데, 우리나라에서는 1983년부터 신·구약관을 병행사용하고 있다. ICC(FPA)와 ICC(C), ICC(WA)와 ICC(B), ICC(A/R)와 ICC(A)의 보상조건은 각기 거의 유사하다.

이하에서는 신 협회적화약관의 보상조건 및 범위에 대하여 구체적으로 살펴보고자 한다.

1) ICC(A) : Institute Cargo Clause(A)

ICC(A)의 경우 보험자(insurer, assurer, underwriter)는 아래의 면책위험을 제외한 기타의 모든 위험을 담보한다. 이는 여타의 두 다른 약관에 비해 담보범위가 가장 넓으며, 그에 따라 보험료도 가장 비싸다. 그러나 ICC(A)약관의 경우에도 보험자가 담보하지 않는 위험이 있는데, 이를 면책위험이라고 하며, 동 면책위험은 다음과 같다.

(1) 일반적인 면책위험(general exclusions)

① 피보험자의 고의적인 비행
② 통상적인 누손·중량 및 수량의 자연감량 또는 자연소모
③ 포장의 부적합·물품고유의 성질 또는 하자
④ 지연
⑤ 선주·용선자·운항자의 파산 또는 금전적 채무불이행
⑥ 원자력·핵분열 또는 이와 비슷한 무기의 사용

(2) 불내항성 및 부적합성 면책위험(unseaworthiness and unfitness exclusions)

① 선박 또는 부선의 불내항성
② 피 보험목적물을 안전하게 수송하기 위한 선박·부선·컨테이너의 부적합

(3) 전쟁면책위험(war exclusions)

① 전쟁·내란·혁명·모반·반란·국내소요·기타 적대행위

② 포획 · 나포 · 강류 또는 억류
③ 유기된 기뢰 · 어뢰 · 폭탄 · 기타 전쟁무기

(4) 동맹파업면책위험(strike exclusions)

① 동맹파업 · 직장폐쇄 · 노동쟁의 · 폭동에 가담한 자
② 동맹파업 · 직장폐쇄 · 노동쟁의 · 폭동의 결과
③ 테러리스트 또는 정치적 동기에 의하여 행동하는 자

2) ICC(B) : Institute Cargo Clauses(B)

ICC(B)의 경우 보험자는 앞에서 열거한 ICC(A)의 면책위험을 제외하고 다음의 사유로 인한 화물의 멸실 및 손상을 보상한다.

① 화재 또는 폭발(fire or explosion)
② 본선 또는 부선의 좌초 · 교사 · 침몰 · 전복(vessel or crafe being stranded, grounded, sunk, or capsized)
③ 육상운송용구의 전복 또는 탈선(overturning or derailment of land conveyance)
④ 본선 · 부선 또는 운송용구와 물 이외의 타 물체와의 충돌 또는 접촉(collision or contact of vessel craft or conveyance with any external object other than water)
⑤ 조난항에서 적화의 양화작업으로 인한 손해(discharge of cargo at a port of distress)
⑥ 공동해손 희생손해(general average sacrifice)
⑦ 투하(jettison)
⑧ 지진 · 분화 · 낙뢰(earthquake · volcanic eruption · lightning)
⑨ 파도의 의한 갑판상의 유실(washing overboard)
⑩ 선박 · 부선 · 선창 · 운송용구 · 컨테이너 · 지게차 또는 보관소에 해수 · 호수 · 하천수의 유입(entry of sea lake or river water into vessel craft hold conveyance container liftvan or place of storage)
⑪ 선박 · 부선에의 선적, 또는 양육작업 중 바다 또는 갑판에 추락하여 발생한 포장단위당의 전손(total loss of any package lost overboard or dropped whilst loading on to, or unloading from, vessel or craft)

3) ICC(C) : Instiute Cargo Clauses(C)

ICC(C)의 경우 보험자는 ICC(A)에서 열거한 면책위험을 제외하고 다음의 사유로 인한 물품의 멸실 및 손상을 보상한다. 이는 여타의 두 약관에 비해 담보범위가 가장 제한적이며, 그러므로 보험료가 가장 싸다.

① 화재 또는 폭발(fire or explosion)
② 본선 또는 부선의 좌초 · 교사 · 침몰 · 전복(vessel or crafe being stranded, grounded, sunk, or capsized)
③ 육상운송용구의 전복 또는 탈선(overturning or derailment of land conveyance)
④ 본선 · 부선 또는 운송용구와 물 이외의 타 물체와의 충돌 또는 접촉(collision or contact of vessel craft or conveyance with any external object other than water)
⑤ 조난항에서 적화의 양화작업으로 인한 손해(discharge of cargo at a port of distress)
⑥ 공동해손 희생손해(general average sacrifice)
⑦ 투하(jettison)

6. 각 약관별 담보 · 면책위험의 비교

1) 신 적화보험약관별 담보위험

연번	보험자가 보상하는 손해	ICC(A)	ICC(B)	ICC(C)
①	화재 또는 폭발	○	○	○
②	본선 또는 부선의 좌초 · 교사 · 침몰 · 전복	○	○	○
③	육상운송용구의 전복 또는 탈선	○	○	○
④	본선 · 부선 또는 운송용구와 물 이외의 다른 물체와의 충돌 또는 접촉	○	○	○
⑤	조난항에서 적화의 양화작업으로 인한 손해	○	○	○
⑥	공동해손 희생손해	○	○	○
⑦	투하	○	○	○
⑧	지진 · 분화 · 낙뢰	○	○	×
⑨	파도에 의한 갑판상의 유실	○	○	×
⑩	선박 · 부선 · 선창 · 운송용구 · 컨테이너 · 지게차 또는 보관소에 해수 · 호수 · 강물의 유입	○	○	×
⑪	선박 · 부선에의 선적 또는 양육작업 중 바다 또는 갑판에 추락하여 발생한 포장단위당의 전손	○	○	×
⑫	면책위험에서 열거한 손해를 제외한 기타 일체의 손해	○	×	×

※ 보험자가 담보하는 손해는 ○표, 담보하지 않는 손해는 ×표 임.

2) 신 · 구 협회적화약관의 담보위험 비교

보상하는 손해	A/R	ICC(A)	W.A.	ICC(B)	F.P.A.	ICC(C)
① 전 손	0	0	0	0	0	0
② 공동해손	0	0	0	0	0	0
③ 구조료	0	0	0	0	0	0
④ 특별비용	0	0	0	0	0	0
⑤ 손해장비 비용	0	0	0	0	0	0
⑥ 좌초, 침몰, 화재, 충돌로 인한 단독해손	0	0	0	0	0	0
⑦ 피난항에서의 하역중의 손해	0	0	0	0	0	0
⑧ 하역작업중 매포장, 단위당 전손	0	0	0	0	0	×
⑨ 투 하	0	0	0	0	×	0
⑩ 갑판유실	0	0	0	0	×	×
⑪ 악천후로 인한 해수 침손	0	0	0	0	×	×
⑫ 기타의 분손	0	0	×	×	×	×

※ 위의 ○표는 보험자가 담보, ×표는 보험자가 부담보

7. 적화보험의 표시통화와 최저 부보금액

또한 보험계약을 체결하기 위해서는 적화보험의 표시통화와 부보금액을 결정하여야 한다. 이때 통화의 종류는 환율변동에 따른 환 차손의 위험이 적은 통화로 결정해야 된다. 신용장거래에서는 별도의 규정이 없는 한 신용장상의 통화와 다른 종류의 통화가 기재된 보험서류는 수리되지 않는다.

부보금액은 보험에 부보하는 보험금액(insured amount)이다. 앞에서 고찰한 바와 같이 보험계약자(policy holder)와 피보험이익(insurable interest)을 수혜할 피보험자(insured)가 동일한 경우에는 크게 문제되지 않는다. 그러나 특히 CIF 및 CIP 의 경우에서와 같이 보험계약자와 피보험자가 다른 때에는 부보금액을 합의하여 이를 계약에 명기해 두어야 된다.

실무에서는 부보금액을 송장금액(invoice amount)의 110%~115[1]%로 정하는

1) 이때 10%~15%는 예상기대이익(expected profit)이다. 희망이익이라고도 하는 예상기대이익이란 바이어가 약정품을 무사히 수입해와서 그것을 국내에서 전매했을 경우 얻을 수 있다고 보는 이익의 폭이다. 거래상품의 종류에 따라서는 이보다 더 높은 부보금액(insured amount)을 요구하는 보험계약자도 있다. 신용장통일규칙에서도 최저 부보금액

것이 보편적인 관례로 되어 있다. 신용장통일규칙에 따르면 당사자의 약정이 없는 때에는 부보를 요하는 최저금액은 CIF 또는 CIP 가격에 10%를 가산한 금액이 된다.

에 대해서는 규정하고 있지만, 최대 부보금액에 대해서는 규정하고 있지 않다. 그렇다고 하여 상식을 초월한 높은 부보금액으로 보험에 가입할 수 있다는 말은 아니다.

제 11 장

무역클레임과 국제상사중재

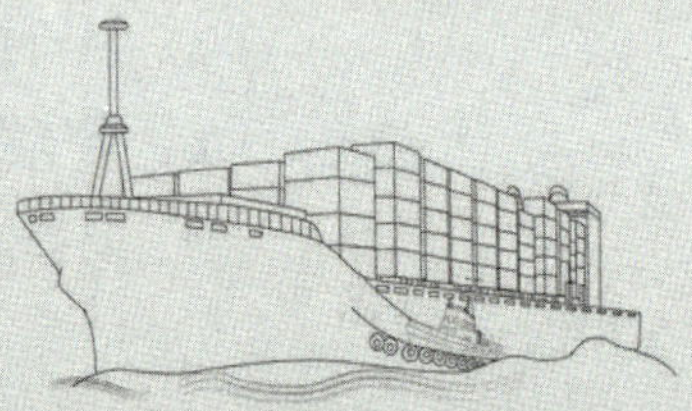

제 11 장 무역클레임과 국제상사중재

Ⅰ. 무역클레임에 대한 이해와 대응

1. 무역 클레임이란?

무역클레임(trade claim)[1]이란 수출입 당사자의 어느 일방이 무역계약조건을 이행하지 않음으로 인하여 손해를 입은 피해자가 가해자를 상대로 손해배상을 청구하는 것을 의미한다.

무역실무에서 사용하는 클레임이라는 용어에는 두 가지의 의미가 있다. 그중 하나는 손해화물에 관한 클레임이고, 다른 하나는 「무역거래에서 발생하는 무역클레임」이다. 전자는 운송중의 사고로 인하여 운송화물에 손해가 생겼을 때 피해자인 화주가 운송인(carrier; 선박회사 등) 또는 보험자(보험회사 또는 보험업자)에 대하여 손해배상을 청구하는 클레임(운송클레임 또는 보험클레임)이다. 후자는 매매당사자의 일방이 매매계약의 내용에 따른 이행을 하지 않았을 때에 그로 인하여 손해를 입은 당사자가 상대방에 대하여 손해배상을 청구하는 클레임이다. 그러나 일반적으로 클레임이라 할 때에는 후자를 가리키며, 여기에서 말하는 클레임도 무역클레임을 지칭한다.

---

1) 무역클레임에는 단순한 불만(complaint)이나 경고(warning)등을 포함시킬 수도 있으나, 이는 어느 일방의 주관적인 면이 작용할 수도 있기 때문에 객관성과 타당성이 있는 무역분쟁의 구상(claim for trade dispute)이라고 볼 수 없는 측면도 있다.

2. 무역클레임의 발생원인

무역거래는 외국인과의 상거래이기 때문에 국내상거래에 비하여 클레임이 발생할 수 있는 가능성이 훨씬 높다. 무역클레임은 주로 다음과 같은 원인으로 발생하는데, 여기서는 이해의 편의를 위하여 우선 일반적인 클레임의 발생원인과 그 정당성여부별 클레임의 발생원인으로 구분하여 살펴본다. 그런데 이 같은 원인은 어디까지나 개략적인 것이고, 이외에도 여러 가지의 다양한 이유로 클레임이 제기되기도 한다.

1) 일반적인 클레임의 발생원인

① 언어의 상이
② 법률 및 상관습의 상이
③ 신용조사 및 신용의 중요성 경시
④ 계약서의 불비(不備)
⑤ 무역실무지식의 결여
⑥ 계약 후 무역여건의 변화 등

2) 정당한 클레임의 발생원인

정당한 클레임이란 말 그대로 클레임을 제기할만한 정당한 이유가 있는 클레임을 말한다. 앞에서 이미 살펴본 바와 같이 무역거래에서 주로 클레임을 제기하는 자는 바이어인데 바이어가 클레임을 제기해 오는 경우는 대개 아래와 같은 이유 때문이다.

① 인수한 물품의 품질이 계약과 상이한 경우
② 약정한 물품과 전혀 다른 종류의 물품이 인도된 경우
③ 약정물품이 지연선적 및 지연인도된 경우
④ 인도된 물품의 수량이 부족한 경우
⑤ 인도된 물품의 색상과 디자인이 주문한 것과 다른 경우 등

3) 부당한 클레임의 발생원인

클레임이 제기되었다고 하여 다 보상해 주어야 되는 것은 아니다. 이유가 정당하지 않은 부당한 클레임도 많기 때문이다. 부당한 클레임은 주로 다음과 같은 의도로 제기된다.

① 수입물품에 대한 갑작스런 수요감소로 판매가 어렵다고 판단되는 경우
② 수입물품에 대한 국내외 시세하락으로 인한 손해를 만회하기 위하여
③ 다음 주문 시에 가격할인을 요구하기 위한 명분을 축적하기 위해서
④ 수입가격이 타 경쟁사의 가격보다 비싸다는 사실이 확인된 경우
⑤ 일시적으로 어려운 자금사정의 위기를 모면하기 위해서 등

3. 무역 클레임의 종류

1) 클레임 제기자를 기준으로 한 분류

(1) 수출업자의 클레임(seller's claim)

이는 수출업자가 수입업자에 대하여 제기하는 클레임이다. 이처럼 수출업자가 제기하는 클레임을 수출업자의 클레임 또는 매도인의 클레임이라 하며, 이 경우 수출업자는 클레임의 제기자(claimant or claimer)가 되고, 수입업자는 클레임의 피제기자(claimee)가 된다. 피해자인 수출업자가 가해자인 수입업자에 대하여 클레임을 제기할 수 있는 주된 사유는 다음과 같다.

① 신용장을 발행하지 않거나(non-issue of L/C),
② 신용장발행을 지연(delayed issue of L/C)하거나,
③ 잘못된 신용장을 발행(issue of wrong L/C)하거나,
④ 대금을 지급하지 않거나(non-payment)
⑤ 물품의 인수를 거절(reject delivery of the goods)하는 경우 등

(2) 수입업자의 클레임(buyer's claim)

이는 수입업자가 수출업자에 대하여 제기하는 클레임이다. 이를 매수인의 클

레임이라고도 한다. 수입업자의 클레임이 실무에서 가장 많이 발생한다. 그래서 일반적으로 무역클레임이라고 하면 대부분이 여기에 해당된다. 이 경우는 피해를 입은 수입업자가 클레임의 제기자(claimant)가 되고, 수출업자는 클레임의 피제기자(claimee)가 된다. 피해자인 수입업자가 수출업자를 상대로 클레임을 제기하게 되는 주된 사유는 다음과 같다.

① 품질조건(quality terms)을 위반한 경우
② 수량조건(quantity terms)을 위반한 경우
③ 선적 및 인도조건(terms of shipment and delivery)을 위반한 경우
④ 포장 및 하인조건(terms for packing and shipping marks)을 위반 시
⑤ 결제조건(payment terms)을 위반한 경우
⑥ 보험조건(insurance terms)을 위반한 경우 등

2) 클레임의 성질을 기준으로 한 분류

(1) 일반적 클레임(general claim)

이것은 무역거래를 수행하는 과정에서 발생하는 일반적인 클레임을 말한다. 이러한 클레임은 수출입의 당사자 중에서 어느 일방의 과실 또는 태만에 의하여 발생하는 경우가 대부분이다. 그렇지만, 수출입 당사자 이외의 제3자인 수출물품의 제조업자나 공급자 또는 운송인(carrier) 등의 과실 또는 태만에 의하여 발생하는 클레임도 있을 수 있다. 제3자의 과실 또는 태만에 의해 발생한 무역클레임의 경우에는, 우선 가해자(clamee)가 피해자(clamant)에게 손해배상을 해준 후에 그 책임을 제3자에게 전가시킬 수도 있다.

(2) 시장 클레임(market claim)

이는 수출입계약이 체결된 후 수입국 시장에서 수입물품의 가격이 하락하여 수입업자의 손실이 예상되는 경우, 수입업자가 평소 같으면 클레임의 대상으로 여기지 아니할 경미한 과실이나 하자를 핑계삼아 제기하는 가격할인 목적의 클레임을 말한다. 이 같은 시장 클레임을 예방하기 위해서는 무역거래를 개시할 때 수입업자에 대한 상도덕성을 면밀히 조사해야 된다.

(3) 계획적 클레임(planned claim)

이는 수출입 당사자의 어느 일방이 계획적으로 제기하는 클레임을 말한다. 주로 악덕상인인 수입업자가 처음부터 교묘한 술책을 사용하여 상대방으로 하여금 계약이행에 지장을 일으키게 한 후 고의로 제기하는 클레임을 계획적 클레임이라 한다. 이러한 클레임을 상습적으로 제기하는 악덕상인을 우리는 클레임상인(claim merchant)이라 한다.

이 같은 계획적 클레임을 예방하기 위해서도 거래상대방의 상도덕성을 포함한 신용을 철저히 조사해야 된다.

3) 클레임의 발생원인을 기준으로 한 분류

(1) 품질에 관한 클레임

이는 약정된 품질조건의 위반을 이유로 제기되는 클레임이다. 품질에 관한 클레임의 발생원인이 되는 품질조건의 위반사항은 대체로 다음과 같다.

① 품질의 불량 또는 상이(inferior or different quality)
② 규격이나 등급의 상이(difference in type or grade)
③ 색깔 또는 치수의 상이(different color or size) 등

(2) 수량에 관한 클레임

이는 수량조건의 위반을 이유로 제기되는 클레임이다. 수량에 관한 클레임의 발생원인이 되는 수량조건의 위반사항은 대체로 다음과 같다.

① 수량의 부족(shortage in quantity)
② 중량의 부족(shortage in weight; short weight; under weight)
③ 과부족허용범위의 위반(breach of allowance) 등

(3) 선적 및 인도에 관한 클레임

이는 선적 및 인도조건의 위반을 이유로 제기되는 클레임을 말한다. 선적 및 인도에 관한 클레임의 발생원인이 되는 선적 및 인도조건의 위반사항은 대체로 다음과 같다.

① 선적의 지연(delayed shipment)
② 부적(non-shipment)
③ 인도의 지연 또는 불인도(late delivery or non-delivery) 등

(4) 포장 및 하인에 관한 클레임

이는 포장 및 하인조건의 위반을 이유로 제기되는 클레임을 말한다. 포장 및 하인에 관한 클레임의 발생원인이 되는 포장 및 하인조건의 위반사항은 대체로 다음과 같다.

① 포장의 불량(wrong or bad packing)
② 하인의 누락(no shipping mark)
③ 하인의 상이(different mark) 등

(5) 결제에 관한 클레임

이는 결제조건의 위반을 이유로 제기되는 클레임을 말한다. 결제에 관한 클레임의 발생원인이 되는 결제조건의 위반사항은 대체로 다음과 같다.

① 신용장의 불발행 또는 발행지연(non-issue or issuing delay of L/C)
② 잘못된 신용장의 발행(issue of wrong L/C)
③ 대금의 불지급(non-payment) 또는 결제지연(delaying payment) 등

(6) 보험에 관한 클레임

이는 보험조건의 위반을 이유로 제기되는 클레임이다. 보험에 관한 클레임의 발생원인이 되는 보험조건의 위반사항은 대체로 다음과 같다.

① 보험에 부보(cover)하지 않았거나
② 약정한 특정위험이 담보되지 않았거나[2)]
③ 부보금액이나 부보요율이 다른 경우 등

---

2) 전쟁위협에 관련된 보험료는 평상시에는 대체적으로 저율이지만, 국지적인 전쟁 또는 전쟁에 준하는 적대행위(war like hostilities)가 발생하면 보험료율이 폭등하게 된다. 이러한 경우에 앙등된 보험료는 국제관습상 수입업자가 부담하는 것이 원칙이지만, 그러나 이에 관한 당사자간의 사전 합의가 없는 경우에는 무역클레임의 발생원인이 될 수도 있다.

4. 무역클레임의 구제방법 및 범위

1) 금전적 구제방법과 범위

(1) 대금감액의 청구

대금감액(reduction of price)의 청구란 목적물의 수량이 부족하거나 품질이나 포장 및 하인 또는 상표 등이 불량한 경우에 매수인이 매도인에 대하여 계약가격보다 감액된 가격으로 당해 목적물을 인수하겠다고 요청하는 것을 말한다.

대금감액의 방법으로는 ① 당해 계약금(잔액)에서 직접 감액하거나 ② 다음계약금에서 감액하거나 ③ 감액금액을 별도로 반환 송금하는 방법이 이용되고 있다.

(2) 대금지급 거절

대금지급의 거절이란 채무자인 매수인이 채권자인 매도인에 대하여 자신의 채무 즉 대금지급 의무의 이행을 거절하는 것을 말한다. 무역대금결제방식을 ① 송금(remittance)방식 ② 추심(collection)방식 ③ 신용장(L/C)방식으로 분류할 때 ①은 다시 사전송금방식과 사후송금방식으로, ②는 다시 인수인도(D/A)방식과 지급인도(D/P)방식으로 구분되는 바, 이중 사전송금이나 지급인도 및 신용장방식 하에서 대금지급의 거절은 원칙적으로 불가능하고 오직 사후송금 및 인수인도의 방식인 경우에만 대금지급의 거절이 가능하다. 대금지급 거절권의 행사가 불가능한 경우 클레임 제기자는 이와는 별개의 구제권을 행사할 수밖에 없다.

(3) 손해배상의 청구

손해배상(compensation for damages)이란 법률이 규정하는 일정한 경우에 타인이 입은 손해를 보상하여 손해가 없는 것과 같은 상태로 하는 법률행위로써 그 성격상 일방당사자의 귀책사유에 의한 계약위반으로 인하여 타방이 입은 손해를 금전적으로 보상함으로써 가능한 한 상대방을 계약이 이행된 것과 동일한 지위에 놓이게 하려는 데 그 목적이 있다.

손해배상의 방법은 다른 의사표시가 없는 한 금전배상을 원칙으로 하고 예외적으로 원상회복이 인정된다. 금전적 배상은 실손해(actual loss)의 배상을 원칙으로 한다.

무역거래에서 ① 계약당사자의 일방이 부당하게 계약을 해제한 때, ② 약정된 신용장을 부당하게 발행하지 않거나 발행을 지연하거나 또는 정당한 정정 요청을 거절한 때, ③ 약정품을 부당하게 인도하지 않거나 또는 지연인도한 때, ④ 약정품의 인수를 부당하게 거절하거나 지연한 때, ⑤ 대금지급을 부당하게 거절하거나 지연한 때, ⑥ 불량품이나 상이품을 수령한 때, ⑦ 하자품이나 수량부족품을 수령한 때, ⑧ 기타 계약내용을 위반한 때에는 경제적 손해가 발생하므로 이 경우 피해당사자는 상기한 손해발생사유로 인한 파생적 · 부가적 손해(consequential incidental damages)를 포함한 일체의 손해를 배상 청구할 수 있다.

2) 비금전적 구제방법 및 범위

(1) 목적물의 인수거절

목적물의 인수거절이란 매수인이 목적물의 일부 또는 전부의 인수를 거절하는 것을 말한다. 예컨대 ① 현저히 저질의 물품이 공급된 때, ② 약정내용과 다른 물품이 공급된 때, ③ 허용면책비율 이상의 이물질이 혼입된 물품이 공급된 때, ④ 물품이 현저히 지연인도된 때 등의 경우에 매수인은 목적물의 인수를 거절할 수 있다. 이 같은 인수거절은 매수인의 지급거절권[3]이나 반환청구권 또는 대체품청구권을 당연히 수반하게 된다.

목적물의 인수거절은 목적물이 인도 또는 제공된 때로부터 합리적인 기간 내에 행해져야 한다. 매수인이 적시에 이를 매도인에게 통지하지 아니하는 한 그 거절은 효력이 없다. 따라서 매수인이 목적물을 검사할 수 있는 합리적인 기회가 있었음에도 불구하고 합리적인 기간 내에 인수거절의 취지를 매도인에게 통지하지 아니하고 그 목적물을 취득 또는 보유하고 있는 경우 당해 목적물은 매수인에 의하여 인수된 것으로 간주된다.

---

3) 무역대금은 실무 상 거의가 최소불능화환신용장에 의하여 결제되므로 은행의 지급약정이 없는 단순한 후불급이 아닌 한 현실적으로 대금지급 거절 권의 행사는 불가능하고 오직 대금반환이나 대체품을 청구할 수 있을 뿐이다.

(2) 대체품의 청구

매수인이 목적물의 인수를 거절하고 매도인으로 하여금 다시 약정품을 선적하도록 요구하는 것을 대체품의 청구라 한다. 민법상 특정된 목적물에 하자가 있는 때에 매수인은 계약해제 또는 손해배상청구를 하지 아니하고 하자 없는 물건을 요구할 수 있다. 이 경우 당초의 목적물이 반송되더라도 대금은 반환하지 아니하므로 매도인에게 대체품을 송부할 때는 별도로 무환수출허가를 받아야 한다.

대체품이 송부된 때에도 당초의 도착시기와 대체품의 도착시기 사이에 시장가격의 변동으로 생긴 손해나 또는 착화지연으로 생산공정에 지장을 초래하여 생긴 손해 등이 있다면 매수인은 이들 손해도 배상 청구할 수 있다.

(3) 계약해제

한국민법상 매매 목적물에 하자가 있는 때에 매수인은 그 하자로 인하여 계약의 목적을 달성할 수 없는 경우에는 계약을 해제할 수 있다. 이 같은 계약해제는 일본이나 독일에서도 인정되고 있으며 영미법에서도 매도인이 계약의 중대한 사항을 위반한 때에 매수인에게는 계약해제나 또는 대체품을 매입할 수 있는 권한이 보장되어 있다[4].

계약을 해제할 경우에는 계약 당시의 약정내용에 따라 무조건해제나 아니면 해제손해금의 청구를 수반하는 경우도 있을 수 있다.

(4) 대품매입권

매도인이 계약을 위반하여 인도한 물품으로는 도저히 계약의 목적을 달성할 수 없는 경우 그에 대신할 다른 물품을 다른 매도인으로부터 구매할 수 있는 매수인의 권리를 대품매입권이라 한다. 이 같은 대품매입권은 대품을 매입하지 않을 경우 그로 인한 경제적 손해가 크게 가중되는 경우에만 인정된다. 대품을 매입한 경우 매수인은 대품매입가격과 계약가격과의 차액에다가 그로 인한 파생적

---

4) 그러나 취소불능신용장에 의한 경우에는 당해 계약을 해제하는 것이 현실적으로 불가능하다. 단 할부선적(shipments by instalments)방식에 의한 계약 하에서는 별도의 약정이 없는 한 원칙적으로 각각의 할부분은 독립된 별개의 계약 분으로 취급되긴 하지만, 특정의 할부분에 대한 중대한 위반이 있는 경우 잔여 계약 분의 해제가 가능하다. 실제로 매수인이 계약위반을 이유로 특정 할부 분에 대하여 클레임을 제기함과 동시에 잔여 할부분에 대하여도 해약을 신청하면 매도인이 이를 승낙함으로써 해제되는 경우가 적지 않다.

또는 부가적 손해액(consequential or incidental damages)을 합산한 금액에서 매도인의 계약위반으로 인하여 매수인이 지출하지 않아도 되는 비용을 공제한 금액을 배상 청구할 수 있다.

(5) 특정이행의 청구

특정이행(specific performance)의 청구란 손해배상이 충분한 구제가 되지 못하는 경우에 원래의 계약내용에 따라 약정한대로 이행할 것을 청구하는 형평법상의 구제수단이다.

한국을 비롯한 대륙법계 국가에서는 클레임의 구제수단으로서 특정이행을 원칙으로 하는데 반하여 영미법계 국가에서는 특정이행을 예외적으로만 인정하고 있다[5]. 특정이행의 청구범위 및 내용에는 ① 계약대로의 약정품인도청구 뿐만 아니라 ② 부족분의 인도청구 ③ 인도품에 대한 부적합의 수리·수선청구 ④ 기타 계약이행의 완료를 위하여 필요로 하는 모든 구제행위의 청구가 포함된다.

5. 무역클레임의 제기방법 및 기한

1) 무역클레임의 제기방법

클레임의 사유가 발생하여 클레임을 제기할 때에는 제기방법에 대한 당사자간의 약정이 있는 경우는 그에 따르고, 아무런 약정이 없는 경우는 대체로 다음의 절차를 거쳐야 된다.

① 물품을 검사하여 클레임 사유를 확인한다.
② 클레임 피제기자(claimee)를 확정한다.
③ 신속한 통신수단으로 클레임의 발생을 통지한다.
④ 문서를 갖추어 클레임을 제기한다.

5) 영미법 상 특정이행의 청구는 약정품이 고유하여 도저히 대품매입이 불가능해서 당초의 계약대로 이행되지 않는 한 충분한 구제를 받을 수 없는 경우에 한하여 예외적으로만 인정된다.

2) 클레임의 제기기한

(1) 당사자의 합의가 있는 경우

당사자의사자치의 원칙에 의거하여 계약당사자는 권리주장에 필요한 기한 즉 물품의 하자통지기한을 합의로서 정할 수 있으며 그렇게 하는 것이 바람직할 뿐만 아니라 실무 상으로도 관례화 되어 있다. 왜냐하면 목적물의 성질, 특성, 기타 모든 주위의 사정에 가장 정통한 자가 바로 당사자이기 때문이다. 이처럼 클레임의 제기기한을 당사자가 직접 설정하는 것은 그로 인한 법률관계의 조기 및 합리적 확정을 도모하여 거래의 신속과 안정을 꾀하는데 그 목적이 있다. 그러므로 일단 합의된 기한은 엄격하게 준수되어져야 한다. 당사자합의로 정한 클레임제기기한이 경과되면 당사자는 클레임제기권을 상실하게 된다.

(2) 당사자의 합의가 없는 경우

클레임제기기한에 대한 당사자합의가 없는 경우에는 준거법의 관련규정이 적용된다. 이에 대해 한국상법의 경우 물품의 검사는 목적물을 수령한 때로부터 지체없이, 하자의 통지는 그를 발견한 즉시, 단 즉시 발견할 수 없는 하자의 경우는 최장 6개월 이내에 발견하여 통지하여야 한다는 것이다[6].

6. 무역클레임의 보상원칙

특히 상대방이 제기한 클레임의 정당성이 인정되어 보상해 주는 경우에도 다음의 원칙에 입각하여 보상협상에 임한다.

① 보상해 주되 다음의 주문을 유도한다.
② 보상금액을 다음의 주문가격에서 상계할 수 있도록 유도한다.
③ 가능한 한 대금전액을 보상해 주는 일은 피한다.
④ 현금보다는 상품으로 대체 보상하도록 유도한다.
⑤ 대금전액을 보상해주는 경우에는 문제의 물품전량을 반품 받는다.

---

6) 일본상법(제526조), 미국 통일상법전(§ 2-606, 2-602), 국제물품매매계약에 관한 유엔협약(제38과 39조)의 규정들도 이와 유사하다.

7. 무역클레임의 예방책

앞에서 살펴본 무역클레임의 발생원인을 이해하면 그 예방대책을 가늠할 수 있다. 이 말은 무역클레임의 발생원인을 최소화하면 그것이 곧 무역클레임의 예방책이 된다는 말이다. 그러므로 여기에서 자세한 설명은 피하되, 단지 일반적인 클레임의 예방책을 열거하면 다음과 같다.

① 비즈니스 파트너의 신용조사를 철저히 하되 수시로 체크할 것.
② 계약서의 작성·교환을 습관화할 것.
③ 국제상관습에 대한 이해 및 무역실무지식을 겸비할 것.
④ 신의성실의 원칙에 입각하여 계약을 준수·이행할 것.
⑤ 시황(market situation)의 변화여부를 지속적으로 관찰할 것.
⑥ 매사를 점검하고 확인하는 것을 습관화할 것.

Ⅱ. 무역클레임의 해결방법

무역클레임은 분쟁의 당사자가 이를 직접 해결하는 방법과 제3자가 개입하여 이를 해결하는 방법으로 구분할 수 있다.

1. 당사자에 의한 해결방법

1) 청구권의 포기(waiver of claim)

청구권의 포기란 클레임을 제기한 자(claimant)가 클레임을 포기하는 방법이다. 클레임을 포기하는 경우로는 ① 제기한 클레임의 정당성이 결여된 경우나, ② 클레임의 청구금액이 적은 경우이다. 이러한 경우 클레임 제기자(claimant; claimer)는 자의적인 판단에 따라 자발적으로 클레임을 포기하기도 하지만 때에 따라서는 클레임 피제기자(claimee)의 요구로 클레임을 포기하는 경우도 있다.

2) 화해(amicable settlement)

매매당사자 쌍방간에 합리적인 선에서 화해(和解)를 통하여 클레임 청구내용을 합의하는 것을 말한다. 화해는 타협(compromise)과 양보를 통하여 이루어진다. 클레임의 해결은 가급적 쌍방간에 화해를 통하여 종결짓는 것이 가장 바람직한 것이라고 할 수 있다.

2. 제3자의 개입에 의한 해결방법

1) 알선(intercession)

알선(斡旋)이란 공정한 개인 또는 대한상사중재원(KCAB)과 같은 기관이 양당사자의 일방 또는 쌍방의 의뢰에 의하여 사건에 개입해서 해결을 위한 조언을 하는 해결방법을 말한다. 알선의 경우에는 양당사자 쌍방의 협력이 없으면 실패하기 쉽다. 알선은 강제력이 없으나, 알선을 맡은 알선인이나 알선기관이 클레임의 양당사자에게 강한 영향력을 미칠 수 있는 경우에는 성공률이 높다. 알선이 조정이나 중재와 다른 점은 형식적인 절차를 요하지 않고, 당사자 일방의 의뢰에 의해서도 가능하다는 점이다.

2) 조정(conciliation; mediation)

조정(調停)이란 클레임의 양당사자가 공정한 제3자를 조정인(conciliator; ediatomr)으로 선임하고, 이러한 조정인이 제시하는 구체적인 해결방안(조정안)에 대하여 합의함으로써 클레임을 해결하는 방법이다.

조정은 양당사자의 합의에 의하여 행해지므로 어느 일방이 조정을 신청하더라도 다른 상대방이 이에 응하지 않으면 조정의 방법으로 클레임을 해결할 수 없다. 더욱이 클레임의 양당사자는 제시된 조정안을 수락할 의무가 없으므로,

만약 어느 일방이 조정안을 거절하면, 결국 조정은 실패하게 된다.

특히 우리나라에서 조정은 중재신청 후 당사자 쌍방의 요청이 있을 때 대한상사중재원의 사무국이 조정인을 선정, 조정을 시도할 수 있고 조정이 성립되면 화해에 의한 판정방식으로 처리, 중재판정과 동일한 효력이 있으나 이에 실패하면 조정절차는 폐기되며, 중재규칙에 의한 중재인을 선정, 중재절차가 진행된다.

3) 소송(litigation)

소송(訴訟)이란 국가기관인 법원의 판결에 의하여 클레임을 강제적으로 해결하는 방법을 말한다. 국제 무역거래에 있어서 거래상대방은 법역(法域)을 달리하는 외국에 있고 우리나라의 재판권은 상대국에 미치지 못하므로 강제집행도 할 수가 없다. 따라서 소송으로 클레임을 해결하고자하는 경우에는 피제기자가 거주하고 있는 국가에서 현지 변호사를 법정대리인으로 선임하여 소송절차를 진행해야 한다. 이러한 점 때문에 소송은 시간과 비용, 인력의 낭비는 물론 소송 당사자간에 적대적 감정을 갖게 되는 등 여러 가지 부정적인 측면을 고려해 볼 때 분쟁은 당사자간의 원만한 타협을 통하거나 아니면 중재를 통해서 신속히 해결하는 것이 바람직하다. 이러한 점 때문에 오늘날 무역현장에서도 무역클레임에 대하여는 소송에 의한 해결방법은 거의 이용되고 있지 않다.

4) 중재(arbitration)

중재(仲裁)란 클레임의 양당사자가 중재합의에 따라 공정한 제3자를 중재인(arbitrator)으로 선임하고, 이러한 중재인의 중재판정(arbitral awards)에 복종함으로써 클레임을 최종적으로 해결하는 방법을 말한다.

중재는 중재로 분쟁을 해결할 것을 당사자가 미리 합의하여야 한다는 점에서는 조정의 경우와 같다. 그렇지만 조정의 경우에는 조정인의 조정안을 수락할 것인가의 여부는 양당사자의 자유의사에 속하는데 반하여, 중재의 경우에 당사자는 중재인의 중재판정을 거부할 수 없을 뿐만 아니라 그 중재판정에 구속을 받게 된다. 이 점에서 중재는 소송과 유사한 강행적인 면을 지니고 있다. 더욱이 중재의 경우에는 단 1회의 판정에 의하여 클레임이 모두 해결되고 상소의 길이 없다. 따라서 중재에 회부된 사건은 소송에 의하여 다툴 수 없다는 점이 중재의 특징이다.

제3자의 개입에 의한 무역클레임의 해결방법 중에서 가장 효과적인 해결방법은 중재에 의한 방법이라고 말할 수 있으며, 실제로 무역업계에서도 국제간의 상사분쟁은 중재의 방법을 통하여 주로 해결되고 있다.

이상의 4가지 분쟁해결방법별 차이를 요약하면 다음의 〈표 11-1〉과 같다.

〈표 11-1〉 분쟁해결방법별 차이

구분	절차개시요건	중재계약	제3자명칭/역할	구속력	분쟁종결실패가능성	국제효력
알선	일방신청	필요없다	알선인	없다	있다	없다
조정	쌍방신청	필요하다	조정인	없다	있다	없다
소송	일방신청	필요없다	판사	있다	없다	없다
중재	일방신청	필요하다	중재인			있다

Ⅲ. 국제상사중재제도

1. 국제상사중재제도의 의의 및 필요성

1) 국제상사중재제도의 정의

중재가 사인간의 사적인 분쟁을 법원의 소송에 의하지 않고 당사자들이 선정한 중재인의 판단에 맡김으로서 분쟁을 우호적 최종적으로 해결하는 자발적 분쟁해결방법이라는 점을 앞에서 이미 고찰한 바 있다.

그런데 중재의 대상이 되는 분쟁이 내국인간의 분쟁이 아니라 외국인과의 분쟁인 경우를 국제분쟁이라고 하고 또한 그것이 상행위로 인한 경우라면 이는 국제상사분쟁에 해당된다. 이 같은 국제상사분쟁의 해결을 위한 한 제도를 국제상사중재라고 한다[7].

2) 국제상사중재제도의 필요성

지구상에는 이질적인 수많은 국가가 존재한다. 이들 국가상호간에는 필연적으로 상사활동이 수반되기 마련이며, 거기에는 언어의 상이, 상거래관습의 상이, 그리고 관련법규의 상이와 그에 따른 상호이해부족 등으로 인하여 국제상거래에는 예측불허의 상사분쟁이 발생할 수 있다.

국제상사분쟁이 발생하게 되면 그 분쟁은 반드시 해결되어야 하고, 그 분쟁해결방법 또한 가장 경제적이여야 한다. 그런데 한 국가의 재판권은 국가주권 즉 통치권의 일부이기 때문에 일국의 법원이 내린 판결은 다른 나라에는 효력을 미치지 못한다. 그러므로 국제간의 상사분쟁을 소송으로 해결하기 위해서는 상대방 국가의 관할법원에 제소하여야 되므로 그에 따른 시간과 비용 및 여러 가지 위험이 수반된다. 또한 소송은 경직된 절차와 형식에 따라 진행되므로 복잡한 국제상거래 업무현상에 능동적으로 대처할 수 없고, 그에 부응하는 신속한 무역분쟁을 해결할 수 있는 제도도 아니다.

이에 소송의 대안으로 등장한 것이 국제상사중재제도이다. 소송은 국가통치권의 발동이므로 원칙적으로 타국에는 그 효력이 미치지 못하지만 중재판정은 민간인에 의한 자주적 분쟁해결방법이기 때문에 국가의 주권문제와는 상관없이 국제적으로 그 효력을 보장받을 수 있다. 또한 각 분야에 전문가에 의한 판정을 기대할 수 있기 때문에 급변하는 무역환경에 부응하는 사실적 판정이 가능하다.

---

7) 기관중재(Institutional arbitration); 중재를 관리하는 기관의 감독하에 행하는 중재. 대표적인 기관으로는 ICC 국제중재법원, 런던국제중재법원, 미국중재협회 등 70여개. 우리나라에도 대한상사중재원. 권위있는 국제중재기관에서 내린 중재판정은 국제적으로도 존중받기 때문에 집행이 용이하다.
임시중재(ad hoc arbitration); 분쟁당사자들이 상설중재기관을 이용하지 아니하고 계약에 의해 자신들의 분쟁을 해결하기 위한 틀을 정하여 행하는 중재형태. 기관중재를 이용할 경우의 비용을 절감하려는 이유 때문이다. 당사자와 중재인이 각 단계별 절차를 스스로 마련해야 하지만 대개 UNCITRAL 규칙을 적용하며, "본 계약이나 계약의 위반 종료 또는 무효로 인한 분쟁, 논쟁 또는 청구는 현재 효력을 가지고 있는 UNCITRAL 중재규칙에 의한 중재에 의해 해결된다"라고 계약서에 기입하면 된다. 임시중재를 하면서 중재규칙을 미리 정해 놓지 않으면 결국 법정지의 법원의 조력을 얻어 보충해야 한다. 둘 다 법률적 효력은 같다.

따라서 선진제국을 포함한 대다수 국가에서는 중재제도를 도입·운용하고 있으며, 분쟁당사자들도 자발적으로 국제상사중재제도를 활용하여 분쟁을 최종적으로 해결하고 있다. 우리나라에도 중재에 관한 중재법과 상사중재규칙이 제정되어 있으며 대한상사중재원(The Korean Commercial Arbitration Board)이 상설 중재기관으로 활동하고 있다.

3) 국제상사중재의 대상

국제적 상거래분쟁은 물론 건설, 운송, 보험, 하도급, 지적재산권 분쟁 등 당사자가 자유로이 처분할 수 있는 사법(私法: private law)상의 분쟁은 모두 중재의 대상이 된다.

2. 중재합의(arbitration agreement)

1) 중재합의의 정의

중재합의(arbitration agreement)이라 함은 일정한 법률관계(legal relationship)에 대하여 당사자간에 이미 발생하고 있거나 또는 장래에 발생 가능한 모든 분쟁을 중재로 해결하기로 하는 당사자합의이다. 중재로 분쟁을 해결하기 위해서는 이 같은 중재합의(중재계약)이 있어야 된다.

2) 중재합의의 방법

중재합의의 방법은 크게 두 종류로 구분할 수 있다. 즉 중재조항삽입방법과 독립계약방법이 그것이다.

(1) 중재조항삽입방법

중재조항삽입방법이란 일반거래조건약정서(general agreement)와 같은 주 계약서 상에 여러 가지 거래조건(terms and conditions)중의 한 조건으로서 당해 계약과 관련하여 발생하는 분쟁은 중재로 해결한다는 취지의 중재조항

(arbitration clause)[8]을 삽입하는 중재계약방법을 말한다.

(2) 독립계약방법

독립계약방법이란 중재부탁계약 또는 중재부탁(submission to arbitration)과 상호 교환적으로 사용되는 말로서 중재계약이 주된 계약과는 별도로 구분되는 독립문서(separate document)의 형식에 의한 단독적인 중재계약방법을 의미한다.

분쟁을 중재에 부탁한다는 취지의 합의인 중재계약은 중재조항삽입방법 또는 독립계약방법 중 어느 방법에 의거해도 무관하며 그 여부와는 관계없이 적법한 중재계약으로 인정된다. 오늘날 대부분의 국가들이 선호하고 있는 중재계약방법은 후자보다 전자의 계약방법이다. 한편 중재조항삽입방법은 장래의 분쟁을 위해 보다 적합한 중재계약방법이며, 독립계약방법은 장래의 분쟁은 물론 현재의 분쟁을 위해서도 공히 적합한 중재계약방법이다.

3) 중재합의의 효력

중재계합의은 직소금지의 효력을 지니고 있다. 따라서 적법한 중재계약(합의)이 있는 사건은 바로 법원에 소송을 제기할 수 없다. 이를 직소금지(直訴禁止)의 효력이라 한다. 그런데 현실적으로 중재합의가 있는 사건임에도 불구하고 당사자일방이 법원에 제소한 경우 상대방 당사자는 중재합의가 있음을 항변해야 된다. 이를 방소항변(妨訴抗辯)이라 한다. 이때 항변하면 당해 소는 각하된다. 각하란 소송요건을 구비하지 않은 사건으로써 본안심사 없이 소송을 종료시키는 것을 말한다. 만약 항변 없이 심문에 응할 경우에는 중재합의를 묵시적으로 철회한

---

8) 다음은 대한상사중재원이 권장하는 영문표준중재조항(standard arbitration clause)이다. "All disputes, controversies, or differences which may arise between the parties, out of or in relation to or in connection with this contract, or for the breach thereof, shall be finally settled by arbitration in Seoul, Korea in accordance with the Commercial Arbitration Rules of the Korean Commercial Arbitration Board and under the Laws of Korea. The award rendered by the arbitrator(s) shall be final and binding upon both parties concerned(본 계약으로부터 또는 이 계약과 관련하여 또는 이 계약의 불이행으로 말미암아 당사자 간에 발생하는 모든 분쟁, 논쟁 또는 의견차이는 대한민국 서울특별시에서 대한상사 중재원의 상사중재규칙 및 대한민국 법에 따라 중재인에 의하여 최종적으로 해결한다. 중재인(들)에 의하여 내려지는 판정은 최종적인 것으로 당사자 쌍방에 대하여 구속력을 가진다)."

것으로 간주되어 항변권이 소멸될 수 있다.

3. 중재판정(arbitral awards)

1) 중재판정이란?

중재판정은 분쟁에 대해 중재인(arbitrator)이 내리는 최종적인 결정이다. 그러므로 중재합의 당사자들은 이 판정에 구속된다.

중재판정부(arbitral tribunal)의 의사결정은 다수결에 의한다. 중재합의에 별도의 약정이 없는 한 중재판정부가 여러 명의 중재인으로 구성되어 있는 경우 그 과반수의 찬성으로 판정하게 된다는 말이다. 그런데 이때 중재인의 최종 결정이 가부동수(可否同數: ayes and nays are equal)인 때에는 당해 중재판정은 무효로 된다. 중재판정이 무효로 되는 경우에는 당사자가 다시 중재합의를 하여야 중재관할권이 생긴다. 다시 중재합의가 불가능한 때에는 법원에 소송을 제기할 수 있다.

2) 중재판정의 효력

(1) 대법원 확정판결의 효력

중재판정은 법원의 확정판정과 동일한 법적 효력을 가진다. 따라서 일단 중재판정이 내려지면 당사자는 이에 복종해야 된다. 왜냐하면 중재의 경우에는 소송제도에서 널리 허용되고 있는 불복절차가 없기 때문이다. 그런데 우리나라에서는 아직까지 중재제도에 대한 인식도가 낮아 이 같은 중재판정의 효력을 모르는 사람이 많은 것 같다. 대법원의 판결은 더 이상 다툴 수 없다는 사실을 누구나 잘도 알고 있으면서도 말이다. 중재판정도 더 이상 다툴 수 없다는 점에서 대법원의 확정판결과 같다는 말이다.

(2) 국제적 효력

중재판정은 국내적으로는 법원의 확정판결과 동일한 효력이 인정될 뿐 아니라 국제적으로도 「뉴욕협약(New York Convention)」[9]에 의하여 체약국간에 국제적 효력이 인정되고 있다. 이의 주된 내용은 이 협약에 가입한 국가 중 어느 나라의 중재기관에서 내린 중재판정이라 하더라도 상호 그 효력을 승인하고 강제집행도 보장한다는 것이다. 중재기관이나 준거법이 어느 나라의 것이든 불문하고 외국에서 내려진 중재판정도 자국의 법에 의하여 자국 내에서 내려진 중재판정과 동일한 효력을 갖게 된다. 그러므로 대한상사중재원에서 내려진 중재판정도 협약 체약국 간에서는 상호주의의 원칙에 따라 그 승인 및 집행이 국제적으로 인정된다.

4. 국제상사중재제도의 특징

1) 법원에 제소할 수 없다.

중재합의가 없는 한 사인(private person)은 누구나 자신의 민사상의 분쟁을 법원에 제소할 수 있다. 그러나 현존 또는 장래의 분쟁을 중재로 해결하겠다는 중재합의가 있는 경우에는 당해 분쟁을 법원에 제소할 수 없다. 왜냐하면 중재계약은 당사자가 특정의 분쟁에 대하여 법원의 관할권을 배제한다는 취지의 약속이기 때문이다. 그럼에도 불구하고 일방이 제소한 경우 타방이 중재계약이 존재한다는 사실을 입증하면 법원은 당해 소를 각하해야 된다.

2) 자주적 분쟁해결 수단이다.

중재는 분쟁의 당사자가 법원의 판결에 의존하지 아니하고, 그들의 자유의사에 의한 중재합의에 따라 자신이 선임하는 중재인에게 분쟁의 해결을 위임하고 양당사자는 그들이 내린 판정의 결과에 복종하기로 하는 자주적인 분쟁해결수단이다.

---

9) 이의 공식명칭은 「외국중재판정의 승인 및 집행에 관한 유엔협약(The United Nations Convention on the Recognition and Enforcement of Foreign Arbitral Awards)」인데 1958년 뉴욕에서 채택하였다고 하여 뉴욕협약이라고도 부른다. 우리나라는 1973년에 가입하였다. 2000년 현재 가입국가의 수는 150여개국에 이른다.

3) 중재는 단심제이다.

법원의 소송은 3심제이므로 하급심에서 패소한 당사자가 상소수단을 남용하여 절차를 의도적으로 지연시킬 수 있는 여지가 있다. 그러나 중재는 단심제이므로 분쟁이 신속히 종결된다. 특히 중재판정은 중재계약에서 약정된 기간 내에, 또는 중재가 개시된 날로부터 일정기간 내에 중재판정을 내려야 하기 때문에 분쟁이 조기에 해결된다.

4) 중재인의 전문성이 발휘된다.

국제상거래는 상관습에 지배를 받는 경우가 많으므로 일반법만을 연구한 일반법관에게 국제상거래에 관한 분쟁해결을 맡기는 것보다는 상거래와 관습에 정통한 중재인에게 판정을 맡김으로써 보다 현실적이고 합리적인 해결을 도모할 수 있다.

5) 심문절차가 비공개로 진행된다.

소송의 경우에는 재판절차나 판결문이 각각 공개되기 때문에 사업의 내용과 경영상의 기밀이 외부에 노출될 위험이 있다. 그러나 중재에 있어서의 심문절차는 비공개를 원칙으로 한다. 그러므로 특히 국제상사분쟁의 경우에는 중재판정문도 공개되지 않으므로 거래의 기밀이 보장된다.

6) 비용이 저렴하다.

중재는 분쟁을 조기에 해결하기 때문에 비용이 매우 저렴하다. 또한 소송의 경우에는 위탁변호사수, 소송기간의 연장에 따라 비용이 많이 소요되나 중재의 경우에는 이러한 비용이 절약된다. 특히 상설중재기관의 경우에는 미리 합리적으로 책정된 중재요금 표가 작성·제시되고 그 비용도 저렴하다.

7) 중재판정의 효력이 국제적으로 보장된다.

재판은 국가공권력의 발동이므로 원칙적으로 국경을 초월하여 그 효력을 미칠 수 없다. 그러나 중재판정은 민간인의 자주적인 분쟁해결방법이기 때문에 국가의 주권문제와도 무관하다. 또한 뉴욕협약에 가입한 체약국간에는 외국중재판정을 상호간 승인하고 강제집행도 보장한다.

8) 민주적 분쟁해결 수단이다.

소송은 제소(complaint)와 소환(summons)의 수단에 의하여 위압적인 분위기 속에서 진행되어 일도양단의 판결을 내리지만 중재의 경우는 중재인과 당사자가 평등한 입장에서 심문이 진행되며 상호간 인격을 최대한 존중한다.

그림 11-1 대한상사중재원 중재절차

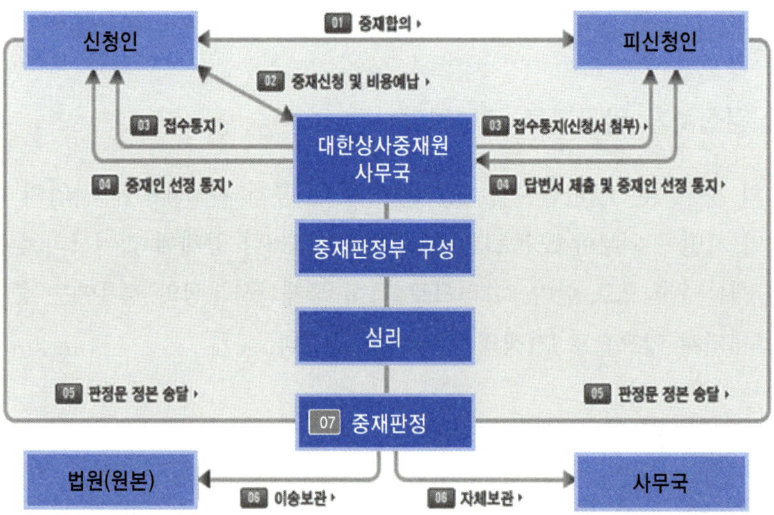

제 12 장

국제통상과 국제관계

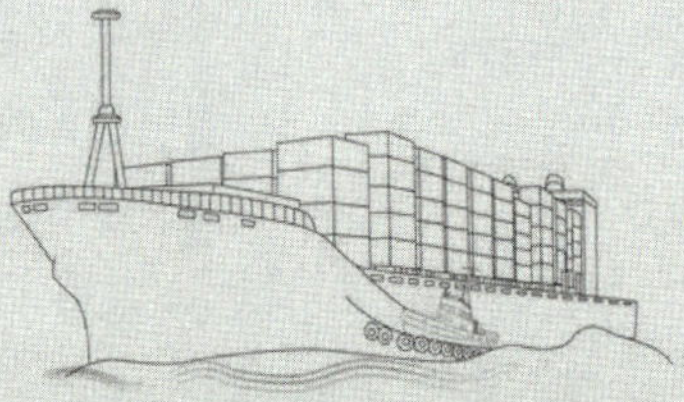

제 12 장 국제통상과 국제관계

Ⅰ. 국제통상의 개념

1. 국제통상의 의의

오늘날에는 국제간에 재화 및 서비스의 거래뿐만 아니라 자본과 노동 등의 거래도 활발해졌는데, 이와 같은 모든 국제경제 거래를 통칭하여 국제통상이라고 한다. 국제통상은 국가 간의 상품 및 서비스 교역활동으로 국제무역과 근본적으로는 동일한 개념이지만, 무역의 경우에는 일반적으로 유형재인 상품의 국제적 이동을 전제로 하는 수출입을 지칭하는데 반하여, 국제통상은 상품의 수출입은 물론 서비스, 지적재산권, 자본, 노동 등 각종 유형재 및 무형재를 포함하는 모든 국제간의 교역활동을 의미한다.

따라서 국제무역에서 개별기업간의 재화에 대한 매매계약의 체결과 이행에 대하여 다루었다면, 국제통상에서는 국제무역에서 다루는 재화에 대한 국제매매뿐만 아니라 국가 간의 모든 경제활동을 자유롭게 하기 위한 협상 등을 포함한다. 따라서 국제통상은 국제무역에서 다루는 분야를 넘어서 국가 간의 경제교류와 협력 등의 전분야를 다룬다고 하겠다.

2. 국제통상의 성격

1) 기업경영적 성격

국제통상은 국내 상거래와 같이 기업이 주체가 되어 영리를 목적으로 하는 국제거래행위라고 말할 수 있다. 국내 상업의 주체가 기업인 것처럼 국제통상의 주체 또한 기업이 되는 것이 일반적 성격이다.

2) 국민경제적 성격

국제통상은 자국과 타국간의 상품의 교류를 의미한다. 국제통상이 개별기업체간에 자유롭게 이루어진다 하더라도 국경을 넘어 이루어지므로, 그 기본주체는 개별기업체에서 국가로 전환된다. 기업의 경영목적은 오직 이윤추구에 있으나 국민경제의 교역목적은 국가의 산업정책과 국제수지의 균형유지를 실현하는 데 있다. 따라서 개별기업의 경영목적은 국가경제의 공익이라는 테두리 내에서 불가피하게 제약을 받지 않을 수 없다.

3) 세계경제적 성격

이것은 국제통상의 시스템적 관점의 성격이라 볼 수 있다. 오늘날 어떤 국가도 모든 물품을 자급자족하고 있는 나라는 없다. 따라서 다른 나라의 국민경제와 상호 밀접한 의존관계를 맺고 있다. 이런 의미에서 국제간의 통상협정과 그것을 실현하는 개별기업 간 말단접촉의 경영활동은 모두 세계경제의 범위 안에서 이루어지므로 각국의 국제통상은 세계경제의 일부를 구성하고 있다고 할 수 있다. 그리고 국제통상이 중개역할을 담당하게 됨으로써 국민경제는 국제통상을 중심으로 세계경제의 유기적 구성을 심화시키고 있어 국제통상은 세계 경제적 성격을 띠고 있다.

3. 국제통상환경의 변화

시대가 바뀌고 국가 간의 이해관계와 정치적 환경의 변화는 국제통상환경의 패러다임을 바꾸고 있다. 그 주요한 변화로는 먼저 전후 무역체제의 변화를 들 수 있다. 제2차 세계대전 이후 GATT를 주축으로 하는 자유무역체제는 자본주의 경제의 무역확대에 크게 공헌하였으나, 최근 글로벌화와 지역화라는 두가지 흐름으로 전세계 통상환경이 큰 변화를 맞이하고 있다.

1) 국가 간 시장통합

EU를 시작으로 국가 간 시장통합이 급속하게 진전되고 있는데, 참여 국가들이 시장통합 이전에 각국마다 설치해 놓은 많은 무역장벽들을 철폐하여 역내의 무역·투자·금융거래 등을 자유롭게 하여 그들만의 단일시장을 형성하게 된다. 이러한 지역내 통합움직임은 경제블록화로 인하여 역외 국가들을 배제하는 경향이 농후하게 나타나고 있어 자유무역체제에 커다란 장애요인을 작용하고 있다.

이처럼 개별지역이나 국가의 움직임에 대응하여 GATT 등 국제기구들에서도 국제무역체제의 변화에 대하여 그동안 활발한 논의를 진행하여 왔다. 그 대표적인 것이 GATT체제에서의 8번째 다자간 무역협상인 우루과이라운드라 할 수 있다.

2) 무역의존도의 심화

GATT를 중심으로 한 자유무역체제가 50년 이상 유지되어 오는 와중에 지금까지의 국제무역체제에 대한 대변혁이 일어난 결정적 원인은 심화되어가는 각국의 무역의존도 때문이라 할 수 있다. GATT체제하에서 진행되어 왔던 관세인하와 수입수량제한의 철폐에 의하여 무역의 자유화가 진전되어 왔으며, 이에 따라 국제무역은 급격히 확대되어 각국의 무역의존도는 대폭적으로 높아져 왔다. 무역의존도가 높다는 것은 국내에서 생산되는 재화나 서비스의 상당부분이 수출되고 있으며, 또한 국내에서 소비나 투자에 소요되는 재화나 서비스의 상당부분이 해외로부터 수입되고 있어 국내경제규모의 상당한 부분을 해외시장에 의존하고 있음을 의미한다.

이처럼 무역의존도가 높아지면 각국의 산업이나 기업은 여러 가지 형태로 무역의 변화에 의해서 커다란 영향을 받을 수밖에 없다. 더욱이 해외시장에 적극적으로 개입하여 경쟁우위를 확보하는 것이 국제경쟁상 중요한 의미를 가지게 된다.

이와 같은 변화 속에서 각국의 기업들은 한편에서는 자국시장을 해외기업들로부터의 경쟁에서 보호해 주기를 강력하게 요구하고, 다른 한편에서는 해외시장에 참여함에 있어 장애가 되는 요인들을 철폐해 주기를 강요하고 있다.

이러한 상황에서 관세 등의 수단을 통한 자국시장보호조치의 의미가 경감됨에 따라 국내규제나 거래관행 등의 비관세장벽의 중요성이 날로 증대하고 있다.

따라서 세계 각국은 상호무역의존도가 높아지고 있으며, 상호의존관계가 심화되고 있는 가운데에서 오늘날에는 국제경제문제가 그대로 국내경제문제로 되고 있다.

3) 다자주의와 지역주의의 공존

현행 WTO체제는 물론 이전의 GATT체제를 중심으로 한 국제경제질서는 다자주의(Multilateralism)를 원칙으로 하고 있다. GATT체제하에서는 다국간 혹은 다자간교섭이 8차례에 걸쳐 이루어져 왔으며, 대표적인 것이 케네디라운드, 동경라운드, 그리고 우루과이라운드였다. 다국간교섭이란 어떤 일정한 기간동안 GATT회원국들이 여러 차례 만나 교섭을 벌이는 것이다. WTO체제에서도 마찬가지로 이러한 다국간교섭, 즉 다자주의를 택하고 있다.

한편 이러한 다자주의 하에 있으면서도 동시에 세계는 지역주의(Regionalism)를 심화 내지 확대시켜 나가고 있다. 즉, 최근 세계경제질서는 제2차 세계대전 이후 GATT의 무차별원칙과 최혜국대우원칙을 근간으로 하는 범세계적인 자유무역주의가 회원국간의 이해대립으로 크게 흔들리면서 국지적으로만 자유무역을 실현하려는 지역주의가 확산되고 있다.

이와 같이 오늘날은 역내외 자유주의 · 다자주의를 표방하는 GATT와 WTO체제하에서 역내 자유주의 · 역외 배타주의(보호주의) 및 지역주의를 표방하는 EU, NAFTA 등 국제 지역주의가 동시에 공존하고 있으며, 최근에는 오히려 지역주의가 다자주의를 압도해 가는 현상이 발생하고 있다. 이러한 상황 하에서 향후 WTO체제가 얼마나 그 규정을 준수하여 자유주의와 다자주의를 실현시킬 것인가 하는 것은 확대 · 심화되어 가는 지역주의를 견제하느냐가 관건이 될 것이다.

4) 사회주의국가의 시장경제화

1960년대 이후 중앙집권적 계획경제를 고수해 오던 중국 · 동구제국 · 러시아 · 베트남 등 사회주의국가들이 시장경제원리를 도입하고 있다. 중국은 1979년 개혁 · 개방정책을 추진하면서 시장경제화를 시도하여 이제는 상당한 정도로

안정화되어 가고 있으며, 또한 구소련은 1985년 고르바초프 대통령에 의한 페레스트로이카(Perestroika)라는 개혁정책에 따라서, 그리고 베트남은 1986년 도이모이정책(Doi Moi Policy)이라는 개혁정책에 따라 자국경제를 시장경제화하고 있다.

Ⅱ. GATT와 WTO

1. GATT체제

1) GATT체제의 성립

GATT(관세와 무역에 관한 일반협정; General Agreement on Trade and Tariff)은 제2차 세계대전 직후 브레튼우즈체제에 의해 탄생된 국제무역에 관한 규칙으로, GATT는 우선 관세양허협상의 타결을 위하여 발효되었으나, ITO의 성립이 무산되자 ITO가 수행하기로 했던 통상정책기구로서의 역할까지 수행하게 되었다.

GATT가 성립하게 된 배경에는 1930년대의 세계대공황에 따른 주요국의 경제블럭화라 할 수 있다. 당시 영국이나 프랑스 등 주요국들은 해외로부터의 수입이 급증함에 따라 경제블럭을 형성하여 자국의 경제권 내 생산자들을 보호하는 등 보호주의정책을 취하게 되었다. 따라서 세계경제는 몇 개의 경제블럭으로 분할되었으며, 세계무역은 급속하게 축소됨으로써 세계적 불황을 더욱 가속화시키게 되었다.

GATT체제는 이러한 블록경제화의 교훈을 거울삼아 다자주의 내지는 최혜국대우원칙(Most Favoured Nation Treatment Principle)을 내세워 무역제한의 철폐를 시도하였다. 이러한 GATT의 기본원칙이 준수된다면 블록경제화는 발생할 수 없으며, 관세율의 인하나 수입수량할당의 철폐가 모든 GATT회원국에게 동등하게 적용되어야 하므로 특정국 그룹에 의해서 어떤 제3국이 배제된다고 하는 것은 있을 수 없는 일이다. 또한 무역제한의 철폐가 전세계에 확대되는 것은 어려운 일이 아니기 때문에 무역자유화는 급진전하게 되었다.

2) GATT의 기본 이념

GATT는 세계 전체의 번영과 발전을 이루기 위하여 자유롭고 무차별적인 국제무역의 실현을 통하여 세계무역의 확대를 도모하기 위한 국제협정이다. 이러한 정신은 GATT의 이념에서 찾아 볼 수 있는데, ① 생활수준의 향상, ② 완전고용과 더불어 실질소득 및 유효수요의 증대, ③ 세계자원의 효율적 이용, ④ 상품생산 및 교역확대로 요약할 수 있다. 이를 실현하기 위한 수단으로서 관세 및 기타의 무역장벽을 실질적으로 경감하고 국제무역에 있어서 무차별조치를 선언하고, 이러한 무차별원칙에 입각하여 자유무역을 실현하고자 하였는데, 이것이 곧 GATT의 기본정신이라 할 수 있다.

GATT의 기본원칙은 다음과 같다. 첫째, 관세 이외의 무역장벽을 원칙적으로 금지한다. 둘째, 관세를 상호주의의 원칙에 따라 인하한다(전문, 제2조, 제28조 2항). 셋째, 관세 등에 관해 체결국 상품에 최혜국대우를 부여함으로써 체결국 상품을 상호 평등하게 취급한다(제3조).

이러한 GATT의 기본원칙은 각종 예외가 인정되고 있으며 GATT의 주요부분은 그러한 예외적 규정이라고 해도 과언이 아니다. 예컨대 비관세 장벽은 국가의 중요한 무역규제 수단이 되고 있으며 국가의 각종 경제조치가 무역에 영향을 미치는 범위가 확대되고 있다. 또한 일반적 최혜국대우 원칙도 그 예외가 인정되어 그보다 유리한 대우(특혜대우)를 특정 국가에 부여할 수 있도록 하고 있다. 즉, GATT의 기본원칙은 자유무역주의, 무차별주의(최혜국대우원칙) 및 다자주의로 요약할 수 있다.

3) GATT의 성과와 다자간 무역협상

범세계주의 차원에서 출발한 GATT는 관세장벽의 대폭적인 경감, 비관세장벽에 대한 규범마련, 개도국 우대조치의 합법화 등을 통해 자유공정무역과 세계무역의 획기적 증대에 기여하였다. 또한 가맹국을 1942년 22개국에서 1993년

117개국으로 확대시키고 세계무역량의 91%를 점유하는 등 세계무역을 대부분 GATT체제로 편입시키는 등 많은 성과를 이루었다. 그리고 GATT는 다자간 무역협상을 통하여 국제무역을 저해하고 있는 관세와 비관세장벽을 제거하거나 완화하여 무역을 확대하고, 이를 통하여 각국의 경제성장과 국제경제의 균형발전을 도모하였다.

GATT의 다자간 무역협상을 살펴보면, 1947년 제1차 일반관세협상부터 제5자 딜론라운드(Dillon Round)까지의 GATT협상은 2국간에 품목별로 교섭된 관세율이 모든 가맹국에 적용되는 관세인하방식이었다. 따라서 주 협상대상이 수입품에 대한 관세율 인하로 1950년대에 EEC, EFTA 등 지역경제통합체의 결성에 대한 대응조치로 추진되었으며, 대체로 미국에 의해 주도되었다. 이러한 GATT 초기의 다자간 무역협상은 일반관세협상으로 주로 관세인하협정이 추진되었다.

우루과이라운드란 GATT의 제8차 다자간 무역협상으로 1986년 9월 우루과이에서 개최되어 채택된 GATT 각료선언에 따라 추진된 국제무역협상을 말한다. 우루과이라운드의 특징을 살펴보면, 먼저 협상의 대상이 매우 다양하고 포괄적이었으며, 정보통신과 교통의 발달, 그리고 서비스부문의 교역확대 등 새로운 국제경제환경 변화에 대응하기 위한 새로운 국제적 규범 제정에 대한 필요성으로부터 추진되었다는 점을 들 수 있다. 그리고 신보호부역주의가 한창 강화된 1980년대에 추진됨으로써 신보호무역주의의 주요수단인 비관세장벽의 완화에 치중하였다는 점, 그리고 GATT의 기능과 분쟁해결능력에 한계성을 노출시켜 이에 대한 해결책으로 GATT의 위상강화와 권능부여의 필요성에 각국은 인식을 같이하고 국제무역규범을 강력히 집행할 수 있는 새로운 국제무역기구의 창설에 합의하였다는 점이다. 우루과이라운드 이전의 라운드는 아래와 같다.

① **제네바 라운드(1947년)** : 23개국이 스위스 제네바에서 관세와 무역에 관한 일반 협정을 체결하고, 56개국 대표자들이 쿠바의 하바나에 모여 국제무역기구의 헌장에 대한 협상에 착수함

② **앙시(Annecy) 라운드(1949년)** : 관세 및 무역에 관한 일반 협정 2차 무역회담 라운드가 프랑스 앙시에서 열림. 13개국 참가.

③ **토키(Torquay) 라운드(1951년)** : 관세 및 무역에 관한 일반 협정 3차 라운드가 영국 토키에서 열림. 1948년 관세 수준의 25% 감축이 결정됨. 38개국 참가.

④ **4번째 라운드(1956년)** : 제4차 라운드 협상이 제네바에서 시작됨. 26개국 참가. 관세 감소. 개발 도상국을 협정 대상국으로 참가시키기 위한 GATT 미래 정책이 설정.

⑤ **딜론(Dillon) 라운드(1960년~1962년)** : 5차 라운드가 시작됨. 26개국 참가. 관세 감소. 협상 장소가 아닌 협상 제안자 더글라스 딜론 미 국무부 차관의 이름을 따라 딜론 라운드로 명명됨. 딜론 라운드에 유럽경제공동체 창설 관련 협상이 포함됨

⑥ **케네디 라운드(1964년~1967년)** : 62개국 참가. 관세 감소. 최초의 무역 품목간의 명시가 아닌 국경간의 명시. 반덤핑 협정(미국에서는 의회에서 거부됨). 암살당한 미국 존 F. 케네디 대통령 이름을 따라 명명.

⑦ **도쿄 라운드(1979년)** : 102개국. 비관세 무역장벽의 감소(실패). 공산품에 대해서도 관세 감소. GATT 체계의 개선 및 확장.

⑧ **우루과이 라운드(1994년)** : 125개국. GATT 조약을 대체하기 위한 세계무역기구의 창설, 향후 20년간 관세 및 수출 보조금 감소, 향후 20년간의 수입제한 및 수입 상한의 감소, 특허, 상표, 저작권(무역관련 지적재산권에 관한 협정) 강행 협정, 국제무역법의 서비스 부분으로의 확장, (서비스무역에 관한 일반협정), 그리고 외국 자본의 개방을 선언.

4) GATT체제의 한계

전후 GATT를 중심으로 한 자유무역체제는 세계경제발전에 크게 기여한 것은 사실이지만, GATT체제는 그 출발부터 여러 가지 한계를 안고 있었다.

먼저 GATT규정의 구속력이 미흡하였다는 점이다. GATT규정은 최혜국대우, 관세인하, 관세협상, 가맹 및 탈퇴 등의 절차에 대해서는 어느 정도 구속력을 가지고 있었지만, 수량제한의 금지 등 무역확대규정이나 개도국문제 등의 경우에는 가맹시점에서 국내법의 범위 내에서만 그 이행의무가 부여되었기 때문에

이에 대해서는 법적 효력면에서 절대적인 구속력이 부족하였다.

둘째, GATT규정의 통일성 및 체계성의 결여를 들 수 있다. GATT규정은 관세인하와 기타의 무역장벽을 제거하기 위하여 채택된 협정으로, GATT의 규정에는 각국의 주장이 복잡하게 반영되어 있어서 통일성과 체계성이 크게 결여되어 있어 그 해석에도 많은 어려움이 있었다.

셋째, 자유무역주의와 함께 GATT의 일반원칙이라 할 수 있는 무차별주의와 다자주의 역시 세계경제의 블록화현상과 쌍무주의의 대두로 크게 위협받았다는 점이다.

넷째, GATT는 국제기구로서의 성격이 미비하였다는 점을 들 수 있다. 국제무역상의 원칙을 규정한 협정인 GATT는 관세인하와 비관세장벽의 철폐를 통한 무역자유화를 추구하기 위해 각국의 합의를 규정한 것에 불과한 하나의 잠정적 협정에 불과하기 때문에 국제기구로서의 성격을 갖추지 못하였다.

2. WTO체제

1) WTO체제의 성립

1986년 9월에 우루과이 푼타 델 에스테(Punta del Este)에서 시작한 UR협상이 1994년 4월 모로코 마라케시(Marrakesh) UR각료회의에서 UR협상이 종료되었다. 마라케시 각료회의에서는 지금까지 GATT체제가 지니고 있었던 한계를 극복하고 향후 새로운 국제무역질서를 더욱 효과적으로 규율하기 위하여 WTO(World Trade Organization; 세계무역기구)를 창설하도록 합의함으로써는 WTO가 정식 출범하게 되었다.

WTO는 우루과이라운드 다자간 무역협상의 타결에 따라 GATT체제의 뒤를 이어 창설된 새로운 국제무역기구로서, 1947년 10월에 창설되어 47여년 동안 세계무역을 관장해 오던 GATT체제를 대신하여 WTO체제가 출범하게 되었다.

2) WTO체제의 의의

첫째로, WTO는 협상의 장이다. 원칙적으로 WTO는 회원국 정부들이 다른 회원국들과의 통상 문제를 해결하기 위해 찾는 곳이다. 그러므로 첫 단계는 대화다. WTO는 협상으로 탄생했으며 WTO가 하는 모든 것은 협상의 결과이다. 현재 WTO 업무의 상당부분이 1986~94년간 우루과이라운드(Uruguay Round)라는 협상과 그 이전 관세 및 무역에 관한 일반협정(GATT: General Agreement on Tariffs and Trade) 체제하에서 이루어진 일련의 협상결과에서 비롯된 것이다. WTO는 지금도 2001년부터 시작된 "도하개발아젠다(Doha Development Agenda)"라는 새로운 협상을 주관하고 있다. 협상은 회원국들이 직면한 무역장벽을 낮추어 무역자유화를 이루도록 도와주었다. 하지만 WTO는 단순히 무역자유화만 추구하는 것은 아니다. 어떤 경우에는 WTO 규범들이 무역장벽을 유지하는데 도움을 주기도 한다. 소비자를 보호하기 위해서나 질병을 예방하고 환경을 보호하기 위해서가 그런 경우이다.

둘째로, WTO는 규범의 집합체이다. WTO의 핵심은 다수의 무역 국가들이 협상을 통해 합의한 일련의 협정들이다. 이 문서들은 국제상거래의 기본적인 법규범을 제공하며, 각국의 무역정책을 회원국간에 합의한 범위 내에 두기 위한 구속력 있는 계약의 집합이다. 각국 정부가 협상하고 서명했지만 그 목적은 상품과 서비스의 생산자들, 수출입업자들의 사업을 돕기 위한 것이다. 물론 다른 한편으로는 정부가 각자의 사회적 또는 환경적 목표를 달성하기 위해 노력하는 것을 허용하기도 한다.

WTO 체제의 최대 목적은 부작용이 발생하지 않는 한 무역이 최대한 자유롭게 이루어질 수 있도록 하는 것이다. 왜냐하면 자유로운 무역은 경제개발과 복지에 중요하기 때문이다. 이것은 부분적으로 장벽을 제거하는 것을 의미한다. 또한 개인, 회사 및 정부가 무역규범에 대해 알 수 있도록 하고 갑작스러운 정책의 변화가 없을 것이라는 신뢰감을 주는 것이기도 하다. 다시 말하면 규범은 "투명하고" 예측 가능해야 한다는 것이다.

그리고 WTO 체제는 분쟁을 해결하도록 도움을 준다. 분쟁해결은 세 번째로 중요한 WTO의 기능이다. 무역관계는 종종 이해의 대립을 야기한다. WTO 체제에서 아주 어렵게 협상된 것들을 포함해서 협정들이란 가끔 해석이 필요하다. 이와 같은 이견을 가장 조화롭게 해결하는 방법은 합의된 법적 근거에 기초한 중립적인 절차를 통하는 것이다. 이것이 WTO 협정에 이미 포함되어 있는 분쟁해결절차의 목적이다.

이러한 WTO체제의 출범으로 세계경제는 다시 자유무역주의로의 회귀하게 되었으며, 새로운 통상의제에 대한 다자간 논의를 본격적으로 시작하게 되었다고 하겠다.

〈표 12-1〉 GATT와 WTO의 비교

	GATT	WTO
기구의 성격	* 엄밀한 의미에서의 국제기구가 아닌 국제협정임	* 국제법인격으로서의 국제기구
국제무역 규율범위	* 공산품과 일부 농산물 * 농산물과 서비스의 교역제한이 허용됨	* 농산물, 공산품, 서비스 등 국제적으로 교역되는 모든 상품
국제규범	* 포괄적인 무역규범의 제정에는 실패 * 보조금협정과 반덤핑협정의 제정 * 비관세장벽에 대한 규범제정은 시도하였으나 실패	* 관세 및 비관제장벽 완화 * 17개 다자간협정과 4개의 복수간 협정 포괄 * 서비스협정(GATS) 제정 * 지적재산권협정(TRIPs) 제정 * 반덤핑관세부과기준 강화 * 보조금의 운용기준강화 * 세이프가드협정을 통한 회색조치 철폐의무화
분쟁해결 절차	* 상설분쟁해결기구가 없음 * 무역분쟁에 대한 권고안만 제시	* 상설분쟁기구(DSB)의신설과 상소기구의 신설 * 분쟁해결의 단계적 절차와 이행기간 명료화 * DSB 결정사항의 집행용이
새로운 규범설정	* 서비스, 지적재산권, 투자조치 등에 대한 규범이 없음	* 서비스, 지적재산권, 투자조치도 규율대상에 포함 * 서비스협정체결 * 지적재산권과련 국제규범제정

3) WTO체제의 특징

WTO체제의 특징으로는 규범성, 포괄성, 진보성 및 발전단계별 고려 등을 들 수 있다.

먼저 WTO체제의 가장 큰 특징으로는 규범성의 강화라 할 수 있는데, WTO체제는 GATT체제와는 달리 회원국의 협약불이행에 대하여 분쟁해결절차를 통하여 강력한 제재를 가할 수 있게 함으로써 국제경제사회에서의 법의 지배를 실현하고 있다.

둘째, WTO체제는 서비스교역, 지적 재산권 분야 뿐만 아니라 농업, 섬유 분야 등 교역에 관한 모든 분야와 문제를 포괄하고 있다는 점이다.

셋째, WTO체제는 관세를 포함한 모든 무역장벽을 획기적으로 축소 · 철폐하고 무역정책검토기구에서 각국의 교역정책 · 관행을 주기적으로 감시하게 함으로써 국경없는 교역을 향한 획기적인 진전을 이루었다.

넷째, WTO체제는 발전단계가 낮은 국가들의 협약시행상의 어려움을 고려하여 개도국, 저개발국에 상응하는 협약시행에 따른 유예기간을 부여하고 있다.

4) WTO체제의 기본원칙

WTO체제의 기본원칙으로는 최혜국대우원칙, 내국민대우원칙, 시장접근보장원칙 및 투명성원칙 등을 들 수 있다.

먼저 최혜국대우원칙은 특정국가에 대하여 다른 국가보다 불리한 교역조건을 부여해서는 안된다는 원칙으로 WTO체제의 모든 분야에서 요구되는 핵심원칙이다.

둘째, 내국민대우원칙은 외국인과 내국인을 동등하게 대우하여야 한다는 원칙으로 TRIPs에서는 이 원칙의 무조건 적용이 요구되나, GATS에서는 내국민대우원칙의 적용에 대한 구체적인 약속을 국별 양허표에 기재하도록 하고 있다.

셋째, 시장접근보장원칙은 관세나 조세를 제외한 용역의 공급에 대한 일체의 제한을 철폐해야 한다는 원칙으로 내국민대우원칙과 함께 시장개방의 양대 요소를 이루고 있다.

넷째, 투명성원칙은 각국의 행정 · 사법기관의 의사결정이나 법령적용 · 제도운용이 합리적이며 예측 가능하여야 하고, 결정에 관한 이유가 고지되어야 하며, 그러한 결정의 기초가 되는 모든 법령 및 자료들이 공개되어야 한다는 원칙으로 개방의 실질적인 요소라 할 수 있다. 투명성원칙은 WTO의 일관된 원칙이나 국가안전보장에 관계되는 내용, 법집행에 위해가 되는 사항, 영업상의 비밀 등 특정한 경우에는 예외를 인정하고 있다.

Ⅲ. 지역주의

1. 세계 지역경제 블록화

세계경제는 미국을 주축으로 하여 제2차 세계대전 직후 탄생한 GATT-IMF 체제를 중심으로 세계경제질서를 유지하여 왔지만, 1970년대 들어서면서부터 미국의 경제적 지위가 상대적으로 약해지고 대신 EC, 일본 및 아시아 신흥공업국들의 경제적 지위가 상대적으로 높아짐에 따라 세계경제체제는 다극화현상을 나타내게 되었다. 따라서 오늘날의 세계경제질서는 다자주의, 범세계주의 및 지역주의가 동시에 진행되고 있다. 서유럽에서 1980년대 이후 GATT를 중심으로 범세계적인 자유무역주의를 추진하였으나 회원국 간의 이해 대립이 발생하여 실패한 후, 경제적 이해를 같이하는 인접 국가들 간의 자유무역 실현 움직임이 확대되어 나타난 것이 지역경제블록화다. 1990년대는 지역주의 경향이 더욱

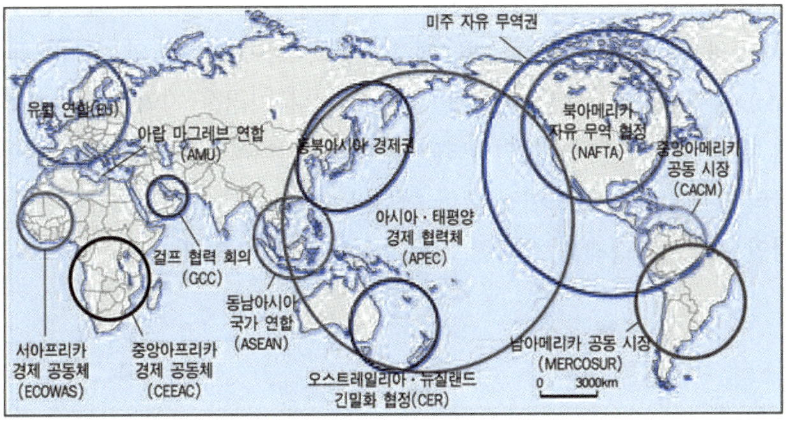

그림 12-1 세계 각국경제 공동체 상황

심화되고 경제 통합의 규모가 큰 것이 특징이었다면, 최근에는 동향은 아시아 · 중남미 · 아프리카 국가들의 지역주의 움직임이 활발해지고 있다는 특징이 있다.

세계 각국은 자연적 조건, 자원 및 인구분포 등의 지리적 조건, 경제발전 단계, 기술발달 정도 등이 다르기 때문에, 상호협력을 통해 경제적 이익을 얻거나 이해관계가 일치하는 국가들끼리 지역별 협력기구를 만들어 공동보조를 취하고 있는 지역주의화 현상을 경제블록화라고 한다. 금융위기와 기후변화협약의 영향으로 제조업체들이 공급망을 가까운 곳으로 돌리는 추세여서 세계경제의 블록화가 가속화 되고 있다. 이렇게 세계경제의 블록화가 가속화 되는 추세에서 남동유럽의 12개국이 남동유럽 지역협력회의회(RCC: Regional Cooperation Council)를 출범시켰으며 BRICs(브라질 · 러시아 · 인도 · 중국) 4개국 또한 '세계경제의 신(新)파워 블록'의 탄생을 의미하는 정상회담을 갖기도 했다. 현재 경제블록화의 대표적인 예로 EU(유럽연합), NAFTA(북미자유무역협정), APEC(아태경제협력체), ASEAN(동남아시아국가연합)을 들 수 있다.

이와 같이 오늘날 WTO체제하에서는 자유주의, 다자주의를 표방하는 범세계주의와 EU, NAFTA, USMCA 등에서 표방하는 지역주의가 동시에 공존하고 있는데, 최근 오히려 지역주의가 범세계주의를 압도해 가는 현상이 발생하고 있다.

이처럼 세계 각국이 경제블럭화를 확대 · 심화시키고 있는 목적은 경제통합을 통해 각국의 자원이용의 효율성을 제고시키고, 나아가 규모의 경제(Economies of Scale)의 이익을 극대화하려는데 있다. 그러나 이러한 지역경제 블록화는 역외국에 대해 추가적인 보호무역장벽을 설치하지 않더라도 무역전환효과를 통하여 역외국의 후생수준을 감소시킬 뿐만 아니라 역내 경제가 악화될 경우 언제든지 배타적인 보호무역정책을 실시할 가능성을 내포하고 있다.

2. 경제통합

1) 경제통합의 의의

경제통합은 그 지역의 경제적 정치적 상황에 따라 통합의 목적과 취지가 다르기 때문에 이에 대한 정의를 일률적으로 규정하기는 어렵지만, 일반적으로 경제통합(Economic Integration)[1)]이란 국가 간의 상품교역, 노동이동, 자본거래 등의 경제교류에 가해지고 있는 인위적인 장벽들을 점진적으로 제거하여 감으로써 2개 이상의 복수국가들이 단일 경제단위화 되어가는 과정이라 볼 수 있다.

이러한 경제통합은 경제적인 여건이 비슷한 국가들이 그들의 존속과 발전을 위하여 그들 사이에 존재하는 인위적 장애요인을 제거하고 존속과 발전에 필요한 조정과 통합의 모든 요소를 의식적으로 도입함으로써 가장 바람직한 경제권을 만들어 주는 것을 말한다.

따라서 경제통합이란 전세계적인 협력의 확장을 실현시키려는 분산적 방향의 국제경제협력이 아니라 협력의 범위를 지역적으로 한정하여 관계가 깊고 비슷한 지위에 있는 국가들 간의 강력한 경제협력을 실현시키는 지역적 경제협력의 형태를 취하는 것이다.

2) 경제통합의 유형

경제통합은 여러 유형이 있지만, 경제통합의 단계에 따라 ① 자유무역지역 ② 관세동맹 ③ 공동시장 ④ 완전경제통합 등 4가지로 분류하고 있다. 이러한 분류 방법은 단순화시킨 하나의 모형이며 반드시 이러한 단계를 거치는 것도 아니며 그 형태가 여기에 부합하는 것도 아니다.

---

1) 경제통합에 대한 공식적인 사용은 1949년 10월 31일 Paul Hoffman의 OEEC(유럽경제협력기구)에서의 연설에서 시작된 것으로 국가 간 통합(National Integration), 국민경제통합(International Economic Integration), 세계경제통합(World Integration) 등으로 분류되며, 이 가운데 가장 일반적인 것은 국제경제통합에서 지리적으로 인접한 2개국 또는 그 이상의 국가들이 대등한 지위에서 경제적 이익의 공동추구를 목적으로 동맹을 결성하여, 가맹국간 어떠한 차별도 존재하지 않은 하나의 경제권이라 할 수 있다.

그림 12-2 단계별 경제통합 단계

(1) 자유무역지역(Free Trade Area)

경제통합의 가장 기초단계로서 동일지역에 참가하고 있는 회원간에 존재하는 관세를 점진적으로 인하하거나 철폐하나, 비회원국에 대해서는 종전의 관세를 각각 독립적으로 적용할 수 있다. 이 단계의 경제통합의 예로는 EEC에 대항하여 1960년에 결성된 유럽자유무역연합(European Free Trade Association; EFTA)와 라틴 아메리카 자유무역연합(Latin American Free Asotiation: LAFTA)이 있다.

그림 12-3 우리나라 FTA 발효국가 현황(2019년 기준)

(2) 관세동맹(Custom Union)

가맹국 상호간에 관세율의 인하와 철폐 및 수량제한의 폐지를 통하여 자유무역을 도모한다. 비가맹국인 역외국가들로부터 상품수입에 대하여 동일한 율의 공동 역외관세(common external tariff)를 적용하여 관세정책에 관한 단일경제단위가 되어 있는 상태이며 전술한 자유무역지역에서와 같은 저관세율 가맹국으로부터 우회수입의 여지는 없다. 베네룩스 관세동맹, 적도아프리카 관세동맹이 여기에 해당된다.

(3) 공동시장(Common Market)

관세동맹이 한 단계 더 발전하여 역내에서는 가맹국 상호간에 상품의 자유이동, 노동, 자본 등 생산요소의 자유이동이 이루어지고 있는 상태의 경제통합을 말하는데 중남미공동시장(Central American Common Market; CACM)가 여기에 해당된다.

(4) 완전경제통합(Single Market)

경제동맹이 목표로 하는 경제정책의 조정에만 머물지 않고 모든 경제정책을 통일적으로 하려는 형태의 경제통합이다. 각 국가의 주권으로부터 독립된 행정기구의 설치가 필요하다. 완벽한 형태의 경제통합으로서 공동화폐를 가진 단일경제에로의 통합을 의미한다. 따라서 이러한 형태의 경제통합은 경제적인 측면뿐만 아니라 정치적인 측면까지의 통합을 전제로 하고 있다.

3) 경제통합의 조건

경제통합이 성공적으로 결성되기 위해서는 몇 가지 전제조건이 필요하다. 학자에 따라서 그 내용이 다른데 우선 경제발전단계가 서로 유사하고 소득수준이 같으며, 또한 산업구조가 동질적이어야 한다.

J. F. Deniau에 의하면 ① 경제발전수준이 균등해야 하고 동시에 경제상태와 잠재력에 있어서 이질성이 존재해야 한다. ② 각 국가는 가능성의 여지와 조정의 여지를 충분히 가지고 있어야 한다. ③ 각 국가는 확대된 시장 내에서 특화의 기회가 존재해야 한다. ④ 각 국가의 경제가 보완적이어야 한다는 것은 반드시 필요하지 않다. 기타 다른 학자들의 전제조건을 열거하면 다음과 같이 경제구조의 유사성과 잠재적인 보완성을 강조하고 있다.

4) 경제통합의 효과

경제통합이 가져오는 효과는 주로 관세동맹이론이나 대시장이론으로 설명할 수 있다. 관세동맹이론은 관세의 가격효과분석을 중심으로 한 정태적 이론이며, 대시장이론은 통합에 따른 규모의 경제, 경쟁, 기술진보 등에 의한 생산효율의 상승과 관련된 동태적 효과를 중시한다. 시토프스키(Scitovsky, T.)와 드니요(Deniau, J. F.)는 관세동맹이론을 통해 경제통합이 무역에 미치는 효과를 통해 설명했다. 바이너(Viner, J.)는 관세동맹으로 인한 효과를 무역창출효과와 무역전환효과로 나누어 설명하고 있다.

(1) 무역창출효과

관세동맹이 결성되어 가맹국 상호간의 관세가 철폐되면 한 가맹국이 다른 가맹국으로부터 수입하는 상품이 가격은 하락한다. 그 결과 가맹국간에 한 가맹국이 비교우위에 있었음에도 불구하고 지금까지 국제적으로 유통되지 않았던 상품이 관세동맹의 결성으로 역내에 유통되기 시작한다. 이것을 무역창출효과라라고 한다.

① 각국에서 관세를 부과하지 않는다면 X재는 C국에서 A, B 양국으로 이동되거나, 또는 B국에서 A국으로 이동될 것이다.

② A국은 X재의 생산을 포기하는 대신 Y재의 생산고스트가 B국에 비하여 훨씬 저렴하다면 이를 B국에 수출할 수 있는 것이다.

③ A, B 양국은 비교우위의 원리에 따라 보다 유리한 상품에 각각 특화함으로써 새로운 무역을 창출할 수 있다.

그림 12-4 무력창출효과

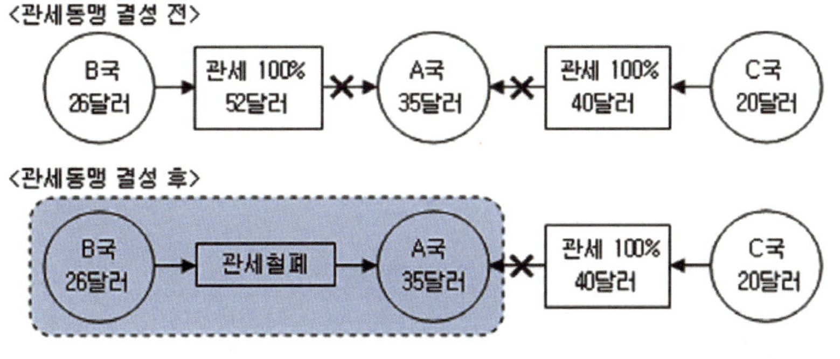

(2) 무역전환효과

이에 반하여 관세동맹이 결성됨으로써 가맹국 상호간의 관세가 철폐되어 한 가맹국이 다른 가맹국으로부터 수입하는 상품의 가격이 비가맹국으로부터 수입하는 상품의 가격보다 상대적으로 높은 경우도 있으며, 절대적으로 높은 경우도 있을 것이다. 그런데 동맹의 결성으로 한 가맹국이 종래에는 비가맹국으로부터 수입하던 상품을 가맹국으로부터 수입하게 된다. 이것을 무역전환효과라고 한다.

① A, B, C국에 있어서 X재의 화폐가격이 이전과 동일하고, 또 관세동맹 결성 전에 A국이 B, C 양국으로부터 수입되는 상품에 대하여 각각 50%의 관세를 부과한다면, B국의 X재 가격은 39달러, C국의 X재 가격은 30달러가 된다.

② B국의 가격에 비하여 C국의 가격이 싸므로 A, B 양국 간에 무역이 이루어지지 않는다.

③ A, B 양국이 관세동맹을 결성함에 따라 종래 C국으로부터 수입하던 X재를 B국으로부터 수입할 것이다.

④ A국은 비효율적인 자원의 배분으로 인하여 손실을 면치 못하지만, 무역창출효과가 무역전환효과보다는 한층 더 상회한다면 무역 상의 이익이 생기게 되는 것이다.

그림 12-5 무력전환효과

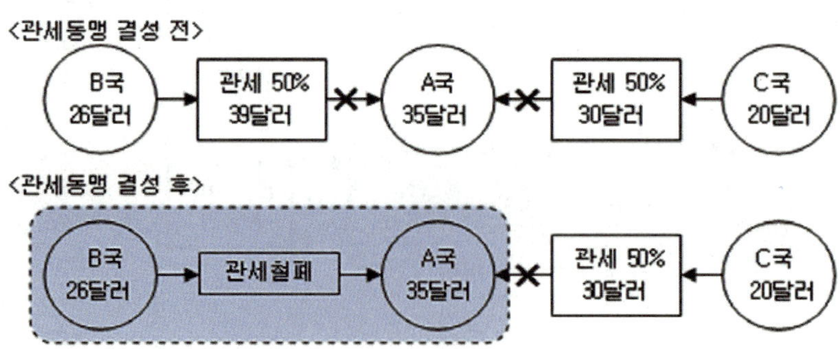

(3) 동태적 이익

경제통합의 동태적 이익은 대시장이론으로 설명이 가능하다. 시토프스키는 경제통합이 이루어지면 시장이 확대되어 기업간 경쟁이 격화되고, 또한 생산방식에 있어서도 대량생산이 가능해져 생산비용이 하락하여 가격하락으로 이어지며, 이는 소비의 확대를 초래하여 역내 무역량의 증가는 물론 역외무역도 증가시켜 경제적 후생을 증가시킨다고 주장하였다.

5) 경제통합의 과제

경제통합을 실현하기 위해서는 다음과 같은 과제들을 안고 있다.

첫째, 경제통합의 가맹국들이 그들 국가 간에 놓여 있는 국가주권과 이해관계를 어떻게 조정하여 나가느냐 하는 것이다. 즉, 가맹국들이 상호보완적이면서 이질적인 각국의 산업구조를 국익과 결부되도록 어떻게 조정하느냐가 문제이다.

둘째, 경제통합이 역외국에 대해서는 차별적이고 악영향을 미치므로 국제경제협력을 어렵게 하고 있는데, 이에 따른 조정을 어떻게 할 것인가가 문제이다. 또한 경제통합이 역외국에 대해서는 근린궁핍화를 초래할 수도 있으며 이는 장기적으로 역내국에도 악영향을 미칠 수 있다는 것을 인식해야 할 것이다.

셋째, 경제통합으로 인하여 시장규모가 확대됨에 따라 대기업이 독과점가격을 형성한다면 가맹국들은 안정적인 경제성장을 이룩할 수가 없다. 따라서 가맹국들이 이러한 상태로 악화되지 않도록 어떻게 경제정책을 조정할 것인가의 문제가 대두된다.

한 글 색 인

영문색인

S

T

U

V

W

저자약력

김 종 석

- 한국외국어대학교 일반대학원(법학 박사)
- 영국 Aberdeen Uni. Pre-sessional course in English for Academic purposes 수료
- 영국 Southampton Uni. Pre-sessional course in English for Academic purposes 수료
- 현: 부산외국어대학교 국제무역·마케팅학부 교수
  (사)해양비즈니스학회 이사

저자와의
협의하에
인지생략

국제무역의 이해

2020년 2월 20일 제1판 1쇄 인쇄
2020년 2월 28일 제1판 1쇄 발행

저 자 김 종 석
발행인 김 광 식
조 판 아 람 기 획

07285
발행처 서울특별시 영등포구 선유로3길 10, 617호
도서출판 탑 북 스
등 록 2009.12.21 제 2016-000101 호
전 화 02)365-2223 팩스 02)365-2224

정가 22,000원

ISBN 979-11-90247-25-2-93320